7인의 충고

이철희가 따져 본 진보 집권 전략

이철희 지음

답

무능한 진보, 약한 야당은 사회적 질곡!

우리 사회가 지금처럼 살기 힘든 고단한 사회가 된 것에 근본적인 책임은 당연히 2008년부터 집권하고 있는 보수에게 있다. 그러나 그렇다고 해서 야당의 책임이 면해 지는 건 아니다. 역설적이게도 야당이 약해도 너무 약하고, 못해도 너무 못해서 박근혜 대통령과 여당이 겁을 내지 않는다. 오죽하면 박근혜 대통령은 '야당 복'을 타고 났다고 하랴.

선거에서 패배한 정당이 곧바로 잘하기를 바라는 것은 무리다. 하지만 그 패배를 성찰하면서 새롭게 혁신하는 가운데 집권세력의 실정이 거듭되는 조건에서조차 무기력하고 무능하다면 이것은 오롯이 그들의 잘못이다. 의지도 없을 뿐만 아니라 실력도 없고, 단합도 없다. 무능한 야당의 존재는 국민에게 불행이고, 무능한 진보의 존재는 사회경제적 약자에게 재앙이다. 이대로는 안 된다.

못난 진보와 후진 보수가 적대적 공존관계를 맺고 카르텔을 형성하고 있는 것이 우리 정치의 현실이다. 이 낡은 체제를 깨는 것이 정치개혁의 첫걸음이다. 어떻게? 진보가 달라져야 한다. 야당이 일대 혁신해야 한다. 유능한 진보로 낡은 체제를 허물 정도의 위협을 가할 때, 또 실제로 유능한 진보가 집권해 새로운 체제의 건설에 나설 때 보수도 그 '오래된 후짐'에서 벗어날 수 있다.
복지국가나 보통사람이 좋은 삶을 누리고 있는 나라는 모두 진보가 유능한 진보로서 사회변화를 선도할 때 가능했다. 집권해야 사회를 바꿀 수 있기 때문이다. 또 변화를 추구하는 진보가 위협적이지 않는데 현실에서 기득권을 가진 보수가 굳이 양보할 이유는 없기 때문이다. 선거에서 이기고, 권력을 통해 사회경제적 약자들이 생활전선에서 이기도록 하는 것은 진보의 본질적 책무다.

무능한 진보의 실체를 밝히고, 이 진보가 어떻게 해야 강하고 유능한 정치세력으로 탈바꿈할 수 있는지를 일곱 분의 전문가들에게 물었다. 이 책은 그들의 충고를 담고 있다. 누구 편을 들기 위한 충고가 아니라 무능한 진보, 무기력한 야당은 우리 사회에 악영향을 미치기 때문이다. 오래 지켜보고, 깊이 고민하고, 넓게 성찰할 이 분들의 충고에 귀를 기울이면 야당이 활로를 찾을 수 있을 것이다.

진보가 유능할 때 사회의 질이 좋아진다. 때문에 무능한 진보는 진화의 장애물이고, 역사의 부담이다.

　
　
　
　겨울의 문턱에서,
　이철희

"민주주의는 시끌벅적한 것입니다.
효율성은 민주주의의 중심 가치가
아닙니다."

최장집 교수 **8**

"전체주의 권력은 총구에서 나오지만,
민주주의 권력은 설득의 능력에서
나와요. 유능하지 않은데 국민을
설득할 수 있겠습니까?"

윤여준 전 장관 **58**

"국회의원을 보게 되면 커피라도
한 잔 사드리고 싶고, 고생 많다고
격려해주고 싶은 정치의 시대,
정말 힘들까요?"

강준만 교수 **124**

"이대로는 회의적… 치열하게
싸워보고 갈라서는 게 옳다면
갈라서라는 겁니다."

"의회는 국가권력을 주권자한테
박아놓는 닻…. 의회가 닻 기능을
못할 때 민주주의가 표류하는 거죠."

"호남과 친노에 묶이는 건 김대중,
노무현 대통령이 지향했던 정치와도
배치된다고 봅니다."

"공천권을 국민에게? 누가 주장하든
그건 안 돼요. 국민은 그렇게
한가한 사람들이 아니에요."

"민주주의는 시끌벅적한 것입니다. 효율성은 민주주의의 중심 가치가 아닙니다."

최장집 교수

최장집이란 이름 석 자는 한국 정치학의 대명사나 다름없다. 한국 정치학의 태산泰山이자 본류本流다. 그를 빼놓고 한국 정치학을 말할 수 없다.

그의 이론과 지적에 동의하는지 여부와 상관없이 그의 존재만큼은 누구나 자랑스러워한다. 최고의 정치학자 최장집 고려대 명예교수를 만났다.

최장집은 고려대학교 정치외교학과에서 학사와 석사, 미국 시카고 대학교 대학원 정치학과에서 박사학위를 받았다. 미국 워싱턴 주립 대학교 잭슨국제관계학과와 미국 캘리포니아 대학교 버클리 정치학과의 초빙교수, 일본 동경 아시아경제연구소 객원연구원, 고려대학교 아세아문제연구소 소장, 대통령자문정책기획위원회 위원장을 역임하였다. 현재 고려대학교 명예교수이다.

이철희

선생님, 오랜만에 뵙습니다. 건강하시죠?

최장집

예. (웃음)

이철희

앞에 계신데, 이렇게 말씀드리기 좀 쑥스럽기는 합니다만,
한국 정치학에 최장집이라는 존재가 있는 게 큰 위안이 되는
것 같습니다. 우리 지식사회의 자랑거리이기도 하고요. 그간
교수님이 이론적으로 막힐 때마다 길을 뚫어주셔서 많은
분들이 고마워하고 있습니다.

최장집

그렇게 평가해주는 건 잘 봐줘서 그런 거예요.

이철희

아니에요. 그건 자타가 다 공인하는 겁니다. 제가 오늘
여쭙고자 하는 것은 한국 정치, 그중에서도 특히 야권이
왜 이렇게 지지부진한지, 야권이 왜 이렇게 형편없이
몰락했는지, 이걸 바꾸려면 어떻게 해야 하는지 등입니다.
지금 현재의 한국 정치, 학자로서 보시기에 어떻습니까?

최장집

민주화 직후 우리가 정치에 기대했던 모습을 떠올릴 때
많이 실망스럽지 않나 생각합니다. 민주화는 결국
권위주의(權威主意)를 비판적으로 극복하는 것을 중심 내용으로
합니다. 중요한 문제들에서 우리가 권위주의에 연장선상에

있는 게 아닌가 생각할 만큼 발전한 것이 많지 않습니다.
우리 사회를 좀 더 좋은 방향으로 변화시키는 일에서 정치가
성과를 만들어내지 못했다고 말할 수 있습니다.

이철희

흔히 언론에서는 서민이라고 표현합니다만 원래는
사회경제적 약자라고 해야 맞을 텐데요, 이들이 정치를
통해서 자신의 삶을 바꿔볼 수 있는 것이 정치가 갖는
근원적 힘이라 할 수 있죠. 그런데 그것을 우리 정치가
못 보여주니깐 서민이나 약자들이 되레 정치를 불신하는
반(反)정치 정서가 생겨난 것이죠?

최장집

그렇습니다. 민주주의(民主主義)는 사회 내 어느 한 계층이나
집단의 이익과 의사(意思)가 아니라, 전체의 이익이나 공적
이익 그리고 국가적 목표나 방향을 민주적으로 결집하고
결정하는 시스템입니다. 사실 권위주의라고 공동의 사안에
대한 결정이 없는 것은 아닙니다. 제가 주목하는 권위주의와
민주주의의 차이는 이런 겁니다. 권위주의에 비해 민주주의는
사회적 약자들을 충분히 대표하여, 그들이 정치라는 방법
또는 수단을 통해 자신들의 삶의 문제를 개선하고 해결하는
데 보다 우월한 체제라는 것입니다.

엘리트 수준에서만 보자면, 권위주의에서도 엘리트는 할 건
다 합니다. 그러나 여러 가지 국가적 목표나 사회 전체 이익을
두고 말한다면, 권위주의는 통치자가 일방적으로 정의하고
설정한 목표나 이익에 전체 국민이 따라가는 것입니다.
위로부터 끌고 가는 것입니다. 그러니 소수자와 사회적

약자 그리고 하층 계층에 속하는 사람들의 권익을 대변하는
통로는 적습니다. 그런데 민주주의는 이를 가능케 하는 여러
가지 제도나 장치들을 가집니다. 따라서 민주화가 됐을 때
가장 큰 변화는 전체 사회 집단들의 의사가 민주적 방식으로
표출되고, 대표되어, 나아가 정책으로 만들어져 사회를
변화시키는 것입니다. 사회적 약자들의 목소리가 정치의
방법으로 대표되는 것, 그것이 민주주의와 권위주의 사이의
가장 큰 차이가 아닐까 생각합니다. 기득 엘리트들이나
중산층 이상의 사람들의 경우라면, 사실 권위주의에서도
자신들의 이해를 실현시키는데 큰 불편을 느끼지 않을
것이라고 판단합니다.

이철희

다수의 목소리가 반영되고, 다수가 자기의 이해와 선호를
반영시킬 수 있는 게 좋은 민주주의이군요. 선생님께서
그동안 좋은 민주주의가 되기 위해서는 좋은 정당(政黨)이
있어야 된다는 것을 주장을 하셨잖아요? 그런데 지금
우리 사회에는 좋은 정당이 없는 거 같아요. 특히 보수가
아닌 비(非)보수 정당들은 이른바 정당 역량의 측면에서
보수정당에 비해 많이 부족한 것 같습니다. 좋은 민주주의와
정당 간의 관계는 어떻게 이해해야 합니까?

최장집

민주주의는 사회 내에 다양한 이익들이, 또 그들
사이에서 다양한 이해관계로 만들어진 다양한 집단들이
다원적(多元的)으로 존재하는 것을 전제로 합니다. 그래서
이 같은 다원적 의사, 열정, 또는 가치 등을 조직하고 대표해
정책의 형식으로 수렴하고, 이를 축약된 형태로 국가라는

제도화된 권위에 채널링(channeling), 즉 투입하는 방식으로 현대 국가는 운영되는 것입니다. 그 역할을 맡은 것이, 즉 사회 내 다양한 집단들과 국가를 연결하는 중간 매개 기구로서 결정적 역할을 하는 것이 바로 정당입니다.

우리가 민주주의라 할 때, 대개 대의제 민주주의(代議制民主主義, representative democracy)를 말합니다. 모든 사람들이 직접 참여해 결정하거나, 서로 돌아가며 통치하는 그런 체제가 아닌 것입니다. 대의제는 선거라는 방식을 통해, 대표를 선출하고, (그들이) 정부를 구성하고, 다시 통치할 수 있도록 하는 일련의 위임의 체계를 말합니다. 다시 이 역할을 담당하는 조직이 바로 정당입니다. 후보와 일관된 정책 대안을 만들어서 선거를 조직하고, 다수의 동의를 얻기 위해 경쟁적 선거에 나서고, 다수의 결정을 통해 대표가 되고, 그들이 최종적으로 다수가 원하는 정책을 집행하는, 한마디로 말해 정치를 조직하는 일이 바로 정당의 몫입니다. 그래서 정당 없는 민주주의는 상상할 수 없다고 말하는 것입니다. 그래서 정당이 허약하다는 이야기는 민주주의가 허약하다는 이야기와 같은 것이라 말할 수 있는 것입니다.

정당 없는 민주주의는 불가능하다고 딱 잘라 말할 수는 없을는지 모릅니다. 그러나 정당이 없거나 아주 허약하다면 정치를 굉장히 불안정하게 만들 뿐 아니라, 다양한 사회 집단들이 자신들의 목소리를 대표하는 수단이 사라지게 됩니다. 이렇게 되면 정치는 주로 강자들의 이해관계만을 반영하는 결과가 나오게 됩니다.

하나는 대표를 선출하고 정부를 구성하는 역할이고, 다른 하나는 책임을 지는 역할입니다. 대표나 통치자들이 일정한 임기를 보장받는다고 해서, 그들이 해당 임기 동안 제 마음대로 할 수 있다는 것은 아닙니다. 선출된 이후에도 상시적으로 시민들에 대해 책임지고, 시민들의 요구에 반응해야 하는 것입니다. 또 다음 선거에서 유권자 또는 시민들로부터 전반적 평가를 받게 되고, 그에 따라 집권을 이어가던지 야당이 되던지 하게 됩니다. 이런 과정을 생각해본다면, 민주주의는 책임을 묻는 기능 없이는 작동하지 않는 것이며, 따라서 정당이 없으면 책임을 물을 방법이 사실상 없게 되는 셈입니다. 재선의 유인 없이 임기 후 통치에서 물러가는 시스템 아래에서는 이런 위험이 있습니다. 마치 자신이 선출된 '왕'인 것처럼 오로지 자신의 의사에 따라 마음대로 통치하더라도, 그래서 통치의 결과가 재난에 가까운 지경으로 나쁜 것이더라도, 책임을 물을 도리가 없다는 얘기입니다.

정당이 있어서, 그러니까 정당이 후보를 제시하고 그들 사이의 경쟁에서 대표가 선출되고 정부가 구성되는 것입니다. 그렇기 때문에 정당은 시민들이 투표라는 정치행위를 통해 대표에 대해 책임을 물을 수 있게 하는 아주 중요한 역할을 하죠. 대표(Representation)와 책임(Accountability)이라는 민주주의에서 가장 핵심적인 두 가지 기능을 실현하는 방법 또는 메커니즘이 정당이라고 말할 수 있는 겁니다. 그래서 정당이 없으면 굉장한 혼란이 생깁니다.

이철희

좋은 민주주의가 되려면 좋은 정당이 있어야 된다는 얘긴데, 우리나라 정당들은 왜 이 모양 이 꼴입니까? 특히

아까 말씀드린 진보를 표방한 정당이라고 할까요, 도대체
비(非)보수 정당들은 왜 이 모양입니까?

최장집

그 질문에 답하기 전에 이 얘기부터 할까 합니다. 한국
민주주의의 가장 특징적인 현상이자, 그것이 애초 기대와
다르게 뭔가 잘못 돌아가고 있음을 깨닫게 하는 중심에는
야당이 제대로 제도화되지 못하고, 그래서 제 역할을
못한다는 사실이 있습니다. 야당의 지금 이름은
새정치민주연합이지만, 워낙 자주 바뀌어서 그냥 민주당
계열의 정당이라 부르겠습니다. 제가 제기하고자 문제는
결국 야당은 왜 실패하는가라는 문제입니다. 권위주의에
뿌리를 두고 있는 새누리당은 높은 조직적 연속성을 가졌을
뿐 아니라, 일정한 사회적 기반을 유지해온 정당입니다.
나름의 전통을 가지고 한국 사회에 굳건하게 뿌리를 내리고
있습니다. 정책적으로도 역사성과 일관성을 갖췄습니다.
정책노선에 있어서 한편으로 우리가 흔히 '관치경제'라고
말하는 국가 주도의 산업화 또는 경제성장을, 다른 한편으로
성장의 견인차로서 재벌 또는 대기업에 지원과 혜택을
집중하고, 생산자로서 노동자들에게 성장의 정당한 과실마저
배분하지 않는 노동배제 정책을 경제운영의 기조로 삼고
있다고 말할 수 있습니다.

새누리당이 이처럼 목표와 정책 프로그램에서 분명한 노선을
발전시킨 반면에, 야당은 여기에 상응할만한 일을 하지
못했습니다. 그러다 보니 어떤 정체성으로, 어떤 유권자에게
지지를 호소할 것인지가 '제도화'되지 않는 것이고, 그래서
약하다는 인상을 받는 것입니다. 민주화 이후 새누리당이

보수적 견지에서 우리가 지각할 수 있는 상당 수준의
일관성과 동질성을 키워왔던 것처럼, 민주당 계열 정당은
권위주의 시기 억압되고 대표되지 못한 사회 세력들의
권익을 조직하고 대표하는 안정적 틀을 만들어냈어야 한다고
생각합니다. 바로 이 점에서 실패한 것입니다. 물론 여기에는
나름의 이유가 있습니다. 여당이야 권위주의 시절 때부터
한국 사회를 통치했던 기본적 틀이 있었기에, 그것을 그대로
따라가면 되는 것입니다. 하지만 야당은 일찍이 없었던 즉
다양한 사회 세력들의 요구와 사회 전 부문을 망라하는 개혁
요구를 하나로 통합하고, 대표해야 했던 것이고, 이는 결코
간단한 작업이 아닙니다. 이런 사정은 이해할만한 것입니다.
하지만 그럼에도 불구하고 야당은 하나의 정당으로서
공통의 목표를 추구하는 어떤 틀을 만드는 데, 한마디로 말해
제도화되는 데 실패했고, 이 사회가 야당에 기대했던 역할을
할 수 없었던 것입니다.

이철희

그러면 우리나라뿐만 아니라 다른 나라에서도 민주화
이후에는 흔히 말하는 야당, 그러니까 권위주의에
저항했던 정당들은 새로운 시대에 걸맞은 유능한 정당으로
탈바꿈하는 데에 어려움을 겪었습니까? 다른 나라에서도
그런 예들은 있는 거죠?

최장집

그렇습니다. 우리가 선진 민주주의라 할 때 서구의 국가들을
가리키는데, 이들 국가에서는 크게 보면 보수정당과
진보정당이 오랜 기간을 두고 벌여온 경쟁을 통해 제도화를
이루고 발전했다고 말할 수 있습니다. 그들과는 전혀 다른

환경에 위치한 신생 민주주의 국가들의 경우, 정당들이
제도화나 발전에서 큰 어려움을 겪는 건 일반적인 현상
같습니다. 즉 한국만이 예외적이라기보다는, 우리와 비슷한
사례들이 아주 많다고 볼 수 있습니다.

이철희

선생님의 지적대로 지금의 야당은 좋은 정당으로
탈바꿈하는 과도기에 처해있다, 이렇게 생각하면 조금
마음의 여유가 생기기도 합니다. 하지만 1987년을 민주화의
기점으로 잡더라도 벌써 근 30년 가까이 되어가는데, 아직
지지부진한 상태라면 뭔가 심각한 한계를 드러내는 것
아니냐는 지적도 가능할 것 같습니다. 조금 더 구체적으로
민주당 계열의 정당, 지금의 새정치민주연합은 왜 헤매고
있을까요? 리더십의 문제일까요, 아니면 조직의 문제일까요,
그도 아니면 상황적인 요인 때문에 그럴까요?

"전통야당의 '운동권' 충원으론 한계… 젊은 세대, 넓은 풀뿌리 기반 갖춰야"

최장집

여러 요인을 말할 수 있을 것 같습니다. 먼저 야당의 환경을
따져봐야 합니다. 지금의 야당은 정치적 배경에서 보면 크게
두 개의 그룹 또는 세력의 결합입니다. 하나는 권위주의
시절부터 흔히 민주당으로 불렸던, 전통야당의 흐름에
서있던 세력입니다. 다른 하나는 민주화 운동에 앞장섰던

젊은 세대, 이른바 '운동권'으로 부르는 세력입니다. 오늘의
야당을 이 두 세력 또는 흐름이 결합한 것으로 볼 때, 결국
그 결합이 성공적이지 못했던 것이 아닌가 생각하게 됩니다.

권위주의 시기 제도권 내에서 민주주의를 위해 투쟁했던
야당의 공로는 상당히 크다고 생각합니다. 하지만
권위주의와의 투쟁에 사용되었던 정치적 수사와 슬로건
그리고 담론이라는 것들이 내용적인 측면에서 보면 보수의
그것과 크게 대립되는 것이 없었습니다. 민주화 이후
운동권 역시 상당히 새로운 문제를 제기하는 듯 보였지만,
결과적으로는 기존의 야당과 크게 다르지 않았습니다.
이들은 민주주의에 대해 큰 기대감을 가졌고 이상적인 주장을
내놓았지만, 현실에서 민주주의를 통해 구체적으로 실현될 수
있는 정책적 비전과 내용을 만들지는 못했습니다.
제가 종종 '정서적 급진주의'라고 말하는 현상인데, 상당히
교조적이며 급진적인 행동정향(定向)으로 큰 변화를
시도하지만, 그 내용에서 전혀 뒷받침되지 않는 것입니다.
민주주의라는 제도가 가지는 특징을 이해하고, 그 작동원리에
적응하면서 점진적으로 결과를 만들어나가는 데 관심을 갖지
않았던 것입니다.

투쟁으로 권위주의를 타도하고 민주주의를 쟁취하는 데
필요한 행동방식이나 논리는 '민주와 이후의 민주주의'로
말하는 정치체제의 성격이나 제도적 요구와는 아주 다릅니다.
전자와 후자를 구분하고, 전자에서 후자로 전환하는 것이
말처럼 쉬운 일은 아닙니다. 전자에 따른 방식이나 논리가
습관화돼있어서, 민주화 이후에도 예전에 투쟁하던 식으로
정치를 하게 됩니다. 그러다보니 뭔가 결과를 만드는 데서

굉장히 효율적이지 않거나, 아예 결과를 만들지 못하게 되는
것입니다. 전통야당과 운동권, 이 두 세력의 결합이 만들어낸
생산적이지 못한 결과를 오늘 우리는 보고 있는 것입니다.

이철희

'민주 대 반(反)민주'에선 투쟁이 콘셉트(concept)라면 '민주화
이후'에는 경쟁이잖아요. 투쟁이 경쟁으로 바뀌는 건데,
그 경쟁에서 좋은 프로그램을 못 만들어서 대중의 지지를
끌어내는 데 실패했다는 지적을 해주셨습니다. 다른 점도
지적하고 싶습니다. 1998년부터 2008년까지 이른바
민주정부 10년을 거쳤잖아요. 그러면 그 10년까지는
민주화에 기여했던 사람들이 주도 세력으로 참여하는 게
정당했지만, 그 이후로는 사회가 바뀌고 있으니 민주화
운동이나 투쟁보다는 복지나 경제민주화 등 삶의 다른
영역에서 활동하고 시대 흐름에 부합하는 인물들이
충원됐어야 했다고 봅니다. 그런 게 많이 부족했는데요.
정치인들의 충원이 너무 민주 대 반민주의 전장에서 활약한
사람들 위주로 이루어진 것도 하나의 원인이지 않을까요?

최장집

그렇습니다. 민주화 이후 사회는 정말 빠른 속도로 변했고,
지금도 변하고 있습니다. 문제는 이런 변화를 경험한 새로운
세대들, 정치지망생들을 민주화운동의 경험과 경력을
중심으로 하는 세대 또는 정치세력이 여전히 압도하고 있다는
데 있습니다. 이 점에서 특히 민주당 계열 정당의 잘못을
지적할 수 있습니다. 그들이 우리 사회의 다양한 문제와
현안을 이해하고 해결할 수 있는 능력과 소양을 겸비한
사람들을 충원하고 육성하는 데 소홀했기 때문입니다. 심지어

다양성을 스스로 거부한 측면도 있어 보입니다. 그들이
실패하게 된 중요한 요인 중 하나가 아닐까 생각합니다.

이철희

선거 때마다 야당도 사실은 물갈이를 엄청나게 했잖아요.
통계 보니까 19대 국회도 초선의원 비율이 50%가 넘어요.
결국, 이번에도 많이 바꾸었다는 것인데, 그럼에도 불구하고
정치가 좋아졌다는 얘기는 못 듣습니다. 그렇다면 결국
바꾸는 것이 능사가 아니라 어떤 사람으로 바꾸느냐가
중요한 거죠?

최장집

네. 결국 '누구냐'가 중요한 것입니다. 그동안 새롭게 유입된
정치인들은 대체로 전문가 아니면 명망가로 볼 수 있을
것 같습니다. 즉 충원이 배타적이라 말할 수 있을 정도로
기존의 엘리트층에서 이뤄진 것입니다. 앞으로는 새로운
정치인들이 보다 넓은 사회적 기반, 사회계층이나 집단에서
나와야 됩니다. 특히 여러 영역에서 자신들의 능력을 충분히
입증하고 있는 젊은 세대들에서 충원이 집중적으로 이뤄져야
한다고 봅니다. 대표의 범위가 확장되기 위해서는 정당의
충원 구조도 달라야 합니다. 즉 넓은 풀뿌리 기반을 가져야
합니다. 사회 엘리트층이라는 협소하고 제한적인 충원 구조를
가지면서 좋은 정당으로 발전하기는 어려운 일이 아닐까
생각합니다.

이철희

시민운동 하시는 분들도 정치에 들어왔고, 노동운동하다가
들어오신 분들도 있는데…, 여의도 정가의 평가로는

노동운동 출신이 시민운동 출신보다 정치를 더 잘한다는
겁니다. 정치가 뭔지도 아는 것 같고, 이른바 정치 문법에
익숙해져 있는 거 같아요. 의외로 시민운동을 하던 사람들은
정치에 잘 적응하지 못한다는 지적도 적지 않습니다.

최장집

그런 평가가 맞다면, 아무래도 노동운동이 노조라는 구체적인
이익 집단을 경험하고, 조합의 이해증진을 위한 지난한
협상과 투쟁의 과정에서 경력을 쌓아서 그럴 것 같습니다.
그러나 양자 간의 차이보다는 운동과 정치가 본질적으로 다른
성질을 가진다는 것을 강조하고 싶습니다. 그래서 정치권에
운동이 지나치게 많이 통용되면 정치가 운동화 되는 위험이
따릅니다. 오늘의 야당이 이를 잘 보여줍니다. 운동이 하나의
새로운 세대로서 대거 충원되면서, 소속 정치인들의 역할이나
행동은 물론이거니와, 정당 자체가 운동화 되는 경향이
나타났습니다. 이 역시 야당이 좋은 정치를 못 하는 요인 중
하나로 지적할 수 있을 것 같습니다.

이철희

지금은 조금 잦아들었습니다만,
한때 그 새정치민주연합 정치인들은 선수(選數)막론하고
뭔가 뜻대로 안 될 땐 단식하고 농성하곤 했는데요.
이런 게 운동적 방식들이잖아요?

최장집

운동적 방식 맞습니다.

이철희

예. 정치문법에서는 실력을 보여주고 못하고 자꾸 옛날의
익숙한 운동 문법으로 되돌아가고, 거기에 매몰되는 건
참 답답합니다.

최장집

그와 관련해 한 마디를 더하면, 운동은 상대를 잘 인정하지
않는다는 사실입니다. 지난 시기 권위주의에 대한 반대
투쟁에서 잘 나타나듯이, 전부 아니면 전무(All or Nothing)
식으로 '전체를 얻거나 아니면 잃거나'로 일관합니다. '민주
대 반민주'라는 대립구도 역시 대체로 그런 정조(情操)를
반영하는 것으로 볼 수 있습니다. 그런데 민주주의는
상대방을 인정하는 데서 출발합니다. 이런 기본이 운동적
방식에서는 잘 지켜지지 않는 것입니다. 자신이 옳다는
도덕적 신념에 사로잡혀, 상대와 그 주장을 조금도 인정하지
않은 채, 자신의 주장만을 마땅히 관철되어야 할 것으로 보는
당위적이고 도덕적 정조나 행동정향을 강하게 추동합니다.
이런 조건에서 타협은 이뤄지기는 어렵습니다. 그러나
민주주의에서 정치경쟁은 전부를 갖느냐 마느냐의 투쟁이
아닙니다. 아주 소수의 의견이라도 또 극히 작은 이익이라도
존중되는 것이 민주주의입니다. 그래서 민주주의에서는
타협이나 협력을 동반하지 않고서는 어떤 결정에도 도달할 수
없는 것입니다. 대체로 운동이라고 하는 것은 자신의 상대를
부정하거나 적으로 간주하고, 완전히 상반된 안티테제(反定立,
Antithese)로서 새롭고 이상적인 가치를 제출하는 사고방식이나
행동양식입니다. 때문에 운동은 민주주의와 잘 조화되지 않는
근본적 차이를 가진다고 말할 수 있습니다.

최장집 교수

고려대 출신 7인의

이철희

맞습니다. 제가 봐도, 당위를 추구하고 '내가 옳다'라고
생각하는 것이 강할수록 게을러지는 거 같습니다. 실력을
안 쌓습니다. 왜냐면 자기가 옳으니까, 옳은 것만 추구하면
되니까요.

최장집

뭔가를 실현해가는 과정이나, 거기서 필요한 방법이나 절차에
대한 고민이 약합니다.

이철희

둔감하고 게을러요. 내용적으로는 실력이 없어지고,
행태적으로는 싸가지가 없어지게 됩니다. 상대를 부정하는
것이기 때문에 경멸하고 조롱하는 행태가 만연해집니다.
야당의 최근 모습을 보면 그게 아주 적나라하게 나타나죠.

최장집

좀 전에 이철희 소장이 질문했던, 왜 야당이 이렇게 약하게
됐는지에 대해 좀 더 얘기해볼까 합니다. 특히 야당의 사회적
기반이 불분명하다는 점을 지적하고 싶습니다. 다시 말해
야당이 누구를 대표하는지, 누구를 위한 정당인지가 명료하지
않다는 것입니다. 한국 정치를 다룰 때 지역정당이나
지역정치라는 말을 자주 하는데, 저는 그것이 문제를
접근하는 좋은 방법도 아니며, 심지어 정확한 묘사라고
생각하지 않습니다.

한국 정치를 지역 정당체제의 문제로, 또 지역 간의 갈등을
한국 정치의 가장 중요한 갈등으로 설정하는 건 잘못된

것입니다. 물론 그런 측면을 완전히 부정할 수 없는 것도
사실입니다. 여기서 그 점에 대해 논의를 장황하게 이어갈
필요는 없을 것 같습니다. 아무튼, 한국 민주주의가 호남
(湖南)이라는 지역적 기반에 상당히 많이 기초한 것이고,
야당의 중요한 정치적 기반이 된다는 점은 비교적 쉽게
확인되는 사실입니다. 문제는 그다음입니다. 야당은 누구를
대표하느냐라는 차원에서 아주 막연하고 모호합니다. 여당과
중첩이 많은데다, 중요한 공간을 사실상 비워놓고 있습니다.
물론 그들도 자신들이 대표하고 조직의 기반으로 삼아야 할
'비어있는 공간'을 알고 있는 것 같습니다. 당의 강령 등을
통해 공식적으로 중산층과 서민을 위한 정당으로 스스로
표방하고 있기 때문입니다. 하지만 문제는 실제로는 그것을
실현하지 못한다는 점입니다.

야당이 정말 중산층의 이익을 대표하고 실현시켰나? 서민과
노동자 그리고 소외계층을 위해서 야당이 무엇을 했는가?
누구도 자신 있게 답하기 어려울 것입니다. 그렇다면 그들은
대체 누구를 대표하는가를 재차 물을 수밖에 없습니다.
왜냐면 정당의 사회적 기반을 따지는 일은 그 당의 정치
비전과 정책적 지표를 가늠하는 일과 직결되기 때문입니다.
무엇보다 여당과 다른 경제운영의 원리와 성장 정책을
제시하지 못했습니다. 즉 여당의 성장지상주의로 부를 수
있는 노선에 대응하려면, 복지나 경제민주화를 포함하는
대안적 경제운영의 내용을 제시해야 하는데, 이는 당이 어떤
사회적 기반을 갖는가와 연결돼있는 문제입니다. 그렇다보니
어떤 사회 집단과 결사체 또는 세력들이 야당을 구성하는
요소로 들어와 있는지를 확인하기 어렵습니다.

"리더십이 없다면 조직으로서
 정당은 뭘 해야 하는지 모르는
 오합지졸들의 모임 또는
 공직희망자들의 느슨한 결사체에
 불과한 것입니다."

다음으로 조직으로서 실패를 말할 수 있습니다. 정당 역시
조직입니다. 대표적 사회조직 가운데 하나라 말할 수
있습니다. 조직이라 하면 구성원이 있고 리더십이 있습니다.
조직으로서 정당의 의의는 무엇보다 집합행위를 가능하게
한다는 데 있습니다. 그래서 조직이 부실하다면 집합행위가
원활히 일어나지 않게 되는 것입니다. 그런 상황에서
효율성이나 전문성을 기대하기는 어렵습니다. 민주사회에서
정당의 역할이 무엇입니까. 정당은 정책결정 과정에서
이니셔티브를 갖고, 사회적 이슈를 제기하고, 선거를
수단으로 대표를 뽑고, 정부를 구성해 정책을 집행하는
것입니다. 또 의회에서는 정당들 간 경쟁과 갈등으로 법이
만들어집니다. 이처럼 정당은 정치의 중심에 위치해서,
정책결정에서 이니셔티브를 갖게 돼있는데, 그럴 수 있는
능력과 전문성이 턱없이 부족한 것입니다. 그것의 결과는
무엇입니까. 실제로는 관료들이 정치를 운영하게 되는
것입니다. 정당이 그리고 기능이 부실해질수록, 관료들의
권력이 증대되는 사태를 피하기 어렵습니다. 그래서 전문성을
가진 하나의 정치 조직으로서 제도화를 이뤄내지 못했다는

점, 이 역시 민주당 계열 정당의 중요한 문제로 지적할 수 있습니다. 이 문제와 맞닿아있는 것이 조직에서 가장 중요한 요소라 할 리더십의 문제입니다. 듀베르제(Maurice Duverger)를 포함해 정당이론의 대가들은 정당조직의 핵심 원리로 민주집중제(Democratic centralism)를 강조한 바 있습니다. 지금 야당의 인적 구성을 보면 절반 정도는 운동권 출신이 아닐까 하는데, 이 문제와 관련해 운동적 정치관은 위계적 조직형태는 물론이고, 리더십과 권위 일반에 대해 굉장한 거부감을 가지는 것으로 보입니다. 일종의 '평등주의'라 볼 수 있습니다. 가급적 선거로 뽑고, 임기는 최대한 짧게 하고, 권력은 쪼개고 나눠야 한다고 생각하는 겁니다. 이런 사고를 연장해 결국 "모든 사람이 다 대표다"는 식의 인식에 도달하게 되는데, 이는 문제를 굉장히 오해한 것으로 볼 수 있습니다.

대표적 정치학자 로버트 달(Robert A. Dahl)은 민주화된 체제에서 민주적 권위를 어떻게 만들어낼 것인가 하는 것을 굉장히 핵심적인 문제로 다룬 바 있습니다. 이 문제를 집중적으로 연구했던 저서에서, 달은 모든 것을 다 평등하게 하고, 모든 결정을 투표로 진행하는 것만을 민주주의인 양 생각하는 것이 왜 잘못인가를 밝히고 있습니다. 조직으로서의 정당에 대한 독특한 이해는 앞서 말한 운동권이 대규모로 들어와 있다는 사실과 관련돼있다고 생각합니다. 조직이 제대로 만들어지지 못하고, 기본적 형태와 체계를 갖추지 못하게 된 중요한 이유가 아닐까 합니다. 또 리더십을 인정하지 않는 경향도 지적되어야 합니다. 리더나 지도자라 하면 전부 권위주의와 결부시켜 부정적으로 생각하고, 강한 리더십은 민주주의와 어울리지 않는 것으로 인식합니다.

리더와 리더십이 민주주의를 위해 필요하고, 필수적이라는 생각은 좀처럼 찾기 어려웠습니다. 왜 이런 일이 벌어지게 되었는가는 별도의 설명을 필요로 하겠지만, 어쨌든 권위와 권위주의를 동일시하는 인식 내지 행태야말로 민주화 이후 민주주의의 중요한 특징으로 여겨집니다. 거듭 말하지만 현대 민주주의에서 정당은 사회의 다양한 의사와 이익 그리고 열정과 갈등을 요약하는 기능을 하는 것입니다. 이것이 없는 사회는 일원주의(一元主義) 또는 전체주의 체제라 말할 수 있습니다. 정당이 두 개든, 세 개든 한 사회 내의 중요한 갈등과 요구를 대표하기 위해서는 먼저 수많은 갈등과 요구를 집약, 표출하는 기능을 수행해야 합니다. 그러기 위해서 정당은 조직의 꼴을 갖추어야 하고, 권위적으로 기능을 수행해야 합니다. 여기서 리더십의 역할은 결정적으로 중요합니다. 리더십이 없다면 조직으로서 정당은 뭘 해야 하는지 모르는 오합지졸들의 모임 또는 공직 희망자들의 느슨한 결사체에 불과한 것입니다.

이철희

그래서 새정치민주연합을 프렌차이즈(franchise) 정당이라고 명명하신 바 있으시죠.

최장집

(웃음)

이철희

지난 5월에 있었던 영국 선거를 또 보니까 여론조사랑 좀 다르게 보수당이 노동당을 압도했어요. 이런 걸 보면, 보수 정당이 진보를 표방하는 정당보다 선거를 훨씬 잘하는 것 같아요.

최장집

이번 영국 선거는 아무래도 경제적인 이슈가 투표자들의
관심을 지배했던 것 같습니다. 현실에서 작동하고 있는
경제체제를 개혁한다고 할 때, 일정 크기의 불안감과
불안정은 피하기 어렵습니다. 그것이 결국 비용이 되는데,
사람들은 이 전환의 비용을 지불하려 하지 않는 경향이
있습니다. 그래서 일반적으로 말해 경제이슈가 강조되면,
보수 정당이 유리합니다. 이번 영국 선거는 그것의 전형적인
예가 아닐까 생각합니다.

이철희

우리나라도 보면 새누리당이 새정치민주연합보다는 훨씬
선거도 잘하고 정치 게임을 풀어가는 능력이 더 있는
거 같아요. 물론 언제나 그런 것 아닙니다만…, 대체로
새누리당이 더 잘해요.

최장집

민주주의 선거경쟁에서 능력(competence)은 중요한
요소입니다. 신뢰와 실력이 중요합니다. 선거에서 유권자들은
자신의 이념성향에 따라 제출된 대안들을 평가해 선택하게
됩니다. 이때 중요한 것이 과연 정당이 스스로 말하는
것을 할 수 있는가 없는가에 대한 유권자의 판단입니다.
유권자들에게 정당에 대한 믿음, 정당의 능력에 대한 믿음
또는 신뢰를 구축하는 게 무엇보다 중요합니다. 그런데 지금
새정치민주연합의 가장 치명적 약점은 국민들로부터 신뢰를
얻지 못한다는 점입니다. 다시 말해 국민들은 새정치연합이

말하는 것을 과연 믿을 수 있는 것인지, 그들이 정부운영을
담당한다면 제대로 할 것인지에 자신하지 못하고 있습니다.
이 점에서 볼 때, 정부운영의 경험이 훨씬 많은 새누리당은
상당한 이점을 갖습니다. 또 방대한 관료체계 역시
그 성향에서 보수적 정서와 행동양식 또는 현상유지적 가치와
친화성을 가집니다. 결국, 야당이 선거에서 승리하려면
여당보다 훨씬 더 많은 노력과 능력을 필요로 한다는
말입니다.

이철희

지금 말씀하신대로 현실을 바꾸고자 하는 사람들은 바꾸는
것에 대한 불안감을 해소할 정도의 실력이나 신뢰를 얻어야
합니다. 그것 없이 그냥 말로만 좋은 정책을 제시하면
된다는 생각 자체가 나이브(naive)한 것이고, 지는 자세라
할 수 있습니다. 새정치민주연합의 행태를 보면 두드러진
것이 막말로 상대를 조롱하고, 희화화하는 겁니다. 근데
저는 그 사람의 인품이 처음부터 잘못됐기 때문에 막말과
조롱이 나온 게 아니라 잘못과 차이를 내용으로 풀어내는
실력이 없는 데서 비롯됐다고 봅니다. 거기에 그들 스스로
갇히면서 구조화 내지는 내면화된 거죠. 못났기에 엉뚱한
행태로 표출이 된다는 말입니다.

최장집

막말 현상은 야당의 전반적 실패의 한 징후로 볼 수 있을
것 같습니다. 그 역시 원인이 있고 설명을 필요로 한다는
점에서 단순히 웃어넘길 현상은 아니라고 봅니다. 막말이라는
게 상대에 대한 적의를 강조하고 증오감을 강화하는
레토릭(rhetoric)의 결과물이 아닐까 생각합니다. 즉 좋은

정책을 만드는 경쟁에 노력을 기울이기보다는, 상대를 공격하고 악마화해서 쉽게 자신의 존재감을 드러내는 것입니다. 이는 또한 정치를 도덕적으로 접근하는 것이라 말할 수 있습니다. 나는 도덕적이고 상대는 비도덕적이거나 반도덕적이라 규탄하고 몰아세우는 것입니다. 인터넷이나 SNS와 같은 제한된 공론장에서 팔로워들의 반응이 상당한 힘을 발휘하는 점도 영향을 끼치는 것으로 보입니다. 소통을 강조하면서, 일반 투표자들을 상대로 하는 것이 아니라, 소수 팔로워(follower)들의 강한 지지를 동원하는 데 열중하는 일종의 퍼포먼스의 성격도 있다고 보여 집니다. 그런데 왜 그것이 유독 야당에서 강하게 나타나는가는 설명되어야 할 부분이라 생각합니다. 그 역시 야당의 흥미로운 행태 중 하나로 볼 수 있기 때문입니다.

이철희

아닌 게 아니라 왜 야당 쪽에만 유독 그런 거예요?

최장집

저는 정서적 급진주의의 한 표현으로 이해합니다. 자신은 도덕적이고 상대는 반도덕적이거나 부도덕한 나쁜 집단으로 보는 시각, 정치를 도덕과 반도덕 또는 선과 악의 이분법적 대결로 접근하는 관점이 낳은 결과가 아닐까 생각합니다.

이철희

지금 말씀하신대로 이런 현상을 강화시키는 것이 일부 행동하는 네티즌들인데요. SNS에 적극적으로 반응하는 이 사람들은 선악 대결의 주장이나 과격한 언술에 박수를 쳐주고 환호해요. 하지만 그렇지 않으면 무시하는 데에 그치지 않고 뭉개고, 공격해요. 그러니 SNS에서 주목받기 위해서는 어쩔 수 없이 그런 박수에 호응하려고 노력할 수밖에 없으니 점점 나빠지는 거죠.

최장집

그렇습니다. 정치는 대중을 상대로 행위하는 것이기에 어쩔 수 없이 연극적 측면을 갖게 됩니다. 또 대중 모두가, 언제나 이성적이라고 말할 수는 없는 것입니다. 또 대중의 인기를 끌고자 하는 행위 모두를 정치에서 완전히 배제할 수 있다고 생각하지 않습니다. 따라서 좋은 정치인이나 리더들은 그 점을 유념하고 대중과의 관계를 관리할 수 있어야 합니다. 막스 베버(Max Weber)의 책임윤리와 신념윤리의 개념을 빌려 말하자면, 자신이 추구하는 가치나 정책이 자기 신념의 표현이어야 하고, 또 이를 이성적으로 실현하고 책임질 수 있는 능력을 가져야 하는 것입니다. 그렇지 않고 정치인이 눈앞의 단기적 이익이나 즉흥적 지지를 얻기 위해 아무렇게나 행동하게 된다면 그것은 이성으로부터의 이탈에 다름 아닌 것입니다.

이철희

지금까지는 문제점에 대한 진단을 위주로 했습니다만, 이제부터는 어떻게 바꾸어야 하는지에 대한 얘기를 해보겠습니다. 지금 야권에서 거론되는 대표적인 대권주자 또는 리더라고 하면 문재인 대표, 안철수 전 대표, 박원순 서울시장을 꼽습니다. 여기에 더해 김부겸 전 의원과 안희정 충남지사를 말씀하시는 분들도 많아지고 있습니다. 이른바 3+2의 구도라 할 수 있죠. 그런데 앞의 세 분은 정치 경험이 일천하신 분들이에요. 그래서 가끔 저는 스타십(starship)이란

표현을 씁니다. 스타로서 잘하는지 모르겠으나 아직
리더로서 잘하고 있는 건 아니다, 다시 말해 스타십은
넘치고 리더십은 많이 부족한 모습입니다. 이 세 분이 정치
지도자로서의 모습에는 부족함이 많이 있는 거죠?

최장집

네. 저도 그렇게 봅니다. 그런데 좋은 리더를 만들어내는 것도
정당이고, 좋은 리더가 행위할 수 있는 환경도 정당입니다.
대통령 후보가 자꾸 정당 밖에서 충원되는 현상 자체가
한국 정당의 허약함을 단적으로 드러내는 것입니다. 한국에서
대통령 선거는 우리가 일반적으로 캠프라는 부르는 사적
조직을 중심으로 운영돼왔습니다. 선거에서 이기는 것도
사실상 정부가 되는 것도 캠프라고 말할 수 있습니다. 전체
정당이 움직여도 될까 말까 한데, 정당에 발을 걸치고는
있지만, 특정 후보를 중심으로 거의 반쯤은 사적인 집단이
중심이 돼 선거운동을 펼치는 것입니다. 저는 한국 정치의
많은 문제들이 이런 구조에서 나온다고 생각합니다. 그래서
실력 있는 정당조직이 잘 만들어지고, 운영되는 것이
중요하다고 봅니다. 대통령 선거도 지금처럼 후보 개인
중심으로 돌아가는 게 아니라, 정당조직이 중심이 되고,
총력을 다해 뒷받침해야 한다고 생각합니다.

이철희

정당이 아니라 개인이 주도하는 정치는 폐해가 많잖아요.
돈도 많이 들고, 크게 보면 책임정치의 원칙에 위배되기도
하고, 사회경제적 약자들의 이해를 거의 대변하지 못하게
되는데다 언론의 영향력이 지나치게 비대해지는 현상 등이
있죠.

최장집

개선돼야 할 중대한 문제 맞습니다. 중앙정치에서
정치 경험이 일천한 사람이 단숨에 대선주자의 반열에
오르는 경우가 종종 일어나는데, 이건 정말 문제입니다.
지방정부에서 행정을 책임진 경우는 그래도 좀 낫다고 할
수 있습니다. 왜냐면 그래도 대규모 행정조직을 운영해봤기
때문입니다. 경험부족과 막중한 책임 간의 기묘한 결합은
개선되고 극복돼야 합니다. 여기서 제가 강조하고 싶은
것은 단순히 개인의 능력에 대한 우열이 아니라 전체적인
틀이 잘못됐다는 것입니다. 정당을 가장 잘 대표할 수
있는 후보를 선출하는 것, 이게 되면 정당이 좋은 리더를
양성하는 토양이나 장이 될 수 있습니다. 정당 안에서
지도자가 나오게 되면 자연히 다선(多選)의원들이 리더십
경쟁에 뛰어들게 될 것입니다. 하지만 지금 우리 정치 현실은
중앙에서 정당정치를 많이 한 것이 되레 비판적인 요소가
되고 있습니다. 정치 경험의 좋은 측면이 다 사라져버리는
것입니다. 그렇기 때문에 끊임없이 새로운 정치인들을
요구하고, 그들을 불러들이는 거라 말할 수 있습니다. 이런
상황과 조건에서 대통령으로 선출될 때 부정적인 결과가
나오는 것은 필연적이라고 생각합니다.

이런 논의를 전제로 한 다음에 인물에 대해 얘기할 수
있습니다. 그런데 인물을 논할 때, 역시 마키아벨리(Niccolo
Machiavelli)가 말한 비루투(virtue)를 참고할 수밖에 없을 것
같습니다. 비루투는 결단력, 판단력, 지적 능력 등 다양한
내용을 포괄하는데, 대체로 자기가 옳다고 생각하는 것을
결단해서 끌고 가는 능력이라고 생각합니다. 옛날엔
용맹스러움이라고 했지만, 지금은 강한 리더십이 중요하다고

할 수 있습니다. 지난 선거들을 돌아보면, 예컨대 세월호 참사가 있었던 2014년 지방선거나, 성완종 리스트 사건이 있었던 2015년 4월 보궐선거에서 야당이 패배했는데, 리더십의 문제가 패배의 중요한 요인이 아닐까라는 생각을 했습니다. 현대 선거에서 리더십은 선거의 전반적 상황을 판단해 유리한 이슈를 만들거나, 새롭게 정의하고, 이를 중심으로 필요한 당의 자원을 동원해서 선거에 임하는 능력으로 말할 수 있습니다. 지난 선거에서 새정치민주연합은 이 점에서 턱없이 부족했던 게 아닌가 싶습니다. 그렇다고 해서 또다시 외부에서, 멀리 떨어져 있던 사람을 불러들일 수는 없는 노릇이니, 지금 우리가 거론하는 사람들 중에서 고를 수밖에 없다는 사실은 받아들여야 할 것 같습니다. (웃음)

이철희

제가 문재인 후보가 당대표가 됐을 때 쓴 신문 칼럼에서 이렇게 지적했습니다. 문 대표는 대선 후보로 갈 것인지, 다시 말해 자기 행동의 중점을 대선 후보에 둘 것인지 아니면 당대표에 둘 것인지를 선택을 해야 된다. 지금 제가 평가하기에 문 대표는 대선후보 역할에 집중하고 있는 것 같습니다. 4.29 보궐선거 패배 이후 당대표 역할에 많은 시간을 쓰고 있긴 하지만 그럼에도 여전히 대선후보로서의 역할에 더 익숙한 것 같아요. 당의 혼란을 추스르면서 강하게 끌고 가는 리더로서의 면모는 못 보여주는 거 같습니다. 문 대표나 대표를 하다 물러난 안철수 의원에 대해 평가를 좀 듣고 싶습니다.

"기울어진 운동장이란 논리 자체가 무능에 대한 변명이거나 알리바이(alibi)에 가깝다고 봅니다."

최장집

글쎄요, 언론이 많이 다루는 문제이기도 하고, 당 안팎의 사정을 잘 아는 사람들이 평가하는 게 맞을 듯합니다. 어쨌든 저는 비루투를 가진 정치인이 있으면 좋겠다는 말씀으로 대신하겠습니다.

이철희

비루투를 가진 정치인, 저도 사실 기대하고 있습니다. 개인적으로는 그런 정치인을 '정도전'으로 상징화하고 있습니다.

최장집

현대 민주주의에서 정치는 끊임없이 여론에 반응할 수밖에 없습니다. 그렇다고 여론이 전부는 아닙니다. 여론을 만들어가는 측면도 있는 것입니다. 저는 비루투를 "만들어가는 능력"이라고 봅니다. 그래서 그것은 정치적 기예(技藝)나 예술(art)에 가까운 것입니다. 정치는 지적 학문의 대상이면서도, 예술의 차원도 존재하는 것입니다. 정치의 어려움이 바로 여기에 있다고 생각합니다. 뭐라고 설명할 수 없는 매력이나, 노력만으로 되지 않는 타고난 카리스마 같은 것이 존재하고, 그것이 정치 리더에게 중요한 요건이 됩니다.

그래서 학문적으로 분석하고 설명할 수 없는 문제가 많이
있는 것입니다.

근데 지금 거론되는 야당 지도자들 사이에서 비루투를 갖는
정치인이 있는지는 잘 모르겠습니다. 정말 있었으면 합니다.
이 소장은 문 대표가 주로 대통령 후보로서 행동한다고
지적했지만, 계파 연합의 당을 이끌면서 자신의 계파를
초월하는 인사를 하고, 참모들도 개방적으로 구성하는 등
포괄성과 통합성의 면모를 보여주면 좋지 않을까 싶습니다.
그렇지 않으니 계파 수장이라는 소리가 나오고, 반대파들의
비판이 터져 나오는 게 아닐까 합니다.

이철희

새정치민주연합이 요즘 보여주는 모습 때문에 당을 봉숭아
학당이나 콩가루 집안에 많이 비유합니다. 저는 현실 정치를
지켜보는 한 사람의 입장에서 볼 때 새정치민주연합은 정당
같지 않은 정당으로 보입니다. 정당의 A, B, C 라고 할까요?
기본이 안 돼 있는 정당이라고 봅니다. 그러나 어쨌든
저 당을 싹 지워버릴 수 없고, 그 존재를 부정할 수 없는
거라면 고쳐서든지 해야 되는 거잖아요. 새정치민주연합이
강한 정당, 또는 이기는 정당이 되려면 뭘 해야 합니까?

최장집

앞에서도 말했지만 조직으로서 정당을 제대로 만들어야
합니다. 그것의 중요한 내용은 좋은 리더십을 선출하는
능력과 그렇게 만들어진 리더십이 작동할 수 있는 조직적
체계를 갖추는 것입니다. 하나의 조직으로서 정당의
집합행동이 가능하려면 계파들이 제각각 따로 놀아서는

안 되는 것입니다. 최종 행동에서 계파들의 통합이 일어나야 하는데, 이 역시 리더십의 차원으로 이해할 수 있습니다.

다음으로 정책 능력이 모자라거나 뒤처져있는 문제를 해결해야 합니다. 가만 보면, 야당이 중요한 정책 이슈들에서 구체적인 대안을 갖지 못했다는 인상을 받습니다. 그렇다면 심각한 문제입니다. 예를 들어 민주정책연구원 같은 조직이 뭘 하고 있는지 잘 모르겠습니다. 있는지 없는지도 모를 만큼 할 일 없고 주변적인 조직이 아니라, 당의 중심적인 정책 기구로서 역할을 해야 합니다. 최고위원이든 당대표든 이 기구를 충분히 활용해야 하고, 정책문제에서는 연구원을 중심으로 당을 움직이는 게 필요합니다. 그래야지만 정책을 만들고 입법을 할 때, 관료들을 상대할 수 있고, 그들과 대등한 전문성을 가지고 토론을 할 수 있지 않겠습니까.

지금 같은 상황으로는 정권을 교체한다 하더라도 무엇을 변화시킬 수 있을 것인지에 대해서 알기가 어렵습니다. 이렇게 가면 요행히 집권에 성공하더라도 뭔가를 제대로 해보지도 못한 채, 바로 정권을 내놓게 되는 수준이 아닌가 합니다. 사실 정당은 유권자들에게 지금 여러 좋은 정책을 가지고 있다는 걸 보여주는 것만으로는 부족하고, 그 정책들이 집권을 통해 좋은 결과를 냈다는 점을 보여줘야 하는 것인데, 지금 그걸 기대하기는 어렵습니다. 현재로써는 집권 때 일어날 수 있는 변화에 대해 강한 기대감을 줘야 지지를 하든지 말든지 할 텐데, 그러지를 못하는 것 같습니다.

이철희

새정치민주연합 사람들을 만나보면 새누리당과 정책적으로 많이 다르다, 충분히 차별화되어 있다, 다른 대안을 갖고 있다고 이야길 하는데 일반 유권자 수준에서는 잘 모르고 있습니다.

최장집

그렇습니다. 예를 들어, 세월호 문제라 하면, 세월호 문제에
대한 야당의 입장이 무엇인지를 정리해서 알려줘야 합니다.
정부나 여당의 입장에 대한 찬반이 아니라, 야당의 독자적인
입장이 있어야 하는 것입니다. 그 정도 문제라면 야당의
독자적 보고서도 이미 만들었어야 하는데, 그런 시도조차
보기 어렵습니다. 이 정도로 큰 사건에서도 야당의 역할을
제대로 보여주지 못한 것입니다. 그러니 가족들이 거리로
나와 절규하는 것이고, 마치 그들을 피해자 이익집단처럼
보이게 만드는 불행한 결과가 나오는 것입니다.

이철희

정당이 제대로 못 받쳐주니까 그러는 거잖아요.

최장집

예. 가족이고 피해자니까 감정이 쏟아져 나올 수밖에
없습니다. 요구가 과할 수도 있고, 현실에서 다소 벗어날 수도
있습니다. 그래서 먼저 가족들을 보호하고, 그들과 현실을
매개하고 조정하는 역할을 바로 야당이 해야 하는 것입니다.

이철희

근데 차별화를 얘기할 때 새정치민주연합 사람들이
억울해하는 게 있습니다. 뭐냐면 많은 차이에도 불구하고
유권자가 모르고 있는 현실은 인정하는데 그 평계를
언론환경에서 찾아요. 언론이 도와주지 않아서, 언론이
기울어진 운동장이라 그렇다는 얘기를 해요.

최장집

기울어진 운동장이란 논리 자체가 무능에 대한 변명이거나
알리바이(alibi)에 가깝다고 봅니다. 기울어진 운동장이라는
말이 의미가 있으려면, 선거 자체가 근본적으로 공정(fair)하지
않고, 그래서 아무리 잘해도 이길 수 없다면, 그렇게 말할 수
있습니다. 하지만 야당은 그 운동장에서 두 번이나 집권을
했습니다. 선거를 잘 치른다면 제도적으로도 실제로도
얼마든지 정권을 교체할 수 있지 않습니까? 그런데 어떻게
기울어진 운동장이라 핑계를 대는지 이해할 수 없습니다.
권력 밖에 있는 야당이 어느 정도 불리한 건 전제로 해야
됩니다. 누가 야당더러 '정권을 가져가세요' 하는 게 아니지
않습니까. 야당이 더 많이 노력하면, 선거에서 이기는 것도
집권도, 제도적으로 보장돼있다는 점에서 그렇게 말해서는
안 된다고 봅니다. 조금 전 영국 선거 이야기를 했지만,
노동당의 집권이 어려운 것도 같은 문제라고 봅니다. 즉
야당이 집권하는 일은 여당이 재집권하는 일보다 어려운
것이라는 점을 받아들여야 합니다. 더구나 현실을 고수하기
보다는 무언가를 개혁하는 데 초점을 맞추는 야당이 사람들을
설득하려면 더 많은 노력이 필요한 것입니다.

이철희

저도 그렇게 생각합니다. 야당이 하는 데까지 해보다가
안 됐을 땐 운동장이 기울어졌다고 항변할 수 있고, 그러면
수긍을 해줄 수 있잖아요. 그런데 지금은 걸핏하면 기울어진
운동장 운운해요.

최장집

그래서 알리바이라고 말하는 겁니다. 사전에 패배를 염두에

둔 알리바이! 알리바이가 아니라 이기기 위해 무엇을 하고 있는지에 집중해야 합니다. 노동 문제나 비정규직 문제 또는 실업 문제나 청년 문제에서 야당의 대안이 무엇인가요. 국내 이슈인 복지나 사회정책에서 뚜렷한 차이가 잘 잡히지 않으면, 외교나 대외정책에서 뭔가 있는지 기억에 있어야 하는데, 그렇지도 않습니다. 도통 모르겠습니다.

이철희

공무원연금개혁과 관련해 연금정치(pension politics)라는 말이 쓰이고 있습니다. 연금정치에서는 야당이 다른 이슈와 달리 역할을 잘했다는 평가도 있습니다. 어쨌든 지역주의 대결 구도에서 연금정치와 같은 사회경제적 이슈로 정치 프레임이 바뀌는 것은 긍정적이라는 평가도 있습니다. 어떻게 보십니까?

최장집

전반적인 흐름에서 아무래도 경제이슈가 중심이 될 수밖에 없습니다. 그것은 보편적이고 일반적인 추세라 말할 수 있습니다. 특히 연금정치는 이를 통해 이익을 받는 집단과 그렇지 않은 집단이 구체적이고 잘 구분되기 때문에, 불만의 표출과 동원이 쉬운 선명한 문제라 할 수 있습니다. 그래서 오히려 쉬운 문제라고 말할 수도 있습니다. 그런데 우리 사회에는 그에 못지않은 중요한 문제들이 산적해 있습니다. 단지 제대로 표출되어 이슈화되지 못해서 문제가 안 되는 것뿐입니다. 지금과 같은 경제체제에서 연금과 사회보장 등 복지문제는 필수적이기 때문에 부각될 수밖에 없습니다. 앞으로도 정치와 선거를 좌지우지하는 중요한 문제가 될 겁니다. 하나의 흐름이라고 말할 수 있습니다.

이철희

의도했든 안 했든 연금 문제를 의제로 만들고, 쟁점으로
부각하는 일을 그런대로 하는 반면, 누가 더 이 문제를
잘 풀어낼 수 있느냐 하는 이른바 합의정치(valence
politics)에서 야당은 속수무책인 것 같습니다. 그러니
메시지는 좋으나 메신저로서 신뢰를 받지 못하는 것이죠.
야당은 찬반대결엔 능숙한데, 우열경쟁엔 완전 젬병입니다.

최장집

그렇습니다.

이철희

그러니까 좋은 의제를 제기해 공론화하는 데 성공했는데,
그다음 그럼 누가 더 잘해낼 수 있는지를 따지는 단계로
들어가면 유독 무능해집니다. 의제를 먼저 제기해놓고서도
정작 자신들이 더 잘할 수 있다는 신뢰를 확보하는 데는
실패하는 거죠. 게다가 특정 부분이나 낡은 교조에 지나치게
매여 있는 느낌을 많이 줍니다. 과거 실패한 경험의
주역들이 다시 잘하겠다고 나서는 모습도 우스워 보이고요.
이 뿌리 깊은 무능, 깨알 같은 무능을 어떻게 극복해야
될까요?

최장집

이런 문제들에 야당이 잘 대응하기 위해선 무엇보다 일관성이
중요합니다. 그게 무엇이든 시간을 두고 일관되게 추구해야
합니다. 사람들의 신뢰는 한꺼번에 만들어지지 않습니다.
점진적으로 생긴다고 봅니다. 하나의 이슈를 정해 승부를
걸어, 상대정당보다 낫다는 점을 보여주는 일은 결코 쉬운

일이 아닙니다. 연금 문제도 그렇습니다. 특정의 이해집단 차원에서 보면 쉽게 이익과 손해를 구분해낼 수 있지만, 경제구조 전체로 본다면 그렇게 이야기할 순 없습니다. 지금 당장 연금의 비율을 높여준다면, 그것이 과연 경제 전체의 차원에서 감당할 수 있느냐는 문제가 나올 수밖에 없습니다. 연금에서 소득대체율의 적정수준을 얘기하면, 세대 간 부담의 문제가 나오게 됩니다. 이런 식으로 다른 이슈들이 여기서기시 티져 나오는 것입니다. 그런데 야당이 과연 이런 전체적인 문제들에 대해 균형 잡힌 틀을 가지고 이야기를 하는 것인지, 사람들이 불신하는 것입니다. 즉 신뢰를 구축하려면 여러 문제들을 포괄해 전체적으로 보는 능력이 중요합니다.

이를 위해서는 두 가지 요소가 필요하다고 봅니다. 먼저 정책적 비전입니다. 경제 전체를 아우르는 운영원리를 갖춰야 합니다. 여기에는 현재 성장정책의 문제를 개선할 수 있는 대안이 있어야 합니다. 다른 하나는 개별 이슈들에서 정교한 정책 프로그램들을 마련하는 일입니다. 이 두 가지는 동시에 병행되어야 합니다. 앞의 것만 과도하게 집중하면 너무 추상적이 되게 마련이고, 정책적 대안의 구체성에서 떨어지게 됩니다. 반대로 너무 개별 정책에만 집중하면 전체적인 균형에서 허점을 드러내게 됩니다. 그래서 연금문제를 예로 들자면, 지금 당장 그럴싸한 정책을 내놓는 데만 골몰할 것이 아니라, 이런 식으로 지속적인 성장이 가능한 것인지, 이것이 경제 전체에서 볼 때 감당할 수 있는 것인지 질문에 대한 답을 함께 내놓아야만 하고, 여기서도 국민들의 신뢰를 받을 수 있어야 합니다.

이철희

선생님, 정치를 잘하고 있는 나라 중에 지금
새정치민주연합이 탈바꿈하기 위해 롤 모델로 삼을 만한
정당이 있습니까?

"언론, 특히 보수언론이 정치를
조롱하고 폄하하는 방식으로 다루는
것은 굉장히 위험한 것입니다.
그런 태도는 민주주의 영역을
축소하게 만듭니다."

최장집

롤 모델로 삼을 만한 정당이라…, 글쎄요 금방 떠오르지는
않습니다. 왜냐면 고려할 것이 너무 많기 때문입니다. 우리의
정치 환경도 따져 봐야 하고, 정치 문화와 역사적 특수성도
고려해야 합니다. 한국 정치의 이념지형의 중요한 특징으로,
아시다시피 그 스펙트럼에서 보편적으로 좌(left)라고 말할
수 있는 공간이 거의 닫혀 있다시피 하다는 것입니다.
전체적으로 매우 보수적입니다. 아주 협소하게 열려있는
이념적 공간에서 한국의 정당들은 조직하고 경쟁하는
것입니다. 여당과 야당의 정책 노선이 잘 구분되지 않는
것도 이렇게 좁은데서 경쟁하고 있기 때문입니다. 우리가
중도보수(center right)라고 말할 수 있는 영역의 공간은 이미

여당이 다 점유하고 있기 때문에, 야당이 여기에서 다른 대안을 설정하는 것은 굉장히 어려운 일입니다. 그렇다면 이념적 지형이 중도진보(center left)로 확대돼야 하는데, 그렇게 되기 어려운 구조적인 제약이 우리에게 있습니다. 저는 이 점이 야당이 대안정당으로 성장하지 못하는 중요한 요인 중 하나라고 봅니다.

이런 측면을 고려하면, 적어도 선진 민주주의 국가 중에 이념지형이나 정치 환경 등 한국과 비교될 만한 정치적 페러미터(parameter)를 가진 나라는 없습니다. 간단히 말해 세계의 선진 민주주의 국가들 대부분이 이념적 스펙트럼이 완전히 열린 상태에서 정당이 제도화되고 경쟁한다면, 한국은 센터 라이트에서만 움직이는 것입니다. 이는 비교될 수 없는 구조입니다. 그렇다고 롤 모델을 찾으면서 신생 국가들하고 비교할 수도 없는 노릇입니다. 지금 생각으로는 독일의 기민·기사당(CDU-CSU)이 하나의 모델이 될 수 있지 않을까 싶습니다. 한국에서는 기민·기사당을 보수정당, 사민당(SPD)은 진보정당으로 쉽게 분류하곤 합니다. 그러나 사실 독일의 기민·기사당은 우리나라의 진보정당보다도 더 진보적인 정당입니다. 한국적 기준에서 보면 독일에는 보수당은 존재하지 않는다고 말할 수 있습니다. 프랑스는 보수정당이 있습니다. 르팽의 FN(국민전선). 독일에도 보수정당이라 할 만한 작은 정당이 존재하긴 하지만, 제도권 안에 들어오지 않는다는 점에서 사실상 없는 것이나 마찬가지입니다. 말하자면 전부 센터 레프트 정도에서 좌로 경쟁을 하는 것입니다.

독일의 전통적인 종교에서부터 가톨릭과 개신교, 전통적

가치, 지방조직 등은 모두 기민당이 대표하고 있습니다.
상당히 광범위하고 다양한 형태로 기민·기사당이 조직되어
있는 것입니다. 그러면서도 기민·기사당은 노동세력을 상당
부분 대표하고 있습니다. 이에 반해 사민당은 중앙집중화된
노동운동에서 출발한 정당입니다. 상당히 동질적이고
이념적입니다. 물론 지금은 그런 점이 많이 희석되긴
했습니다. 어쨌든 사민당은 조직 형태에서 기민·기사당과
굉장히 다른 정당입니다. 우리나라의 민주노동당 같은 이념적
진보정당이 발전해서 대중정당이 됐다면, 아마 사민당과
비슷한 조직형태를 가졌을지 모릅니다.

지금 우리나라는 사실상 양당체제로 볼 수 있는데, 이념적
견지에서 우리 야당은 서구의 보수당에 비교될 수 있습니다.
흔히 독일 사민당이 노동을 배타적으로 독점하고, 대표하는
정당이라고 이해하는 경우가 많습니다. 사실 사민당의 출발은
그랬을지 몰라도 지금은 기민·기사당이 노동 대표성을 많이
가지고 있습니다. 노동세력 내에서 각 당을 지지하는 비율이
한 6 대 4 정도 되지 않을까 싶습니다. 그래서 독일에서
기사·기민당과 사민당 사이에 이념적 거리는 굉장히
가깝습니다. 정당조직의 측면에서 우리의 민주당 계열 정당이
독일의 정당을 모델로 하는 것도 좋지만, 정당체제(party system)
측면에서도 독일을 벤치마킹할 수 있다고 봅니다. 그것은
한마디로 2.5당 체제입니다. 기민·기사당과 사민당이 양대
축으로 존재하고, 여기에 0.5 정도의 지분을 갖는 정당들,
예컨대 자민당이나 녹색당이 존재하는 구조입니다. 0.5
위상의 정당들을 피보탈 파티(pivotal party)라 부르는데, 그들이
연정(聯政)을 구성할 때 양 당의 중간에서 캐스팅 보터(casting
voter)의 역할을 하기 때문입니다. 이들의 활동으로 다양하고

역동적인 조합의 연정이 가능한 것은 무엇보다 정당들 사이의
이념적 거리가 굉장히 가깝기 때문입니다. 심지어 기민당과
사민당의 대연정도 가능할 수 있는 것도 독일 정당들의
이념적 근접성과 포괄정당(catch-all party)의 구조 때문입니다.

다시 이상적인 정당모델로서 독일 정당 얘기를 이어가
보겠습니다. 새누리당이나 새정치민주연합이나 할 것 없이
우리나라 정당들은 직업·직능적, 계층적 기반이 분명하지
않습니다. 대강 또는 어렴풋이 두루뭉술하게 대표되고
있습니다. 독일의 기민당은 조직기반에서 2차원적 구조를
가집니다. 하나는 직업·직능적인 차원으로 노동이나 농민,
전문직능으로 구성됩니다. 다른 하나는 지역인데, 전통적인
지역·지방 조직들과 교외 조직들이 여기에 위치합니다.
즉 지역과 직업기반 두 가지가 합쳐져 있는 것입니다.
그런 점에서 새정치민주연합이 독일의 기민·기사당을
벤치마킹할 부분이 있다고 봅니다.

이념적으로는 미국의 민주당을 참고할 수 있습니다. 미국은
대통령제이고, 양당제라는 점에서 우리와 비슷한 점이
많습니다. 하지만 정당의 하부구조를 보면 우리와 완전히
다릅니다. 미국 정당의 기층은 다양한 특수이익들을 대변하고
조직하는 결사체들 사이의 정렬(alignment)로서 이뤄집니다.
때문에 미국의 정당은 독일 정당에 비하면, 그 하부가
매우 유동적이라는 특성을 가집니다. 어쨌든 미국 정당도
참조할 면이 있다고 생각합니다. 프랑스의 경우 정당정치가
이념적으로 심하게 분절(fragment), 즉 파편화돼있습니다.
프랑스가 결선투표제를 운용하는 것도 그런 이유 때문이기도
합니다. 결선투표제가 분절된 정치를 인위적으로 두 진영으로

나누고, 집권을 위한 다수파의 형성을 돕는 것입니다.

우리 정치가 그 정도로 심하게 분절됐다고 보지는 않습니다.
그래서 독일 기민당과 미국 민주당 정도가 새정치민주연합이
우선적으로 고려해볼 정당이 아닌가 합니다.

이철희

정당 모델을 제가 말씀드렸는데 정당 체제까지 묶어서
설명을 해주셨습니다. 근래에 양당제가 갖는 폐해 때문에
아예 선거제도를 비례대표제로 바꿔서 다당제로 가야
되지 않느냐는 이런 주장이 있습니다. 선생님은 어떤 생각을
갖고 계십니까?

최장집

제도를 말할 때는 늘 주의가 필요합니다. 주로 외국의 제도와
모델을 거론하며 그 제도들로부터 기대하는 장점과 효과를
말하는 것과 실제 우리가 할 수 있는 것과는 전혀 다른
문제이기 때문입니다. 그래서 판단하기 어렵습니다. 그래서
저는 외국의 어떤 좋은 제도가 있는데, 한국에 들어오면 좋을
것이라는 식으로 잘 주장하지 않습니다. 왜냐면, 어떤 제도든
원래 그 제도가 발전했던 사회 조건에서 떨어져 나와 다른
사회 환경이나 조건에 이식될 때, 전혀 다른 결과를 초래할
수 있기 때문입니다. 그래서 정치학자들이 제도를 말할 때
상당히 신중해야 한다고 생각합니다. 제도는 한 번 바꾸고
나면, 쉽게 다시 바꿀 수 있는 게 아닙니다. 저는 제가 특정한
제도가 도입되고, 그것이 만들어낼 결과에 대해 확정적으로
말할 수 있는 지적 능력과 예견력을 갖고 있다고 생각하지
않기 때문에, "이 제도가 좋다.", "저 제도가 더 낫다." 말하기
매우 어렵습니다.(웃음) 제도 문제는 그래서 여러 관점과

각도에서, 또 한국의 역사적, 문화적 환경과 정치적, 권력 구조의 조건들을 충분히 고려하면서 생각해야 합니다.

이런 것들을 전제로 하고 몇 가지 얘기해 볼 수 있습니다. 먼저 저는 다당제를 양당제보다 선호합니다. 또 선거 제도에서도 단순다수제보다는 합의적 성격의 비례대표의 비중이 많아졌으면 합니다. 그럼에도 이런 제도들이 한국의 조건에서 어떤 결과를 만들어낼지는 확실하게 예견할 수는 없다고 봅니다. 새누리당과 새정치민주연합의 양당체제에서 보수적 정당은 비교적 잘 제도화된 반면에, 야당의 제도화는 훨씬 못 미칩니다. 그렇게 볼 때, 야권진영에서 기존 민주당과는 다른 이념적 성향과 색채를 띤 작은 정당이 출현할 수 있다고 봅니다. 또한, 그것이 바람직한 면이 있다고 생각합니다. 흔히 단순다수제 선거구조에서 야권이 분열하면 선거 경쟁력을 잃게 된다는 걱정을 많이 합니다. 저는 그건 선거연대로 해결해야 한다는 생각입니다. 꼭 한 정당으로 통합하지 않더라도, 정치적 결과를 배분하는 방식의 정치협상을 통해 선거연대가 가능하다고 봅니다. 요컨대, 단순다수제라는 선거제도와 다당제는 양립할 수 있다고 저는 판단합니다. 물론 단순다수제가 분열을 불리하게 만드는 힘이 있는 것은 사실입니다. 그 문제는 지금까지 그랬던 것처럼 야당이 풀어가야 할 숙제라고 봅니다.

그래서 선거제도에 대해서는 단정적인 답을 내놓기 어렵습니다. 다만 제도와 관련해 한 가지 개선사항은 말하고 싶습니다. 저는 우리나라 국회의원들의 수가 많아져야 한다고 생각합니다. 대략 400명 정도는 되어야 하지 않을까 싶습니다. 지금 규모는 너무 작습니다. 400명 정도로 늘어나면 기존에 독과점에 가까운 경쟁을 풀어주는 효과가 나오지 않을까 생각합니다. 정치에 대한 보수적 관점에서는 어떻게 하던지 의원 수를 줄이려고 합니다. 가급적이면 정치를 축소하려고 하는 것입니다. 이런 보수적 견해에 동의하기 어렵습니다. 저는 의원정수도 늘려야 하고, 정치를 확대해야 한다고 생각합니다.

정치를 축소하고, 기술관료적 방식으로 정치에 접근하고, 효율성이나 생산성의 관점에서 정치를 보는 관점, 말하자면 국회나 정치를 행정적으로 이해하고 접근하는 것은 모두 정치에 대한 권위주의적 이해의 연장선상에서 만들어진 것이라고 봅니다. 민주적 관점을 강조하는 입장에서 본다면 의원 수는 더 확대돼야 하는 것입니다. 인구 규모를 봐서도 그렇고, 단원제(單院制)라는 점을 고려한다면 지금 숫자는 너무 적습니다. 이런 개선을 통해 정치 영역이 넓어져야 하고, 정책의 결정은 정치를 통해서 이뤄져야 합니다. 관료가 주도하는, 행정부 중심의 정책 결정은 민주주의의 가치와 병행하기 어려운 것이라는 점은 분명해 보입니다.

이철희

마지막 질문이 될 거 같은데요. 아무래도 선거제도는 조금 조심스럽고, 제도가 배태된 그 사회의 독특한 맥락이 있기 때문에 제도만 갖고 온다고 되는 것이 아니라는 지적에 공감합니다. 한국 정치가 좋아지려면 저는 공천 프로세스가 달라지고, 신뢰를 받아야 한다고 봅니다. 이 점만 끝으로 좀 짚어주시죠.

공천은 정당에서 가장 중요한 일이고, 또 갈등이 가장 많이
일어나는 문제이기에, 그만큼 어렵습니다. 민주당 계열의
정당들은 그동안 개방형 경선제나 국민경선제로 불리는
오픈 프라이머리(open primary) 제도를 채택해왔고, 이제
새누리당도 그 방향으로 나가는 것 같습니다. 그런데 저는
민주화 이후에 우리나라의 선거제도가 너무 개방적으로
바뀐 게 아닌가 생각합니다. 그래서 오히려 정당의
정체성(identity)과 조직기반을 약화시키는 중요한 요소로
작용했다고 생각합니다. 그래서 정당이 인터넷이나 모바일
또는 SNS든 새로운 의사소통의 방식을 받아들이는 것은
불가피한 측면이 있지만, 그것이 과도하고 지배적이면 정당의
정체성과 경계(boundary)를 허무는 효과가 있다고 봅니다.
그럼에도 전체적인 틀에서 볼 때, 이런 새로운 기술을 무시할
수는 없는 것이고, 리더 주도의 공천을 포함해 다양한 전통적
방식과 혼합하는 게 필요합니다. 그래서 저는 적절한 혼합을
유지하는 것이 중요하다고 생각하고, 기본적으로 오픈
프라이머리에는 반대하는 입장입니다.

이 점은 정당의 정체성을 없애거나 약화시키는 매우 중요한
문제라고 봅니다. 대표적으로 민주당과 공화당이 가장 약하게
제도화된 미국의 캘리포니아형 정당체제를 들 수 있습니다.
저는 정당 조직이 좀 더 제도화된 틀을 가지고, 리더십의
역할이 강조되는 체제를 선호합니다. 이런 틀이 좀 유지되고
그 방향으로 발전되었으면 합니다. 그렇지 않고 완전히
개방적인 형태가 됐을 때는, 정당체제가 사회의 다양한
이해관계를 대표하고 표출하는 역할보다는, 여론조사나
인기투표 중심의 청중민주주의(audience democracy)로 전락하고

마는 것입니다. 마지막으로 강조하고 싶은 한 가지는 공천 문제에서 제도화가 핵심이라는 점입니다. 무엇이든 하나의 기준이 사전에 분명하게 정립되어, 공직 희망자들이 저 기준에 따르면 나도 공천을 받을 수 있겠구나 라는 예상이 서야 합니다. 제도들의 장단점을 떠나, 선거 때마다 공천 제도가 바뀌는 현실 이것이 불필요한 분쟁을 낳는다고 생각합니다. 대체 무슨 이유로 제도가 바뀌는지도 모르는 상황에서 제도가 권위를 갖기는 어렵습니다. 당대표든 누구든 결국 공천을 둘러싼 갈등이 새정치민주연합 분쟁의 핵심 아닌가요?

이철희

언제나 그랬고, 지금도 그렇죠.

최장집

이 분쟁은 공천 제도를 객관화하고 제도화하는 것을 통해서 해소될 수 있다고 봅니다. 장기적으로 예측 가능한 제도를 만들어야 합니다. 그래서 공직 희망자들이 그 제도에 충분히 적응할 수 있어야 하고, 또 그 제도를 통한 결정을 당에서도 수용할 수 있어야 합니다. 즉 제도화를 통해 분쟁을 해결해야 합니다. 그러나 여기서도 내가 어떤 제도가 더 낫다고 말할 수는 없습니다. 다만 오픈 프라이머리 경향은 좀 줄어들어야 하지 않나 생각합니다. 더불어 SNS나 모바일의 비중도 일정한 상한을 두고 줄여야 한다고 생각합니다.

이철희

한국 정치 좋아지겠죠, 선생님?

최장집

좋아질 것이라고 쉽게 낙관하기는 어렵습니다.

이철희

큰일이네요. 정치가 좋아져야
보통사람의 삶이 좋아지는 데요.

최장집

그렇습니다. 정치가 좋아져야 합니다. 한국의 정치는 상당히
불균형적으로 발전을 했습니다. 그래도 경제는, 앞으로 많은
문제에 직면하게 되겠지만, 꾸준히 성장을 했습니다. 또
어쨌든 정치보다는 먼저 발전을 했습니다. 그러다 보니까
경제의 잣대를 통해 정치를 평가하고 폄하하는 경향이
생긴 거 같습니다. 그리고 한 가지 더 강조하고 싶은 것은
한국에서는 정치 폄하의 정도가 너무 심하고 강하다는
겁니다. 언론, 특히 보수언론이 정치를 조롱하고 폄하하고
하는 방식으로 정치를 다루는 것은 굉장히 위험한 것입니다.
그런 태도는 민주주의 영역을 축소하게 만듭니다. 자꾸
효율성과 행정의 관점을 강조하고, 정치와 민주주의를 마치
회사를 운영하는 것과 비슷한 것처럼 생각하게 만든다는
점에서, 불순한 의도가 있어 보입니다.

어떻게 하든지 민주주의는 시끌벅적한 것입니다. 효율성은
민주주의의 중심 가치가 아닙니다. 근데 우리나라의 경우,
경제가 먼저 발전하고 경제적 가치가 지배하는 사회에서
민주주의가 나오다 보니까, 자꾸 경제를 통해 민주주의를 또
정당을 재단하게 됐습니다. 이런 식으로 민주주의에 대한
굉장히 부정적인 인식이 강화되게 됩니다. 다시 말하지만,

민주주의에서 효율성은 중심이 아닙니다. 빠르고 신속한 것이 민주적 결정 과정의 핵심 덕목이 아닙니다. 그런데 무엇 때문인지, 진보고 보수고 할 것 없이, 조금만 느릿느릿해도 못 참고, 왜 빨리 안 하느냐 채근합니다. 그렇게 졸속적으로 법안도 만들어지는 것입니다. 민주주의가 원래 효율성을 중심으로 한 그렇게 깔끔한 체제가 아니라는 사실을 알아야 합니다.

이철희

예, 여기까지 하겠습니다. 시간을 너무 많이 뺏은 거 아닌지 모르겠습니다. 선생님, 고맙습니다.

최장집

얼마나 도움이 됐을지 모르겠습니다.

"전체주의 권력은
총구에서 나오지만,
민주주의 권력은
설득의 능력에서 나와요.
유능하지 않은데
국민을 설득할 수
있겠습니까?"

윤여준 전 장관

윤여준 전 환경부 장관은 정치권을 대표하는 전략가(strategist)로 불린다. 청와대(비서관, 수석), 행정부(장관), 의회(국회의원)를 두루 경험한 보기 드문 인사이기도 하다. 2000년 총선 때에는 한나라당(신한국당)의 총선기획단장으로 개혁공천을 주도했다. 윤 전 장관은 열린 보수, 합리적 보수로서 보수와 진보를 가리지 않고 잘못하는 것에 대해서는 쓴소리를 마다하지 않았고, 2012년에는 야권의 문재인 후보를 지지했다. 윤 전 장관하면 떠오르는 이름이 안철수 의원이다. 안 의원의 멘토 역할을 하다 2015년 안 의원이 민주당과 합당해 지금의 새정치민주연합을 만들 때 헤어졌다.

윤여준은 전두환·노태우·김영삼 대통령 3대에 걸쳐 청와대 비서관을 지냈다. 〈동아일보〉와 〈경향신문〉 기자를 지냈으며, 1977년 주일대사관 공보관을 시작으로 청와대 의전·공보·정무 비서관과 국정원장 특별보좌관, 대통령 공보수석 비서관을 지냈다. 1997년에는 환경부장관을, 2000년에는 한나라당 소속으로 제16대 국회의원을 지냈다. 여의도연구소장, 한국지방발전연구원 이사장을 역임했으며 18대 대통령 선거에서는 민주통합당 국민통합추진위원장을 맡았고, 이후 안철수 의원의 새정치추진위원회 의장을 지냈다.

이철희

윤여준이란 이름 석 자를 거론할 때엔 흔히 한국 정치를
대표하는 전략가라고 하잖아요. 마음에 드세요?

윤여준

아니, 그거 잘못된 거예요. 언론이 그렇게 포장을 해서 그렇게
된 것일 뿐, 제가 무슨 전략가예요 전략가는.

이철희

아무튼 한국을 대표하는 전략가인 것은 모두가 아는
사실이잖아요.

윤여준

전략가는 이철희 소장이죠.

이철희

아이고, 왜 이러십니까. (웃음)

윤여준

오죽 전문가면 정치전략을 연구하는 연구소를
운영하시겠어요. 이 소장 같은 사람이 전략가이지,
내가 무슨….

이철희

저는 못하니깐 연구 좀 해보려고 그런 이름을 지은 게
전부입니다. 어쨌든 윤 전 장관은 현실정치 경험도
풍부하시고, 또 행정부에서 일도 오랫동안 하셨고,
그야말로 당·정·청을 두루 경험하셨는데요. 거두절미하고,

이 질문부터 드립니다. 한국 정치 왜 이 모양 이 꼴인 겁니까?

윤여준

글쎄요, 몹시 어려운 질문인데, 저는 이렇게 생각하죠. 근대 국가는 시민사회가 핵심 요소인데. 국가는 때론 시민사회를 육성하고, 때로는 규율하면서 균형과 조화를 이뤄가면서 통치해야 하는 거거든요. 이게 민주정치의 원리에요. 우리나라의 경우 그런 체제는 갖춰져 있으나 원리에 대한 이해가 없어요. 그러다 보니까 제 기능을 못 하는 거죠. 그래서 무슨 일이 벌어졌느냐? 강제와 저항의 악순환을 초래한 거죠.

이철희

강제와 저항의 악순환.

윤여준

국가와 사회가 잘 균형 또는 조화를 이루는 가운데 국가를 통치하는 것이 좋은 통치, 민주적 통치죠. 강제와 저항으로 싸우기만 했으니까 이게 안 된 거죠. 시스템은 있는데 그 운영 원리를 터득하지 못했는지, 늘 힘 있는 쪽은 강제하려 그러고 힘없는 쪽은 저항을 하다 보니까 항상 극한 대결이 벌어진 겁니다. 정치가 제 기능을, 정치가 국가를 통치하는 역할을 해야 하는 것인데 그걸 못하는 거죠. 그러니까 정치가 국가 발전에 걸림돌이란 낙인이 찍힌 겁니다, 국민들한테. 오죽하면 없는 게 낫다는 거 아닙니까?

이철희

군사독재나 권위주의 정권 시절이야 정치의 운신 폭이
좁았으니 그럴 수 있다고 봅니다. 하지만 민주화 이후,
즉 노태우 대통령부터 계산하더라도 노태우, 김영삼(YS),
김대중(DJ), 노무현, 이명박(MB) 등 여섯 대통령을 거쳤으니
이 정도면 정치가 살아 날 때도 됐잖아요.

윤여준

그런데, 우리보다 훨씬 앞서서 민주주의 했던 나라들을 보면
프랑스 혁명 이후 삼백 년 정도 걸렸어요.

이철희

삼백 년이면 너무 긴데요.

윤여준

그렇죠. 그사이에 엄청난 유혈이 튀고, 일진일퇴가 치열했죠.
엎치락뒤치락 했잖아요. 평탄하게 발전하지 않았죠. 그렇게
보면 우리는 민주화가 된 지 아직 삼십 년이 채 안 됐으니,
다시 말해 우리는 아직 성숙한 민주화를 향해 가는 도정에
있으니까 이런 진통을 불가피하게 겪어야 된다고 생각할
수도 있어요. 우리는 국가 현실이 워낙 다른 나라와는 달리
절박하니까. 어쨌든 가능하면 빨리 성숙하고, 그 과정에서
대가를 좀 적게 치르기 위해 우리가 많은 노력을 기울이는
거잖아요. 근데 노태우 정부는 권위주의에서 민주주의로 체제
이행하는 과도기 정부니까 빼더라도, 김영삼 대통령부터 치면
다섯 번의 정부를 거쳤죠. 김영삼·김대중 대통령은 민주화
운동의 화신(incarnation)이었잖아요. 상징적인 분들인데, 그
분들도 대통령이 되고 나서 국가 통치하는 걸 보면 민주주의

원리가 몸에 배어 있지 않았더라고요. 크게 보면 두 분 다 권위주의적인 방식으로 통치를 했어요. 민주주의 원리에서 벗어난 경우가 많았죠. 그래서 두 분 다 제왕적 대통령이란 평가를 받았잖아요. 역설적이긴 하지만 사실이에요. 물론 왜 그랬냐를 따져보면 이해되는 구석은 있어요. 어쨌든 그랬다가 이명박 대통령 때에는 권위주의로 되돌아가려는 몸짓까지 보였습니다. 사실 엄밀히 따지면, 이명박 대통령 같은 경우는 개념상 권위주의라 할 수도 없죠. 뭐라고 그래야 할까요? 국가를 기업으로 봤던 사람이니까. 재임 중에 본인이 그랬죠. 나는 대한민국이라는 기업의 CEO다, 그랬어요.

이철희

상인주의라는 말이 가능할까요?

윤여준

상인주의? 그렇지. (웃음) 그러니까 국가와 기업을 동일시하고, CEO와 대통령을 같은 거로 봤습니다. 이건 말이 안 되죠. 도대체 말이 안 되는 거거든요. 그럼에도 그런 인식을 거침없이 드러냈던 사람이니까 상인주의라 할 수도 있어요. 정말 상인의식을 가지고 국가라는 거대한 공조직을 운영을 했으니까 엉망이 된 겁니다. 지금 박근혜 대통령의 경우를 보면, 권위주의 시절에 했던 것을 자꾸 본받으려고 해요. 그러니까 계속 시대와 충돌하는 거잖아요. 이렇게 하면 못 견뎌요.

이철희

정치를 좀 추상적으로 표현하자면 한 시대를 경영하는 건데, 그 정치 지도자들이 시대와 충돌하고 있는 거란 말씀이죠?

"이것이 국가냐? 국민이 국가를 불신하는 겁니다. 그러면 국가와 국민이 분리되는 거예요."

윤여준

충돌하고 있죠. 국민이 원하는 게 뭐냐? 그걸 흔히
시대정신(Zeitgeist)이라고 얘기하는데, 그 시대정신이라는 게
다수가 원하는 거라 할 수도 있는 거잖아요. 그러면 거기에
귀 기울이고, 거기에 맞춰서 그걸 구현하려고 애를 써야
하는데 그런 건 아랑곳하지 않으면서 되레 국민의 뜻하고
어긋나는 일을 자꾸 하고 있잖아요. 게다가 본인의 의지를
관철할만한 능력도 없어요. 그래서 이 정권을 이야기할 때
항상 무능, 무책임이란 말이 따라 나오잖아요.

이철희

박근혜 정부를 평가할 때 독선과 오만을 말하기도
합니다만 역시 가장 정확한 키워드는 무능이라는 게 평소
제 생각입니다. 참 무능하죠?

윤여준

그럼요. 현 정부를 말할 땐 항상 무능과 무책임이 따라 나오는
것만 봐도 알 수 있죠. 그런데 이게 어떤 결과를 낳느냐 하면
국가와 국민이 분리되는 겁니다. 세월호 참사 때 뭐라고
그랬습니까. 이것이 국가냐? 이런 본질적 질문을 했어요.

메르스 사태 때도 똑같죠. 그러니까 국민이 국가를 불신하는 겁니다. 안 믿잖아요. 그러면 국가와 국민이 분리되는 거예요.

이철희

정치에는 흔히 압축 성장이 어렵다 이런 말을 합니다. 때문에 우리나라는 민주화의 역사가 다른 나라에 비하면 그리 길지 않아 완벽한 것을 기대할 수 없다는 것도 받아들일 수 있습니다. 그럼에도 제법 많은 시간이 흘렀는데도 정치의 질이 크게 나아지지 않았잖아요. 아무래도 가장 큰 책임은 정치가들에게 있겠죠?

윤여준

물론이죠. 제도가 있고, 환경이 있고, 행위자가 있으니 이 세 가지 요인을 다 뜯어봐야죠. 제도적인 요인도 있고, 환경적인 요인도 분명히 있지만, 행위자 요인이 가장 크다는 거죠. 결국, 사람이 문제라는 거죠. 왜냐면 제도라는 것은 완벽한 게 없어요. 그러니까 사람이 제도를 어떻게 운영하느냐가 굉장히 중요할 수밖에 없어요. 게다가 제도를 만드는 것도 사람이잖아요. 환경도 사람이 노력하면 상당히 극복할 수 있어요. 분단이라든가 여러 가지 어려운 환경이 있지만, 그것도 잘 극복하려고 노력하면 할 수 있는 거예요. 근데 행위자가 제도를 나쁘게 이용하려고 하고, 환경을 자기의 정치적 목적을 위해 이용하려 들면 이건 어떻게 해볼 도리가 없어요.

이철희

지금 말씀하신 게 행위자 얘기에 빗대 보면, 우리 정치에서 가장 큰 문제는 유능함과 민주성을 동시에 갖춘, 즉 유능한

민주적 리더십이 부족하다는 거네요.

윤여준

그렇죠. 거의 없죠 뭐.

이철희

민주주의를 외치는 사람들은 대개 유능하지 않아도 되는
것처럼 착각하고 있는 게 사실입니다. 민주에 충실하면 마치
무능에 면죄부가 주어지는 것처럼 생각하는 건 정말 위험한
착각입니다. 민주적 리더십이 오히려 유능해야 되는 것
아닙니까?

윤여준

그렇죠. 유능하지 않으면 아무것도 할 수 없죠. 전체주의
권력은 총구에서 나오지만, 민주주의 권력은 설득의 능력에서
나와요. 국민을 설득하지 않으면 안 된다는 거죠. 유능하지
않은데 국민을 설득할 수 있겠습니까?

이철희

그런 경험이나 그런 사람이 없다는 게 고만고만한
정치인들에게는 행운일지 몰라도 우리 국민에게는 큰
불행이라는 생각이 드네요. 이제 좀 구체적인 현실적 얘기로
들어가 보겠습니다. 워낙 오랫동안 우리 정치를 지켜보셨고,
깊은 통찰력을 가지고 계시니까 이런 질문을 드리고
싶습니다. 우리가 흔히 기울어진 운동장이라는 표현을
쓰는데, 실제로 보수와 진보 또는 여야 간에 운동장이
기울어져 있다고 보십니까?

윤여준

기울어져 있죠. 과거 10년간 집권했던 DJ, 노무현 정권이 과연 진보 정권이냐 하는 것에 대해서는 여러 이론(異論)이 있죠. 그 이야기를 하자면 끝이 없으니 일단 우리가 통념적으로 받아들이는 보수, 진보의 개념으로 진영을 나눠서 보면 운동장이 많이 기울어져 있죠. 근데 이건 어쩔 수 없어요. 왜냐면 체험의 역사성 때문입니다. 우리가 분단, 한국전쟁 그다음에 계속된 남북 대결이 지금도 이어지고 있잖아요. 그렇기 때문에 이건 이미 논리 이전의 문제입니다. 해방공간에서 진보는 좌익이라는 인식이 박혀 있던 터에 6.25 한국전쟁 치르면서 더욱 굳어져버린 거죠. 그러니까 남북 대결의 분단이 지속되는 한 어쩔 수 없는 측면이 있어요. 6.25 세대가 많이 돌아가셨다고 하지만 아직 많이 남아 있고, 그 후손들도 적지 않은 영향을 받았다고 봐야 하니까요. 그리고 또 하나, 우리 진보 세력의 과오가 크죠.

이철희

과오?

윤여준

진보도 운동장을 기울이게 만드는 데 기여했다는 거예요.

이철희

진보가?

윤여준

그렇죠.

이철희

좀 억울하다는 생각이 드는데, 어떤 점에서요?

윤여준

10년 동안 집권한 민주정부를 진보 정권이라고 치면,
두 정부 모두 특히 노무현 정부는 실패했잖아요. 이건 흔히
인정하는 평가 아닌가요?

이철희

실패라고 단정할 수는 없다고 봅니다. 하지만 그렇게 보는
시각이 있는 건 사실이죠.

윤여준

그러면 노무현의 실패 때문에 운동장이 더 기울게 됐으니,
스스로 그렇게 했다고 볼 수 있는 거 아닙니까.

이철희

말씀하신 분단체제의 효과 때문에 이미 기울어져 있었던
탓에 빚어진 결과일 수도 있지 않을까요?

윤여준

기울어진 요소가 있어왔지만, 진보가 집권했을 때
균형을 잡도록 했어야죠.

이철희

진보가 10년 집권했을 동안 바로잡지 못했다는 거군요?

윤여준

그 정도가 아니고, 균형을 못 잡은 데다 아예
더 기울게 만들었다는 겁니다.

이철희

뼈저린 실책이네요.

윤여준

그럼요. 뼈저린 실책이죠.

이철희

진지(position)의 개념을 빌리자면, 진보 정권은 진보의 진지를 확충하고 튼튼히 하는 데 실패했다는 얘기네요. 저는 상당 부분 인정합니다. 집권의 10년 동안 많은 일을 했지만, 그럼에도 정치적 기반, 흔히 말하는 유권자 연합(coalitions)의 측면에서 잘못해서 소수파로 전락했다고 생각합니다. 자, 그럼 이런 질문이 가능할 것 같습니다. 운동장이 기울어져 있으니까, 예컨대 선거를 치를 때면 약한 쪽이 더 치열하게 절실하게 움직여야 되잖아요. 근데 현실은 안 그런 거 같아요.

윤여준

안 그렇죠. 요즘 많은 국민들이 뭐라고 생각하느냐 하면, 새정치민주연합은 집권할 의사가 별로 없다는 거예요.

이철희

그래요?

윤여준

그냥 당권만 가지려 하는 것처럼 보여요. 그들에겐 집권보다 당권이 더 중요하다는 거죠. 당권만 쥐고 있으면 제1야당으로 있는 게 훨씬 좋다, 그러니 군이 집권하겠다는 의지를 안 갖는다, 이렇게 보는 국민이 많아요.

이철희

집권의지라….

윤여준

그게 없다는 거예요. 있으면 저렇게 할 수는 없다는 거죠.

이철희

왜 없을까요? 대통령을 두 번이나 배출해 봤으나
국회의원으로서는 별로 득을 보는 거나 실익이 없다고
보는 것일까요?

윤여준

여당 돼보니 안 좋다는 거죠. 국정에 책임은 져야 하니까 골치
아프고, 대통령 지지율이 떨어지니 선거 어려워지잖아요.
우리나라는 여당이 되면 선거가 더 어려워지는 점이 분명
있습니다. 박근혜 정부에선 좀 다르게 나타나기는 하지만
그럼에도 점진적 하락이란 대세는 피할 수 없어요. 반면에
야당일 때엔 늘 집권 세력에게 반대하고 저항만 해도 기본
점수는 따는 것이니 쉽잖아요

이철희

국회의원으로 집권보다 재선에 더 목을 맨다는 점에
대해서는 저도 동의합니다. 이게 정말 심각한 문제죠.

윤여준

굳이 집권하려고 애쓸 필요가 뭐가 있냐, 새정치민주연합이

이런 태도를 취하고 있다고 많은 국민들이 생각하고
있더라고요. 사실 여부와 상관없이 국민들이 그렇게 보고
있다는 말입니다. 저는 요즘 이런 얘기 많이 들어요.
'민주당은 집권 의지가 없어 보인다.'

이철희

새정치민주연합이 집권의지를 갖고 있지 않은 것 같다는
진단에 깊이 공감합니다. 그런데 내부를 좀 따져보면
당원들이나 지지층들은 집권열망이 매우 큰 데 반해
소속 국회의원들은 그렇지 않아 보입니다. 툭하면 개헌을
얘기하고, 시도 때도 없이 공천권을 놓고 계파 싸움에
몰두할 뿐 집권 준비는 뒷전인 게 대표적인 예죠.

윤여준

저도 그런 생각입니다. 특히 호남 유권자들은 정권 교체를
정말 열망하고 있습니다. 그런데 막상 그 열망에 부응해야 할
의원들이 영 딴판이라는 거죠. 자신의 기득권을 지키는 것이
중요하다고 보는 것 같아요. 다시 재선이 돼서 국회의원을
오래 하는 것이 중요하지, 집권을 해서 세상을 바꾸는 것은
중요하지 않게 본다고 생각하는 국민들이 많습니다.

이철희

국회의원 해보셨잖아요, 국회의원직이 그렇게 좋습니까?

윤여준

제가 국회의원 노릇을 제대로 한 건 2년밖에 안 돼요. 2000년
당선부터 2002년 12월의 대선까지는 당시 총재인 이회창의
사람으로 살아야 했거든요. 그러니까 내 판단대로 말을 못

했어요. 제가 2002년 대선을 한 1년 앞둔 시점에 이 총재
곁을 떠나긴 했습니다만, 그래도 이 총재 대선 가도에 해를
끼쳐선 안 된다는 생각에 말을 거의 안 하고 지냈죠. 그러다
2002년 대선이 끝나고 난 다음부터 '내 정체성으로 살자'는
생각을 했습니다. 그때부터는 국회의원 노릇을 제대로 하려고
애를 썼죠. 그러니까 저는 뭐 제대로 된 국회의원을 했다고
말하기엔 좀 부족하죠.

이철희

지나친 겸손은 자랑입니다. (웃음)
어쨌든 국회의원 역할이 여러 가지죠?

윤여준

해보니까 정말 중요해요. 국회의원 한 사람 한 사람이
사실 통치기구 아닙니까. 우리는 대의제 민주주의를
채택하고 있고, 국민이 자신의 대표를 두 사람 뽑잖아요.
한 사람은 대통령이고, 그에게는 행정권을 줘요. 한 사람은
국회의원이고, 그에겐 입법권을 주잖아요. 그러니까
국회의원이 하나같이 다 통치 기구입니다. 얼마나 어마어마한
책임이 있는 거예요. 근데 국회의원 개개인이 실제로 그
책임을 각자 얼마나 느끼는지는 모르겠습니다만, 저는
국회의원 되고 겁이 났어요. 무서웠습니다. 법을 하나
만들어도 똑바로 만들어야 되잖아요. 이거 가볍게 생각해서
했다가는 국가나 사회에 큰 해를 끼칠 수 있겠다, 국회의원을
제대로 하려면 엄청나게 공부하고 엄청나게 조심해야
되겠다는 생각을 했죠. 이거 잘하려면 정말 힘들겠다는
생각이 드니 무서울 수밖에요. (웃음)

이철희

국회의원직을 정말 무섭게 생각하는 정치인이 늘어나면
좋겠네요. 국회의원 중에서도 특히 여당 국회의원 하기가
힘들 거 같아요. 늘 청와대 눈치를 봐야 하고, 거수기 노릇을
해야 하니까요.

윤여준

아니 뭐, 잘 맞추는 체질이면 힘들 것도 없죠. 맞추면
모든 게 보장되니 쉽게 하는 사람들이 많을 걸요? 그런데
국회의원 제대로 하려면 청와대와 계속 갈등할 수밖에 없죠.
위에 맞서 계속 싸워야 해요. 그러니까 미운 오리 새끼가
되어야 하는 거죠.

이철희

자리나 직업으로서 국회의원을 생각한다면 이른바
'윗분'의 뜻을 잘 받들어서 권력의 부스러기를 더 얻은 게
맞죠. 하지만 국민의 대표 또는 대변자로서 국회의원을
생각한다면 얘기가 달라져야 맞다고 봅니다. 그러니까
이렇게 보면 대통령하고 여당이 때론 충돌하는 갈등 관계가
민주주의를 위해 필요한 것 아닌가요?

윤여준

당연하죠. 국회의원은 비록 여당 소속 국회의원이라
할지라도 여당 당원이기 이전에 국회의 구성원이고, 국민의
대표예요. 입법권과 행정권이 왜 나눠졌습니까? 경쟁으로
견제와 균형(check & balance)을 이루라고 나눈 거예요. 그러면
국회의원으로서의 소임을 먼저 생각해야 하는 거죠.
그런데 실제로는 여당 당원이라는 생각이 앞서게 되는 게

사실입니다. 국회의원의 기본적인 책임은 대통령과 행정부에
협력도 하지만 때로는 견제와 균형을 행해야 하는 것인데,
이걸 안 해요. 대통령은 여당인 다수당을 통해서 국회를
지배하려고 하잖아요. 이게 민주주의에 벗어나는 거죠.
삼권분립 정신에 위배되는 겁니다.

이철희

대통령이 이끄는 행정부와 국회의원이 활동하는 입법부는
서로 경쟁하면서 국민에게 봉사해야 하는 것인데, 행정부
우위 또는 대통령의 국정독점이 우리 정치와 민주주의를
해치고 있는 현실이 참 개탄스럽습니다. 대통령이 되면 다
그렇게 되나 봅니다?

윤여준

역대 대통령이 다 그랬어요. 여당이 다수결로 밀어붙이니까
야당은 극렬한 저항을 하게 되는 거죠. 민주주의의 원리라는
게 다수 지배와 소수 존중이라는 거죠. 다수 지배의 원리를
부정하는 것은 민주주의 원리를 부정하는 거나 마찬가지죠.
그러나 거기에는 소수 존중이라는 전제가 붙어 있습니다.
그런데 그걸 무시한다는 말이에요. 그러니까 한쪽은
다수로 밀어붙이고 다른 한쪽은 극렬하게 저항하니 맨날
국회가 격돌의 현장이 되는 거죠. 오죽했으면 전기톱이
나오다 최루탄까지 터졌겠어요. 그게 무슨 국가를 통치하는
기구입니까?

이철희

주로 청와대를 비롯해 행정부에서 오랫동안 일하시다가
2000년 총선을 통해 국회에 들어가셨는데, 그때는 한나라당

시절이었죠? 그때 한나라당의 변화라고 해야 할까요, 인적
혁신을 주도하셨잖아요?

> **윤여준**
>
> 아…, 제가 주도했나요. 건의를 했을 따름이죠. 주도가 아니라
> 건의에요. 당시엔 당의 대표를 총재로 불렀는데요, 이회창
> 총재에게 제가 건의하고, 그 양반이 받아들였으니까
> 이 총재가 혁신한 거죠.

이철희

하지만 우리 정치사에는 윤여준의 작품으로
기록돼있습니다.

> **윤여준**
>
> 아니 그럼 안 되죠. (웃음)

"민중의 무의식은 언제나 옳다.
저는 그 말을 확신하거든요.
민중의 무의식은 언제나 옳아요."

이철희

정치의 가장 추한 모습이 드러날 때가 후보 공천 때라고들
합니다. 총선에 뜻을 둔 사람이라면 다 똑같지만, 특히나
현역 국회의원들은 거의 죽기 살리고 매달리기 마련인데요.

그때 공천 개혁하기 쉽지 않았죠?

윤여준

그렇죠. 이 총재가 당초에 총선기획단장을 맡으라 했을 때
저는 못하겠다고 했어요. 왜 그러냐고 묻더군요. 그래서 제가
이렇게 말씀드렸습니다. "이 자리는 선거 프로가 맡는 건데
저는 제 선거도 치러본 적이 없는 사람입니다. 선거 망칩니다.
못합니다." 그랬더니 이 총재가 다른 사람을 천거해보래요.
조건이 뭐냐고 물었죠. "100% 개혁적이어야 하고, 100%
신뢰할 수 있어야 한다." 그러면서 나더러 천거하래요. 그런
사람이 어디 있겠어요? 가만히 있었죠. 그러니까 당신밖에 할
사람이 없다는 얘기 아니냐, 잔말 말고 맡으라고 해서 할 수
없이 맡았습니다.

이철희

총선기획단장은 총선을 치르는 사실상의 전략 사령탑이니
뜻을 펼칠 수 있는 좋은 기회였을 텐데요. 왜 그처럼 한사코
안 맡으려고 하신 겁니까?

윤여준

제가 왜 안 맡으려고 했냐? 이 총재가 정치에 들어올 때
국민에게 약속한 게 있어요. 3김 정치를 청산하기 위해서
들어간다고 그랬어요. 이제 총선 공천권을 쥔 총재가 됐으니
그 약속을 지킬 기회가 온 거잖아요. 그런데 3김 식 정치를
청산하려면 어떻게 해야 합니까? 3김 식 정치를 상징하는
사람을 바꿔야 해요. 그러려면 속된 말로 손에 피를 묻힐
수밖에 없잖아요. 제가 맡기 싫은 게 당연하죠. 그런데 할 수
없이 하게 됐잖아요. 그래서 제가 그날 집사람한테 그랬어요.

"나는 얼마 있다가 집으로 올 거다. 내 소신대로 하면 당이 난리가 나서 그 책임을 지고 내가 떠나게 될 것이고, 내 소신이 안 받아들여지면 난 그날로 집어 던지고 올 거다. 더 있을 이유가 없다. 당당하게 난 집에 올 거야." 그랬더니 집사람이 웃으면서 아주 좋아해요. 왜냐하면, 집사람은 제가 정치하는 것을 굉장히 반대했거든요. 그러니 뭐 관두고 온다니 집사람은 대환영일 수밖에요. (웃음) 그런 일이 있었어요.

이철희

개혁 공천의 과정에 숱한 고비가 있었을 것 같은데요, 어떻게 이겨냈습니까?

윤여준

그때 제가 이 총재에게 가서 그랬죠. "자, 이제 개혁 공천을 해야 합니다." 그때엔 언론이나 시민사회에서 공천 개혁을 엄청 강하게 요구했습니다. 그때 낙천운동이 펼쳐질 정도였으니까 물갈이 압박이 상당히 강했죠. 그래서 내가 이 총재한테 약속은 지켜야 하고 그러려면 개혁 공천을 해야 하는데, 야당의 입장에서는 자칫하다간 당이 깨지니 양적인 개혁을 못 하니 질적 개혁으로 갈 수밖에 없다고 말씀드렸죠. 그랬더니 질적인 개혁은 어떻게 하는 건지 묻더군요. 그래서 소수의 상징성이 강한 인물을 바꾸는 거라고 대답했죠. 그게 누구냐고 되묻기에 여러 사람의 이름을 거명했죠. 제가 김윤환, 이기택, 황낙주까지 언급하니깐 이 총재가 말을 자르면서 "당신 미쳤구먼" 이래요. (웃음) "아니 이 사람아, 지금 우리 당은 김윤환 사단과 이기택 사단이라는 양대 산맥으로 구성돼있는데 지금 그 양대 산맥의 보스 목을 쳐. 당신 정신

나간 사람 아냐?" 이러더라고요. 그래서 그렇지 않다는
설명을 다시 드렸어요. 그랬더니 이렇게 말씀하시더만요.
"당신 말도 일리가 있지만 그래도 나는 못한다. 왜냐하면,
내가 비록 정치한지는 얼마 안 되지만 그 어려운 기간 동안
내가 가장 신세를 많이 진 사람이 허주(김윤환의 호)와 이기택
씨야. 그런데 어떻게 목을 치나. 난 인간적으로 못한다."

이철희

정치적 필요성을 떠나 당의 리더로서 그만한 인간적 고뇌는
당연히 해야죠.

윤여준

저도 인간적으로 힘들었습니다. 이렇게 말씀드렸죠. "그런
개인적인 인연으로 따지면 제가 더 괴롭습니다. 허주가
대통령 비서실장 할 때 제가 비서관으로 있었던 사람입니다.
정무1장관으로 갈 때도 저를 차관으로 데리고 간 사이입니다.
또 이기택 씨는 기자 때부터 친하게 지냈던 사람입니다.
개인적인 인연으로 치면 제가 훨씬 더 괴롭습니다. 지금은
총재님이 국민과 역사 앞에 약속한 것을 지키는 것이 더
무겁나, 개인적인 신의를 지키는 것이 더 무겁나, 이걸
선택하셔야 합니다. 어느 쪽이 더 무겁습니까?" 이 총재가
즉답을 못하고 가만히 있더니 한 말씀 하십디다. "당신 말이
옳은데 그래도 안 돼!

이철희

그래서 어떻게 하셨어요. 공천 결과를 보면 물러서지
않으신 거 같은데요.

윤여준

총재로부터 승낙을 받을 때까지 읍소도 하고 굉장히
오랜 시간 동안 별짓 다 했어요. 이 총재 주변의 양정규
수석부총재, 하순봉 사무총장이 맹렬하게 개혁 공천을
반대했어요. 저더러 위험한 이상주의자, 위험한
개혁주의자라고 하면서, 그 반대가 굉장했어요. 그래도 전
제 고집을 안 꺾었어요. "그렇지 않다. 태평양이 곁에서 보면
태평한 바다처럼 보이지만 그 밑에 해류가 얼마나 거칠게
흐르느냐. 지금 민심이 그런 거다. 이걸 우습게 봤다가는 당도
총재도 한칼에 간다. 민심을 거스르면 한 방에 죽는다."
참 많이 싸우고, 논쟁도 지겹게 했어요. 그러다가 마지막
순간에 이 총재가 결론을 내렸어요. "양쪽 얘기 충분히
들었는데, 난 윤 단장의 판단이 옳다고 생각한다." 그렇게
결정이 난 겁니다. 그 후에 공천 결과가 발표됐어요,
제 기억으로는 아마 그날이 금요일이었을 거예요. 그전까지
그렇게 개혁 공천을 요구했던 신문들이 딱 발표되니까
금요대학살이라고 표제를 달더라고요. 금요대학살!

이철희

윤여준이란 사람의 강단이나 맷집도 참 어지간하시네요.
독하십니다. 거의 박근혜 대통령급인데요.

윤여준

하필 거기다가 비교를…. (웃음) 당시 어느 신문인가는
조그마한 활자로 원흉은 윤여준이라는 소제목까지 달아서
내보냈어요. 어떻게 언론기관이 정당의 공천에 학살이라는
표현을 씁니까. 안 그래요? 원흉이 뭐예요. 대역 범죄를
지은 사람을 두고 원흉이라고 그러잖아요. 대한민국 언론의

후진성을 몰랐던 것은 아니지만, 당시 정말 경악하지 않을 수
없었어요. 각설하고, 어려운 과정을 거쳤지만 어쨌든
이 총재께서 수용하고 결단해 시행한 거니까 그건 이회창
총재의 작품이죠.

이철희

이회창 주연, 윤여준 연출의 드라마, 멋진 한 편의
드라마네요. 시금의 새정치민주연합이 주목해야 한 대목인
것 같습니다. 그때에도 공천심사위원회가 있었죠.

윤여준

당연히 있었죠. 제가 이 총재한테 공천심사위원회를
공동위원장 체제로 하자고 그랬어요. 왜냐? 당내에서만
맡으면 개혁이 안 됩니다. 그래서 외부 인사 하나, 내부 인사
하나 해서 공동위원장 체제로 가야 한다고 한 겁니다.
이 총재가 누가 좋은지 묻기에 홍성우 변호사를
추천했습니다. 저는 그 양반 모를 때에요. 그런데 여러
사람한테 들어본 바로는 그런 양반이 맡아주면 좋겠다고
생각했죠. 이 총재는 잘 아는 사이라면서도 하지만 안
할 거라고 예상하셨어요. 그래서 제가 찾아뵙고 말씀은
드려보겠다고 하고, 홍 변호사를 제가 찾아갔어요.
말씀드렸더니 일언지하에 거절 하시더라고요. (웃음)

이철희

와, 대단한 분이네요.

윤여준

제가 개혁 공천에 대해 조곤조곤 설명해 드렸어요. 그러면서

한 번 도와주시라고 했죠. 그 양반이 다 듣고 나더니 당신들이 그런 생각이라면 해주겠다고 하십디다. 그래서 그 양반이 양정규 수석부총재하고 공심위 공동위원장을 맡았어요. 지금은 원내대표라고 합니다만 그때에는 원내총무라고 했는데, 이부영 의원이 그 자리에 있었습니다. 제가 아무리 총재 허락을 받아서 개혁 공천을 밀어붙이더라도 공천심사위에서 통과 안 되면 그만이에요. 근데 그걸 관철해준 게 홍성우 변호사하고, 이부영 원내총무예요. 특히 홍성우 변호사는 강력하게 밀어붙였습니다. 개혁 공천 안 하겠다면 당장 기자들 불러놓고 기자회견 하겠다고까지 했어요. 2000년의 개혁 공천은 이회창 총재의 결심과 홍성우 변호사의 도움, 이것 때문에 가능했던 겁니다.

이철희

개혁공천이 성공하기 위해서는 여러 가지 요건이 충족되어야 하는군요.

윤여준

예, 그렇습니다. 바꾸는 논리도 중요해요. 저는 이렇게 했습니다. 허주나 이기택 등은 워낙 상징성이 강하기 때문에, 다시 말해 특별히 개인적인 과오나 비리가 있다는 게 아니라 상징성 때문에 배제하는 거잖아요. 그렇다고 상징성을 명분으로 내세울 수는 없어요. 그래서 저는 지역구 여론조사를 활용했습니다. 지역구 여론조사를 해서 지지도가 높으면 바꿀 수 없다고 판단했습니다. 왜냐면 유권자 의사를 존중해야 하니까요. 이 총재가 이 원칙과 방법에 대해 좋다고 하면서 추진하라고 해서, 조사를 해봤더니 공교롭게도 이 분들 모두 지지도가 다 바닥이에요.

이철희

아, 그게 교체지수라는 거죠?

윤여준

예, 그때 처음으로 교체지수를 도입했어요. 정당 공천 사상
처음이었어요. 공천심사 자료는 객관성이 있어야 하잖아요.
어떻게 객관성을 살릴까 노력을 하다가 교체지수를 처음
만들었거든요. 당시 김윤환 같은 분은 거물이잖아요. 그런데
선거구 조사를 해보니까 지지도가 바닥이에요. 그때 그런
거물이 여섯 분 있었는데 다 그래요. 그대로 보고했더니
총재가 잘못된 조사라고 믿을 수 없다고 해요. 저도 사실
믿기지 않았어요. 대개 지역별로 네 번쯤 조사 했어요.
여론조사 기관을 바꿔가면서. 지방 같은 경우는 서울에 있는
기관 셋을 해 보고, 현지에 있는 기관을 통해서도 한 번
조사를 해보았죠. 그런데 데이터는 놀랄 만큼 흡사하게
나오더라고요. 총재도 결과에 대해 의아해 여기기도 해서
자세히 알아봤더니 이분들이 평소에 지역구 관리를
안 한 거예요.

이철희

그분들은 왜 그랬을까요? 뭐라 그래도 지역구 표심을
얻어야 하는 건 국회의원의 숙명과도 같은 것인데….

윤여준

나중에 선거 때 다른 방법으로 표를 얻으면 됐지 하는
생각이었는지 모르겠으나 지역구 관리를 안 한 거죠. 그래서
그분들을 교체할 수 있었던 것은 지역 유권자들 사이에
워낙 지지도가 낮았기 때문이에요. 유권자 지지도가 높으면

못 바꾸죠. 왜냐면 지역구 유권자 의사 가장 존중받아야
하니까요.

이철희

상징성이 있어도?

윤여준

그럼요. 그 지역구 유권자가 받아들이지 않으면 어쩔 수
없어요. 절대적으로 그 의사 존중해야지요.

이철희

그 공천에서 탈락하신 분들이 탈당해서 당 만들었잖아요.
당명이 민국당(민주국민당)이던가요.

윤여준

만들었죠. 그래서 선거에 다 출마했어요.

이철희

천하의 윤여준이라도 당시에는 상당히 겁이 났을 것
같은데요?

윤여준

공천 파동이 나는 바람에 책임지고, 원흉이니까 (웃음) 저는
집으로 와있었거든요. 어느 날 제가 이 총재 집에 찾아가서
물었죠. "총재님, 후회하십니까?" 아니라고 그러시더라고요.
근데 후회하지 않는다는 어조에 자신이 없어 보이기에
제가 그랬습니다. "걱정하지 마십시오. 이번 선거는 우리가
이깁니다. 국민들이 개혁 공천을 인정해주실 겁니다."

말씀은 그렇게 드렸지만, 저도 내심 불안했죠. 선거 결과를 누가 장담할 수 있겠어요. 나중에 결과가 좋게 나온 거 보고 정말 등골이 오싹하더라고요. '와, 국민이 이렇게 무섭구나.' 제가 생각했던 거보다 훨씬 무섭다는 생각을 하지 않을 수 없었어요.

이철희

그때 선거에서 이겼죠?

윤여준

다수당이 됐죠. 그때 공천 탈락한 뒤 따로 해서 당(민국당) 만들어서 출마한 분들은 지역구에서 전원 낙선했어요.

이철희

비례대표로 되신 분은 있었던가요?

윤여준

한 명, 한승수 의원이 당선됐죠.

이철희

나중에 이명박 정부에서 초대 총리로 발탁된 분이군요. 그렇게 어렵게 당선된 분이 훗날 총리가 됐으니 정치인의 미래는 참 모를 일이네요.

윤여준

한나라당이 다수당이 됐는데, 그걸 보고 저는 이런 생각을 했어요. 국민이 이렇게 무섭구나 하는 생각에 정신이 번쩍 났고, 다른 한편으로 국민이 참 고맙더라고요. 국민이 잘 모르는 거 같아도 그렇지 않아요. 정당이나 정치인이 국가의 미래를 위해 진정으로 옳은 일을 하고자 하면 국민이 밀어줘요. 정혜신 박사가 한 말이 있잖아요. '민중의 무의식은 언제나 옳다.' 저는 그 말을 확신하거든요. 민중의 무의식은 언제나 옳아요.

이철희

왜 무의식이라고 그랬을까요, 의식이 아니라?

윤여준

아…, 그게 이런 것 아닐까요.

이철희

집단 지성하곤 또 다른 개념이죠.

윤여준

예, 다른 개념이죠. 사람의 의식 속에 깊이 가라앉아 있는 게 있어요. 평상시에는 의식을 못 하니 무의식이라 할 수 있는데, 사실 그게 의식인 거예요. 저는 그렇게 해석을 했어요. 저는 심리학 이론을 공부한 사람이 아니니까 잘은 모르지만, 제 나름대로 해석하면 민중의 의식 속에 가라 앉아 있는 무의식이 사실은 의식이라는 거죠.

이철희

민중의 의식은 언제나 옳다, 이러면 제가 반론을 펴려고 했는데 무의식이라 하니까 동의할 수밖에 없네요.

윤여준

(웃음) 정 박사는 진짜 놀라운 경구를 던진 거예요.

이철희

야당이라는 불리한 조건 속에서 개혁 공천을 통해 총선에서
이겼으니 윤 전 장관의 앞길엔 탄탄대로가 놓여있었겠죠.
공천학살 논란 때문에 집에서 물러나 있었는데, 총선 뒤에
화려하게 복귀하셨어요?

윤여준

국회의원 됐으니까 화려하게 복귀한 거 아닌가요.

이철희

아니 제 말은 그다음 대선의 전략까지 맡으셨어야 하는데,
왜 그러지 못했느냐 하는 겁니다. 왜 밀리셨어요?

윤여준

총선에서 다수당이 다시 되고 나니까 이 총재 주변에 중진
세력들이 포진을 하게 됐어요. 그거야 뭐 정당 내에서 있을 수
있는 현상이죠.

이철희

그때는 사실상 다음 대선에서 한나라당이 이긴다는
분위기가 팽배했을 때이니 당연히 사람들이 많이
몰렸겠네요.

윤여준

총선 승리 후에는 대한민국 야당사에 이회창의 시대가

열렸다고들 생각을 했죠. 그런 분위기 때문에 총재 주변에
중진들이 모여들더라고요. 사실 그전까지는 가까이
안 왔어요. 왜냐면 DJ 집권 초기에 야당 총재가 된 다음 총풍,
세풍 같은 엄청난 일을 겪었잖아요. 그러는 과정에서 많은
사람들이 이회창이 정치적으로 살아남기 어렵다고 봤죠.
그러니 가까이 있다가는 자신도 유탄 맞을까봐 이 총재
근처에 오는 사람이 거의 없었어요. 근데 총선에서 승리한
다음에는 분위기가 확 바뀌어 이회창의 시대가 온 거죠.
중진들이 딱 둘러싸는 거예요. 그들이 총재한테 자꾸 다른
걸 입력을 시키는 거죠. 그래도 얼마 동안은 총재가 그들의
얘기를 별로 안 들으시고 저한테 의지해서 거의 제가 건의한
대로 하셨어요. 하지만 세월이 가면서 점점 그쪽 얘기를
들으시는 게 눈에 보여요. 그래서 제가 여러 번 총재를 찾아가
이러시면 안 된다고 말씀드려서 총재가 몇 번 방침을 바꾼
일이 있어요. 그러자 총재 주변의 중진들이 조사를 했다고
해요. 왜 총재가 별안간 180도 선회했냐? 조사해보니 윤
아무개란 놈이 다녀갔고, 게다가 장시간 있다 간 걸 알게
된 거죠. 또다시 저는 원흉이 됐어요. 저를 막 조직적으로
음해하기 시작하더군요. 당시 남들이 저에게 알려준
얘기예요. 그렇게 이 총재로부터 멀어졌고, 어느 날 이 총재가
저더러 자리 내놓고 가라고 해서 결국 떠났죠.

이철희

그 자리가 여의도연구소장이었죠?

윤여준

네, 여의도연구소장 내놓고 가라고 해서 놓고 나왔죠.
저는 홀가분했습니다. 그런데 좀 지나서 보니까 이 양반이

완전히 망하는 길로 가는 거예요. 그래서 몇 번이나
찾아가서 이러시면 안 된다고 말씀드렸는데, 말을 듣지
않으시더라고요.

이철희

대선 선거운동이 한창일 때 잠깐 선거사령탑을
맡지 않으셨던가요?

윤여준

아, 그거는 투표 열흘 앞두고 잠깐이었죠.

이철희

삼일천하인가 이틀천하인가 아니었습니까?

윤여준

삼일천하도 안돼요. 불과 몇 시간 천하였어요.

이철희

아주 잠깐이었네요. (웃음)

윤여준

대선이 진행되는데 역할을 안 주니까 크게 할 일은 없는데,
그렇다고 놀고만 있기도 민망하잖아요. 대선 같은 큰 행사가
있는데 국회의원이라는 사람이 혼자 먹고 놀 수도 없는 거
아닙니까. 제가 충남이 고향이라 주말마다 내려가서 충남
시·군을 돌아본 적이 있어요. 거기서 나서 거기서 교육받고
거기서 사는 젊은이들, 30~40대의 남녀들을 만나 얘기를
많이 나눈 적이 있었습니다. 대선 전의 일입니다. 그때 무슨

약속을 받았냐면 대선 때에는 이 총재를 밀어주겠다는
것이었어요. 그래서 제가 이 총재 곁을 떠났지만, 다시
내려가서 시·군을 돌면서 그 친구들과 접촉해서 담은
몇 표라도 벌어보자고 생각했어요. 그래서 충남에 내려가
있던 차였는데, 어느 날 이 총재가 밤에 전화해서 다짜고짜
올라오라는 거예요. 그래서 영문도 모르고 올라왔죠.
이 총재 말씀이 당의 선거 캠페인이 제대로 안 된다고 하니
저더러 대선 캠페인을 지휘하라고 하더군요.

이철희

그래서 어떻게 하셨습니까?

"공천 개혁하는데 당내를
설득하긴 어려워요. 누가 순순히
승복하겠어요? 그러면
국민이 납득하는 걸 해야죠"

윤여준

제가 못 한다고 했습니다. 왜 못하냐? "투표가 열흘
남았습니다. 유권자가 대개는 투표 전 사흘 동안은 표를 안
바꾸니까 사실상 일주일 남은 셈입니다. 일주일 동안 뭘
합니까?" 그래도 마지막 일주일이 중요하다면서 이 총재가
언성을 높이시면서 야단을 치시더군요. 2000년 총선 공천할
때처럼 모든 걸 걸고 하라는데, 어떻게 안 한다고 버팁니까.

그 다음 날 당사에 나갔죠. 당시 서청원 대표가 회의 끝에
오늘부터 후보의 명에 따라서 개표일까지 제가 지휘를 한다고
발표했어요. 그랬더니 생난리가 났어요. 다 이긴 선거에
이 새끼가 뭔데 숟가락 들고 덤비느냐, 이렇게 생각한 거
같아요. 망신스러운 일이 벌어진 거죠. 그래서 실무자들이
와서 어떻게 좀 해달라고 부탁할 지경이었어요. 지금까지
지휘하던 분들은 협조하지 말라 그러는데 후보는 하라 그러니
실무자들로선 난처한 상황에 빠질 수밖에요. 저도 난감해
하던 와중에 후보가 불러서 갔더니 그냥 없던 거로 하자는
거예요. 반발이 아주 셌던 모양입니다. 그 사람들이 하게 그냥
두라고 해서, 저는 물러났죠….

이철희

그때 잠깐이지만 지휘를 맡으셨을 때
선거 전략을 수정하려고 하지 않으셨어요?

윤여준

아닙니다. 이미 전략을 수정하기엔 늦었어요. 아니 전략을
수정할 필요도 없었다는 게 솔직한 얘기죠. 2002년
한나라당은 전략이 없이 대선 치렀어요. 내가 어떻게 선거를
치를 준비를 했는지 알고 싶다고 기획서를 달라고 했더니
없다고 그러더라고요. 말이 안 되잖아요. 그래서 화를 냈어요.
그랬더니 안 믿어지시겠지만 사실인데 어떻게 하느냐며
실무자가 하소연을 해요. 그럼 그동안 어떻게 캠페인
했느냐고 물었더니 표를 까먹을 짓만 하지 말라고 해서
아무것도 안 하고 있었다는 겁니다.

이철희

그때 한나라당은 그대로 가면 이긴다고 생각하고
있었던 거예요?

윤여준

그랬기에 그렇게 했겠죠.

이철희

여론조사 데이터를 보면 한나라당에 불리한
흐름이었는데요. 투표 전날에 정몽준 의원이 후보 단일화
파기 선언을 하긴 했습니다만, 단일화 후부터는 당시
새천년민주당의 노무현 후보가 앞서는 분위기였는데요.

윤여준

제가 여의도연구소에 있을 때 ARS(자동응답시스템 Automatic
Response Service)로 여론조사 하는 기능이 있었거든요. 그래서
그 책임자 오라고 해서 조사결과 좀 보자고 그랬어요. 그거
보니까 안 좋아요. 결과가 계속 나쁘게 나와 있어요. 그래서
제가 이 데이터대로라면 선거 끝났다는 얘기 아니냐고 했더니
그 책임자도 동의해요. 그런데 왜 위에다 보고를 안 했냐고
물었더니 회의 때마다 보고했대요. 그런데 보고할 때마다
엉터리 자료를 올렸다고 야단맞았대요. 의원들이 현장 다녀본
감으로는 이건 어림도 없는 얘기라면서 혼을 내더라는
거예요.

이철희

제가 2000년 총선의 경험과 2002년 대선의 경험을 여쭤본
이유는 지금 새정치민주연합에서 인적 혁신을 해야 한다는

얘기가 많이 나오기 때문입니다. 그들이 실제로 할지는
모르겠습니다만, 한다면 어떻게 해야 할까요? 당시 이회창
총재는 리더십이 확실했잖아요.

윤여준

그렇죠. 총선 때는 막강한 권한을 지닌 총재였고, 대선 때에는
차기 대통령 당선이 확실하다는 카리스마가 있었죠.

이철희

그런데 야당의 문재인 대표는 그만한 권한도 없고,
대중적 지지기반도 얕아요. 그렇다면 인적 쇄신을 어떻게
해야 할까요?

윤여준

공천 개혁하는 데 당내를 설득하긴 어려워요. 계파 이익이
있고, 개인 이익이 있으니까요. 누가 순순히 승복하겠어요?
그러면 국민이 납득하는 걸 해야죠. 그래서 국민이
지지해주면 그 힘으로 내부를 돌파할 수밖에 없죠. 다른
힘이 뭐가 있어요? 공천 개혁을 하더라도 무슨 원칙이나
기준이 있어야 되는데, 맨날 계파를 초월한다는 말만 골백번
해봤자 의미 없어요. 믿는 사람도 없고. 당이 뭘 하고자
하는지를 국민들한테 제시해야죠. 국가 현실이 이렇고,
정치가 이러니까 우리는 어떻게 하겠다, 이걸 구현하기
위해서 이러이러한 인재를 국회에 진출시키겠다는 게 있어야
되잖아요. 그렇게 해서 당이 하고자 하는 일에 국민적 동의를
얻고, 그걸 구현하기 위해서 이런 사람들을 포진시키겠다
하면 국민이 인정해줄 거 아니겠습니까. 국민의 지지가
확실하게 있으면 당내에서 반대하기도 쉽지 않죠. 그것 말고

다른 방법이 없어요. 지금 새정치민주연합이 혁신될 거라고
믿는 사람은 아무도 없어요. 한두 번도 아니고 다섯 번인가,
여섯 번째 아닌가요. 어느 분은 당의 이름을 혁신당으로
바꾸는 게 낫다고 합디다. 그렇게 비아냥거리는 분들도
있어요. 맨날 뼈를 깎는 혁신을 하겠다니까 아예 당 이름을
혁신당으로 바꾸라는 거예요.

이철희

대중이 동의할 만한 과감한 개혁을 하면, 탈당 등의
일부 출혈이 있더라도 상관없다?

윤여준

네. 있어도 이깁니다. 선거 이겨요.

이철희

대세엔 지장 없다?

윤여준

그럼요.

이철희

과거 이회창 총재는 양쪽 의견을 충분히 들어보고
본인이 최종 결단을 내려서 개혁적 선택을 한 거잖아요.
그만큼 대표 리더십이 중요한 거죠. 아무리 좋은 그림을
그려도 리더십이 없으면 아무 소용이 없으니까요.

윤여준

문재인 대표의 행보를 지켜보면 안전한 길을 모색하는 거
같아요. 그런데 지금 그 사람 앞에 안전한 길은 없어요.

백범이 이야기하는 것처럼 낭떠러지에서 풀포기를 잡고
매달려 있어도 이걸 놓을 수 있는 용기가 있어야 됩니다.
떨어져 죽어야 된다는 게 아니잖아요. 충무공이 이야기
하는 필사즉생(必死卽生)의 정신으로 자신의 정치생명을 걸고
국민한테 호소해야죠. 그러면 국민이 밀어줍니다. 자꾸만
안전한 길을 모색하려고 하면 죽어요.

이철희

지금 이 상태를 전제로 보면 내년 총선 전망을
어떻게 보세요?

윤여준

이 상태로? 민주당은 궤멸적 타격을 입을 겁니다.

이철희

궤멸적 타격이라, 지금의 130석을 유지할 수 있을까요?

윤여준

어림도 없어요.

이철희

많이 깨진다.

윤여준

지금 민심이 아주 심각해요.

이철희

그렇다고 대통령과 새누리당에 대한 민심이 좋은 것도
아니잖아요.

윤여준

그래도 더 나쁘니까 야당이.

이철희

비유하자면, 새누리당에 대한 반감보다 새정치민주연합에
대한 불신이 상대적으로 더 크다는 거죠.

윤여준

더 커요. 훨씬 커요. 더 보기 싫다는데 뭐.

이철희

투표율이 낮으면 새누리당이 이득을 보는 점도 있고요.

윤여준

물론이죠.

이철희

대선은 어떨 거 같습니까?

윤여준

대선까지는 아직 많이 남아서 전망하기가 어렵죠.
후보가 누군지도 아직 모르잖아요. 총선하고 대선하고도
많이 다르죠. 총선도 전국 단위 선거라고는 하나 대선하고는
많이 달라요. 아직은 대선을 전망하는 것 자체가 제가 볼 때
의미가 없죠.

이철희

총선에서 이른바 박근혜 변수는 어느 정도 작용할까요?

윤여준

지금같이 하면 여당에 손해를 입히겠지. 뭐.

이철희

본인은 개입할 의지를 갖고 있다고 보시나요?

윤여준

본인은 그런 의지가 있겠죠. 그런데 본인이 당에 있을 때
어떻게 했습니까? 지난 총선 전에 당 이름 바꾸고, 로고
바꾸고, 색깔 바꾸고 했잖아요. 다 바꿨잖아요. 그게 뭐냐면
심판의 대상을 없애버린 거거든요.

이철희

그렇죠. 광범위한 반MB 정서를 털어내는
하나의 방법이었죠.

윤여준

선거라는 게 국민이 심판하는 계기입니다. 그런데 집권당의
이름을 포함해 다 바꿔 버리고 아닌 것처럼 하면 어떻게
됩니까? 박근혜 대통령은 이명박 대통령 시절 여당 내
야당 같은 존재였잖아요. 그걸 이용해서 우리는 여당이
아니라는 몸짓을 했거든, 그게 선거전에서 먹힌 겁니다.
그러나 우회정치를 해서는 안 되거든요. 국민의 심판 대상을
없애버리면 어떻게 합니까? 책임정치에 반하는 거죠. 근데
그렇게 했잖아요. 그런데 지금 박 대통령 본인에게 당이
그렇게 안 한다는 보장 있어요? 지금 박 대통령에 대한
민심을 볼 때 총선 전에 비슷한 일이 안 벌어진다는 보장이
있어요?

이철희

동의합니다. 그런데요, 그때는 박근혜라는 강력한 주자가
있었으니까 가능하지 않았을까요?

윤여준

물론 그래서 가능했죠. 지금은 그런 구심점이 없어서
원심력이 작용하기 때문에 그때처럼 쉽지는 않을 거라고
봅니다. 그러나 그렇게 해야 선거를 치를 수 있다면요?
선거 나간 사람이 박근혜 대통령 이미지 때문에 선거에 다
떨어진다는 이유로 변화를 요구하면 어쩔 수 없잖아요.

이철희

그렇죠. 출마하는 후보들로선 대통령에 대한 의리보다
표에 도움이 되는지 아닌지가 현실적인 문제죠.

윤여준

그렇습니다.

이철희

제가 보기엔 워낙 전략을 잘하시는 분이니까.

윤여준

아니 저는 전략가가 아니라니까요.

이철희

여러 가지 아이덴티티(identity) 중에서 전략가의
아이덴티티가 있잖아요.

"진보가 싸가지 없는 게 아니겠죠.
그 인간이 싸가지가 없는 것이죠.
진보가 무슨 상관이 있습니까."

윤여준

저는 이렇게 생각합니다. 늘 사물을 볼 때 정치적 이해를
떠나서 봐요. 장기나 바둑 둘 때 훈수하는 사람이 잘
보잖아요. 그래서 떨어져서 보는 효과가 제게 있을지도
모르죠. 그리고 저는 본대로 가감 없이 말을 했으니까요.
개인적인 이해(interest) 관계가 없는 사람이니까요. 그 차이일
뿐이죠. 그러니까 늘 국민의 눈으로 사물을 보는 거죠.

이철희

적당한 거리를 유지하라는 건 막스 베버가 정치인에게
주문하는 것이기도 한데요. 어쨌든 알겠습니다.

윤여준

그것뿐이지 저는 전략에 원래 소질도 없어요.

이철희

저는 이렇게 봅니다. 보수는 전략을 상당히 강조하고
중요시하는 데 반해 진보는 전략을 좀 우습게 보는 거
같아요.

윤여준

전엔 안 그랬어요. 반대였어요.

이철희

그래요?

윤여준

새누리당의 전신인 한나라당은 정말 전략을
잘 못 만들었거든요.

이철희

그때는 전략을 생각 안 해도 될 정도로 기울어져 있었던 거
아닌가요?

윤여준

그래서 그랬나요? 하여간 어쩌면 이렇게 선거를 치르느냐
하는 생각이 들 정도로 보수가 한심할 때가 있었어요.
그런데 2012년 대선에서 제가 문재인 후보를 지지했잖아요.
그래서 당시 민주당에 비교적 가까이 가서 볼 수 있었는데,
많이 놀랐어요. 와, 민주당이 어쩌다 이렇게 됐지? 완전히
주먹구구식으로 선거를 치렀어요. 한 마디로 주먹구구!
그리고 시대변화를 예민하게 따라가질 않더라고요. 그러니까
옛날 생각으로 판단을 하는 거예요. 예를 들면 젊은 사람들이
투표장에 많이 가서 투표율이 높아지면 자동적으로 민주당이
이긴다는 것도 착각이에요. 제가 선대위원장에게 그건
착각이라는 얘기를 했어요. 제가 근래에 몇 년 동안 젊은
사람들 많이 만나봐서 아는데 젊은 사람들이 무조건 당신들
지지하는 거 아니라고 말했죠. 귓등으로도 안 듣더군요.

투표율 올라가면 자동 승리, 그렇게 굳게 믿었어요.
실제 선거에서 투표율이 높아지니까 이겼다고 막 도취됐던 거
아니에요. 근데 결과가 어떻게 나왔습니까? 말하자면
그런 식인 거예요.

이철희

제 기억으로 새정치민주연합은 2002년 대선에 노무현
후보가 승리한 이후 전략으로 이긴 선거는 없어요. 2004년
총선도 사실은 탄핵 역풍으로 이긴 것이지 전략으로 이긴 건
아니거든요.

윤여준

그때 제가 한나라당에서 당시 박근혜 대표 모시고 선대위
부본부장을 하고 있었습니다. 선거 운동이 딱 시작될
단계에서 주무 국장이 보고를 하는데 지금 같으면 비례대표
의석까지 포함해서 51석을 얻는다고 하더라고요.
그 소릴 들으니 잠이 안와. 내가 괜히 부본부장을 맡았다는
자책도 하고, 당을 떠나는 마당에 뭔가 좋은 결과를 내놓고
가야하는데 큰일 났다고 생각했죠. 선거 결과 한나라당이
121석을 건졌는데, 이건 박 대표 개인 덕분이죠. 기억나는 것
중에 하나가 당시 출입기자들의 말이에요. 출입기자들이 선거
때는 여야를 막론하고 선거구를 돌잖아요. 그 당시 한나라당
출입기자들이 저한테 지역을 돌아봤더니 앞으로 나타날 한국
정치의 심각한 문제가 보이더라는 거예요. 뭐냐고 물었죠.
열린우리당 후보 중에 문제가 되는 사람이 한둘이 아니라는
겁니다. 운동권 출신들 중에 다듬어져 있지 않은 사람들이
대거 당선될 거 아니냐, 그러면 나중에 한국 정치에 큰 문제가
생길 거라고 걱정을 하더라고요. 나중에 그들에게 언론이

'탄돌이'라는 별명을 붙였죠. 그 여파가 지금까지 크게 미치고 있다고 봅니다

이철희

그때부터 진보는 좀 싸가지 없다는, 싸가지 없는 진보라는 소리를 듣게 됐다고 지적하는 사람도 있습니다.

윤여준

진보가 싸가지 없는 게 아니겠죠. 그 인간이 싸가지가 없는 것이죠. 진보가 무슨 상관이 있습니까.

이철희

맞는 말씀입니다. 정치 성향 때문에 싸가지가 있고 없지는 않으니까요. 그럼에도 불구하고 보수 진영에도 만만치 않게 싸가지 없는 사람이 더러 있습니다만 양과 질에서 보수에 비해 진보 진영에서 '싸가지 없음', 저는 이걸 '무(無)싸 정신'이라고 하는데, 이게 더 횡행하고 있는 건 사실이죠.

윤여준

그렇다고 봐야겠죠.

이철희

진보는 닫지 말고 열어줘야 된다는 생각, 위계질서보다는 평등해야 되고, 같이 가야 한다는 생각 등을 갖는 건 좋은데, 이게 천박하고 속류화해서 무슨 얘기를 해도 괜찮고, 어떻게 해도 좋다는 식으로 대하는 건 문제라고 봅니다. 오죽하면 진보에 필요한 것은 태도보수라는 지적이 나왔을까요?

윤여준

저항이 체질화됐죠. 민주화를 위해서 독재권력에 저항하다
보니 체질로 굳어졌고, 또 그 때문에 도덕적 우월감을 갖게 된
것이죠. 그런 점들이 작용한 거 아닌가 싶어요. 보수 정당엔
원래 규율이 강한 속성이 있잖아요. 그러다 보니까 조심해야
하죠. 조심 안 하면 금방 불이익이 오니까요. 반면에 그동안
야당은 그런 불이익을 주지 않았죠.

이철희

그러니까 당의 관점으로 보면 당에 기율(紀律)이 있느냐
없느냐 하는 것도 큰 문제죠.

윤여준

예. 근데 여당처럼 너무 기율이 심해서 대통령이 지시하면
꼼짝없이 따라가야 하는 것도 문제입니다. 기본적인
기율이라는 것은 당이 꼭 그런 것을 기율해야만 지켜져서는
안 되는 것이죠. 국회의원 개개인이 갖고 있는 품성이나 자질,
이런 것으로 해결해야 되는 문제들 아니에요?

"선거에서 새누리당하고만
싸운다고 봐요?
그렇게 생각하면 지죠.
지배연합과 싸우는 겁니다."

이철희

총선에서 새정치민주연합이 선전하거나 이기려면
어떤 준비를 해야 될까요?

윤여준

지금 새정치민주연합이 혁신한다고 저렇게 진통을 겪고
있지만 아무도 기대를 안 해요. 제가 만나는 열 명 중에
열 명 모두 다 관심이 없거나 안 될 거라고 보더라고요.
국민적 인식이 이렇다면 그렇지 않다는 것을 보여줘야 해요.
그렇지 않다는 걸 보여주려면 지금까지 여러 차례 거듭됐던
혁신으론 안돼요. 뭘 내놔도 언론의 평가는 재탕이라고
할 겁니다. 이런 수준의 혁신안으로는 안 된다는 거죠. 아까
말씀드린 것처럼 당이 뭘 하겠다는 것인지 국민한테 분명하게
제시하고, 동의를 받아야 해요

이철희

대표의 몫은요?

윤여준

가장 큰 책임은 대표에게 있는 거겠죠. 한국 정치를 정치의
변동이라는 차원에서만 보면, 권력은 이 세력 이 세력 사이를
왔다 갔다 했으나 그게 사회 변혁을 가져 오진 않았어요. 집권
세력은 교체됐으나 사회가 변화된 건 별로 없어요. 이래서는
안 되는 거예요. 더군다나 지금은 엄청난 전환기이기
때문에 사회구조적인 변화를 이끌어가야만 돼요. 경제,
지금 이대로 갈 수 있습니까? 불평등이 심화되는데 이대로
갈 수 있겠어요? 지금 대의제도는 파탄에 와 있어요. 이거
그대로 갈 수 있어요? 어떻게 직접 민주주의 욕구를 수용할

겁니까? 엄청난 변화를 가져와야 해요. 그러려면 정치권이 이걸 선도해야 되잖아요. 나름 진단하고, 이거 이거를 우리가 하겠다고 하고, 후보를 거기에 맞는 사람을 내면 야권 분열을 걱정할 필요는 없어요. 그런데 늘 분열론을 앞세워서 깨지면 안 된다 이런 식이잖아요. 식상하죠.

이철희

언제나 닥치고 통합이었죠. 저는 연대나 단일화는 필요하다고 봅니다만, 그것만이 유일한 전략인 건 단연코 아니라고 봅니다.

윤여준

지금 새정치민주연합이 안 깨지고 간다고 쳐요. 누가 조여 줄 겁니까? 전 깨지는 게 능사라는 게 아닙니다. 늘 그걸 앞세웠듯이 이번에도 통합만 유지하고 가고자 한다면 궤멸적 타격을 받을 거란 얘기에요. 국민이 인정해주는 어떤 개혁적인 것을 제시하면 안 깨질 겁니다. 국민이 지지하는 당을 왜 나가겠습니까?

이철희

국민이 지지하는지 안 하는지를 뭐로 확인합니까. 여론조사, 정당지지율?

윤여준

그거야 여러 가지 있죠.

이철희

야당 사람들 만나서 이야기해 보면 정책도 있고, 새로운

것도 있고, 새누리당과 다른 것도 있는데 아무리 이야기해도
언론이 안 받아 준다고 그래요.

윤여준

부분별 정책으로 가면 그런 경향이 있죠. 언론이 정책정당을
지향하라고 하면서도 막상 정책을 내놓으면 안 써줘요. 우리
언론의 큰 병폐입니다.

이철희

게다가 메이저 언론은 보수 편향성을 갖고 있잖아요.

윤여준

그런 점도 있죠. 부분별 정책에서 크게 차별화된 것을 내기가
쉽지 않아요. 그러니 미세한 차이밖에 없어요. 그렇다면
유권자들이 미세한 차이를 보고 선택을 해야 하는데,
아직 우리나라는 거기까진 안돼요. 그러니까 그 점에서
승부가 나진 않아요. 그보다 더 근원적인 차원의 문제를
제시하라는 거죠,

이철희

예컨대 시대정신이나 시대담론, 이런 게 될 수 있나요

윤여준

우리나라가 지금 어떤 현실에 있느냐 진단해야죠. 보세요,
전자통신 분야를 중심으로 과학기술의 발전 속도가
엄청나잖아요. 과학기술 분야의 전문가들이 각각 자기 분야의
변화를 예측해서 쓴 것을 보면 10~30년 사이에 일어날
변화를 이야기해요. 지금으로선 상상하기 어려운 변화에요.

하지만 이처럼 상상하기 어려운 과학기술의 발전이 인간의
가치관을 바꾸고 사고방식을 바꿀 겁니다. 그렇게 되면
인간의 행동양식이 바뀌어요. 우리만 피할 수가 없어요.
이미 현대자동차가 5년 안에 무인 자동차를 상용화한다고
그랬어요. 그런 변화가 10년 이내에 온다면 금방이에요.
지도자는 그걸 내다보고 이야기를 해야죠. 그러면서 우리
당을 어떻게 바꾸겠다, 바꿔서 이렇게 하겠다, 사람들과 함께
하겠다는 이야기를 해야 한다는 거죠.

이철희

어떻게 보면 답은 뻔한데, 왜 안 되는 걸까요?

윤여준

못하고, 안 해서 그렇죠. 의지의 문제고, 능력의 문제죠.
못하더라도 의지가 있으면 남의 지혜를 빌릴 수 있어요.
의지가 없으니까 안 빌리는 겁니다.

이철희

국정이 이 모양인 것과 야당이 헤매는 것, 듣고 보니
같은 이유네요.

윤여준

그렇죠. 지금 민주당이 맡으면 지금 정부가 하는 것보다
나을까요? 전 그렇게 생각 안 합니다.

이철희

그래도 선의가 있으니 조금이라도 낫지 않을까요? (웃음)

윤여준

그럼 낫다고 해둡시다. 지금 새정치민주연합이 당 운영하는 것을 보십시오. 그에 비춰보면, 국가운영을 맡았을 때 어떨 거라고 생각하십니까? 그걸 국민이 알기 때문에 안 찍어주는 겁니다.

이철희

권력이 10년마다 교체된다는 10년 주기설이 있잖아요.

윤여준

그건 일반론적인 얘기죠. 근데 일반론이 반드시 맞으라는 법 있어요?

이철희

맞습니다. 10년 주기설은 허구죠. 10년 만에 정권이 교체된 건 민주정부 10년 후 새누리당이 권력을 다시 잡았을 때 한 번뿐이니까요. 반복된 패턴도 아닌데, 그걸 믿는 건 엉터리예요. 그래도 야당이 다분히 낙관적인 견해를 갖는 근거 중에 하나는 후보가 앞서지 않느냐 하는 것인데요?

윤여준

후보? 어떤 부분에서 앞선다는 거예요.

이철희

인지도도 앞서고, 대권주자 여론조사에서 한 때 1~3등이 다 야권에 있었으니까요. 지금은 좀 달라졌습니다만.

윤여준

합치면 표가 많다?

이철희

네.

윤여준

산술적으로 보면 그렇죠. 근데 이걸 알아야 해요. 지금 여권은
지배연합입니다. 선거에서 새누리당하고만 싸운다고 봐요?
그렇게 생각하면 지죠. 새누리당하고만 싸우는 게 아니에요.
지배연합과 싸우는 겁니다.

이철희

좋은 지적이시네요.

윤여준

그 지배연합이 한국 사회의 물적 기반을 다 가지고 있어요.
후보 개인은 야당보다 열세인 후보가 있을지 몰라도 여권엔
그걸 만들어내는 능력이 있어요. 새정치민주연합은 없어요.
새정치민주연합은 후보 개인의 역량에 기대는 선거를
치르겠죠. 여권의 지배연합이 갖고 있는 역량의 총체는
어마어마한 거라고요. 가볍게 보면 안 돼요. 만들 수 있는
능력이 있다고요. 이대로 가면 선거 또 지죠.

이철희

그러니까 야권의 후보역량, 예컨대 인지도 등의 측면에서
앞선다 할지라도 그것이 얼마나 새누리당 앞에서는 허망한
변수, 제약적 변수인지 알아야 한다는 것이죠?

윤여준

아, 그럼요. 여권은 얼마든지 만들어낼 능력이 있어요.

이철희

여당은 여당대로 고민이 있는 거 같아요.
고민 안 할 수 없겠죠?

윤여준

당연히 하겠죠. 왜 안 하겠어요?

이철희

그 시대랑 딱 맞아 떨어지면서도 보수에 부합하는
섹시한 후보가 아직은 눈에 안 띄니까, 그런 고민이 있겠죠?
유승민 전 대표는 대선 후보로 성장할 수 있을까요?

윤여준

2017년에? 그건 빠를지 모르죠. 그런데 대통령이 유승민
전 대표를 찍어냈지만, 되레 그를 크게 키워주는 결과를
낳았잖아요. 유승민 전 대표가 취임하고 얼마 되지 않아
국회에서 한 교섭단체 대표연설이 내용적으로 굉장히 좋다는
사람이 많아요. 저도 그렇게 생각합니다. 그 연설 보고
저는 새정치민주연합 큰일 났다고 생각했습니다. 만약에
새누리당이 이렇게 가면 새정치민주연합이 선거 못 이깁니다.
그래서 저는 앞으로 새누리당이 살길은 유승민 전 대표가
그 연설에 밝힌 방향대로 가는 수밖에 없다고 생각을 합니다.
하지만 대통령과 새누리당이 유승민 전 대표를 몰아냈으니
그 길로 가기는 쉽지 않아 보이는 건 사실입니다.
두고 봐야죠. 유승민 전 대표의 약점은 아직 테크노크라트

(technocrat)의 이미지가 강하다는 겁니다. 사실 리더의 이미지를 그간 심을 겨를이 없었다는 게 맞겠죠. 그런 핸디캡이 있긴 합니다만 다른 한편으로는 그게 장점이 될 수도 있어요. 앞으로의 리더는 테크노크라트적인 리더십을 가져야 하는 경향이 있으니까요.

이철희

현재 여권의 대권주자에 마뗑한 내안이 없어서 유승민 전 대표에게 주목하는 점도 있겠죠?

윤여준

그럼요, 당연히 있겠죠.

이철희

김무성 당 대표에 대한 평가는 어떻습니까?

윤여준

여당의 대권주자는 대통령과의 관계 설정이 중요하거든요. 아무리 지지도가 낮고 퇴임하는 대통령이라 하더라도 현직 대통령이 갖고 있는 제도적인 권력을 무시할 수 없으니까요. 국회법 파동에서 보듯이 김무성 대표에게서는 무지무지 고민하는 게 보이잖아요. 그러면서 자기 목소리도 내야 하니까 얼마나 힘들겠어요. 그처럼 곤혹스러운 처지라는 걸 감안하고 보면 그런대로 처신 잘하고 있다고 봐야죠. 그런 점을 국민, 특히 여권 지지층에서 평가해주는 거 같더라고요. 정치력이 있다는 거죠.

이철희

나눌 줄도 아는 거 같아요. 중국어로 따거(大哥),
형님 리더십이라 할 수 있잖아요.

윤여준

그런 이미지가 있죠. 동양에선 그런 게
먹히는 측면이 있어요.

이철희

지금 대권주자로 분류되는 분들을 보면 대체로 정치
스타일이 대범하기보다는 좀 잘다고 할 수 있잖아요. 그런데
김무성 대표는 성큼성큼 나가는 모습을 보여주니깐 박수
받는 거 아닐까요?

윤여준

그럼요. 상대적으로 돋보이니까요. 사실이 뭐든 통이 큰 것
같고, 덩치도 크고, 보폭도 크고, 목소리도 중후하고,
여러 가지로 그런 게 있잖아요. 사람이 커 보이는 이미지가
있어요. 그게 상대적으로 국민에게 좋게 비치고 있는 거
같아요.

이철희

근데 야권에선 여전히 김무성 경시론 같은 게 있어요.
폄훼론이랄까, 별거 없다며 하찮게 보던데요?

윤여준

옛날얘기 하나 해드리죠. 3당 합당하고 나서 민정계가 YS를
얼마나 깔봤는데요. 3당 합당 작업 할 때 실무적인 심부름은

옛날 얘기 하나 해드리죠. 3당 합당하고 나서 민정계가 YS를
얼마나 깔봤는데요. 3당 합당 작업할 때 실무적인 심부름은
정무비서관인 제가 했잖아요. 그래서 제가 좀 알아요. 저는
기자로서 DJ나 YS를 겪어본 사람이에요. 그런데 민정계는
YS를 굉장히 깔봤어요. 그래서 내가 경고했거든요. 'YS를
깔봤다간 큰코다친다.' 그것과 똑같은 경우는 아니죠. 김무성
대표가 YS와 같은 급은 아니기도 하고요. 그러나 상대방의
그 대표를 깔보고 경시하면 넝해요. 경적필패(輕敵必敗)라 말이
있잖아요.(웃음)

이철희

대게 상대를 무시하는 사람들을 자세히 들여다보면 무능의
발로라는 생각을 할 때가 많습니다. 경쟁을 할 때 오히려
상대를 크게 봐주는 게 맞잖아요.

윤여준

그렇죠.

이철희

특히 선거는.

윤여준

그럼요.

이철희

한국 정치를 움직이는 변수를 거론할 때 지역, 세대, 계층,
이념을 말하곤 하는데, 다음 총선과 대선까지 어느 요인이
가장 크게 작용할까요?

윤여준

아직은 지역적 요소가 클 걸요. 2017년까지는 도리 없지
싶어요.

이철희

지역이 중요한 요소로 작용한다면 지역 크기나 덩치에서
작은 쪽은 굉장히 불리한 상황이 되잖아요?

윤여준

예. 불리할수록 격렬해지죠.

이철희

그러면 지역이라는 프레임으로 했을 때 소수파가
불가피하다면 아예 다른 프레임으로 대체해야 다수파가
될 수 있잖아요. 비유하자면 샅바 싸움부터 잘해야 되는데요

"이 땅의 진보와 보수는
결사적으로 상대방을 섬멸하려
하잖아요. 민주주의 원리에
안 맞는 겁니다."

윤여준

다수파는 그렇게 안 하려고 하죠. 지역구도처럼 유리한
프레임이 작동할 수 있는 영역에서 소수파를 강하게

자극하죠. 당연히 소수파가 격렬한 반응을 보이잖아요.
그러면 소수의 격렬한 반응이 다시 다수를 자극해서 다수를
결속하기 쉬워요. 이걸 이용해요. 그러니까 지역감정을
철폐해야 한다고 하면서 정치적으로는 계속 이용하잖아요.

이철희

다수파가 소수파를 자극하는 전략을 쓰는군요.

윤여준

아니 지금 모른 척 시치미 떼는 거예요?

이철희

아닙니다. (웃음) 최근에 그렇게 볼 예가 있을까요?

윤여준

지난 5월, 보훈처장이 광주 5.18 기념식에서 '임을 위한
행진곡'을 못 부르게 해서 그쪽에서 격렬하게 반응했잖아요.
내가 광주의 어느 지식인분께 그랬어요. 그걸 왜 격렬하게
반응하냐, 100% 말려드는 거라고요.

이철희

일부러 자극하는 것이다?

윤여준

나는 증거가 없으니 확언할 수 없으나….

이철희

(웃음) 추론이라는 말씀으로 피할 틈을 만드시네요.

윤여준

그걸 왜 격렬하게 반응합니까, 그랬더니 여기선 어쩔 수
없다고 하시더라고요.

이철희

그게 일종의 마이너리티 콤플렉스(minority complex)일 수 있죠.

윤여준

그런 것일 수도 있죠. 특히 호남은 더군다나 그렇죠.
보훈처장이 그런 목적으로 했다는 증거는 없지만,
결과적으로는 호남이 격렬하게 반응을 했잖아요. 그런데
최근 호남이나 광주에 무슨 분위기가 있느냐 하면, 지식인들
사이에서 더 이상 광주가 망월동으로 대표되는 거는
바람직스럽지 않다, 외부 세력이 우리를 고립시키려고 해서
우리가 격렬하게 저항한 거지만 그 과정에서 스스로 고립시킨
면도 있다, 이제 이걸 벗어나야 한다, 그래서 광주도 호남도
미래로 가자, 이런 얘기들이 많이 나온다고 듣고 있습니다.
그래서 제가 정말 좋은 생각이라고 그랬던 적이 있었거든요.
그런데 일반 시민의 감정이라는 게 누군가 격발을 하면
폭발하는 거죠. 이성적으로 대응하기 어려운 점이 있는 건
사실입니다.

이철희

그런 게임을 잘 풀려면 정치세력의 역할이 중요한데요.
야당이 잘해야 되겠네요.

윤여준

네, 여당도 그렇게 하는 것이 선거에 유리하다는 유혹이나

충동을 느낄 수 있지만 정말 국가의 미래를 위해선 그래선
안 되죠.

이철희

정치세력으로서 또는 정치 분파로서 친박과 친노는 서로를
참 좋아하는 것 같습니다. 친박과 친노는 서로 편한 상대로
본다는 느낌을 받을 때가 있잖아요.

윤여준

적대적 공생인가? 그럴지도 모르죠. 적대적 공생관계라는
게 거슬러 올라가보면 해방공간에서부터 극좌와 극우가
중도파를 공격함으로써 적대적 공생 관계를 했다는 거
아니에요.

이철희

서로 상대방을 자극하고 적대시 또는 악마화하고 부정하는
게임에 빠져들죠. 이렇게 되면 정치가 하향 평준화될 수밖에
없습니다.

윤여준

그렇습니다. 정치권이 공멸하는 길로 가는 거죠. 정치가
국가를 통치하는 역할을 전혀 못하면 이건 여야의 문제가
아니에요. 여야를 싸잡아서 문제가 되는 것이죠.

이철희

정치가 공멸하면 그 피해는 정치인들이 아니라
서민들한테 가는 거죠?

윤여준

물론이죠. 말할 것도 없습니다.

이철희

한국 정치 달라지게 하려면 어떻게 해야 하나요?
시민이 나서야 합니까?

윤여준

궁극적으론 그렇죠. 왜냐하면, 우리가 민주주의를 먼저
시작하고 경험했던 나라의 학자들이 공통적으로 하는 얘기가
리더십이 됐건, 민주주의가 됐건 그 나라 국민의 수준에
맞는 걸 갖기 마련이라는 거잖아요.

이철희

토크빌(Alexis de Tocqueville)도 책에서 그런 말을 했습니다.

윤여준

민주적 시민으로서의 덕성 없이 어떻게 민주주의 하느냐,
이게 토크빌의 지적이에요. 궁극적으로는 유권자의 책임이죠.
왜냐하면, 자기 손으로 뽑았으니까. 그러니까 시민의식이
높아져서 국민으로서 의무와 책임을 다하면서 시민으로서는
국가를 감시하고 견제할 줄 아는, 그런 의식이 있어야 가능한
얘기죠. 그러니까 장구한 세월이 걸린다는 거죠.

이철희

그런 의식의 발전도 시민이나 국민이 알아서 하는 게 아니라
그걸 계속 자극하고 가이드해주는 정치세력이 있어야
하는데요. 쉐보르스키(Adam Przeworski)란 학자가 이 점을

지적한 바 있습니다.

윤여준

당연히 정치 지도자들이 해줘야 하는 거죠.

이철희

우리 정치에 좋은 진보와 좋은 보수가 공존할 수 있게
해야 하는데요?

윤여준

보수와 진보는 흔히 새의 양 날개라 그러잖아요. 그러니까
보수는 진보의 부단한 도전을 받으면서 그 도전에 응전하는
과정에서 새로워지는 거죠. 진보도 마찬가지입니다.
서로 보완 관계죠. 서로 상대방을 새롭게 만들면서 나도
새로워지는 관계, 이게 이상적인 거 아니에요? 그래서
양 날개라 그러죠. 그런데 지금 이 땅의 진보와 보수는 그게
아니라 결사적으로 상대방을 섬멸하려 하잖아요.

이철희

섬멸?

윤여준

우리는 늘 배제와 섬멸이죠.

이철희

부정(negation)이죠.

윤여준

민주주의 원리에 전혀 안 맞는 겁니다. 민주주의 제도를

만들어놓고 운영은 그렇게 안 하니까 나라가 이 모양 된 거 아닙니까. 헌법 1조 1항이 대한민국은 민주공화국이라는 거잖아요. 근데 지금까지 진정한 민주공화국이었던 시절이 있었습니까?

이철희

그게 됐으면 헌법 조문으로 들어가지 않았겠죠.

윤여준

하긴 유신헌법까지도 그건 손대지 못했으니까. (웃음)

이철희

긴 시간 고맙습니다.

"국회의원을 보게 되면
커피라도 한 잔 사드리고
싶고, 고생 많다고
격려해주고 싶은
정치의 시대,
정말 힘들까요?"

강준만 교수

강춘만 교수

강준만 교수는 전북대 신문방송학과에
재직 중이다. 강준만 교수는 금기나 고정관념에
과감하게 도전해왔다. 실명비판을 통해 공인의
허명을 깨트리는 데 앞장섰고, 날이 시퍼렇게 선
통찰로 문제의 본질을 적나라하게 파헤치고 있다.
강 교수는 남들이 못 보는 점을 자극하는 것에
그치지 않고 한국 사회의 큰 판을 어떻게
구성할지에 대해서도 경륜을 보여주는
전략적 이론가(strategic theorist)이기도 하다.

강준만은 성균관대학교 경영학과를 거쳐 1988년 미국
위스콘신대 신문방송학 박사학위를 받았고 1989년 전북대학교
사회과학대학 언론심리학부 교수가 됐다. 1998년부터 발간된
월간 〈인물과 사상〉의 주필로서 날카롭고 직선적인 문체를
선보이고 있다. 1995년에 〈김대중 죽이기〉로 뜨거운 반향을
일으키며 명성을 얻었고 〈김영삼 이데올로기〉, 〈전라도 죽이기〉,
〈서울대의 나라〉등으로 널리 알려지게 됐다. 2011년에는 '강남
좌파'를 공론의 장으로 끄집어냈고, 2014년에는 '싸가지 없는
진보' 논쟁을 촉발시켰다.

이철희

안녕하십니까? 오랜만에 전북대 캠퍼스를 봐서 좋은데,
게다가 연구실에 커피와 생수까지 미리 준비해놓으셨네요.
고맙습니다. 오늘 강준만 교수님을 뵙기 위해 〈싸가지
없는 진보〉란 책을 열심히 읽었습니다. 밑줄 그으며
정독했는데요, 저도 거의 전적으로 동의하는 내용이라
반가웠습니다. 동의율로 따지면 99.9%쯤 될 것 같은데….

강준만

0.1%는 뭐예요?

이철희

바로 치고 들어오시네요. (웃음) 우선 재미 차원에서
한 가지 지적하겠습니다. 책에서 어떤 정치인에 대해 호평을
해놓으신 부분이 있던데, 저는 동의할 수 없거든요. 그분이
이렇게 말했다고 인용되어 있죠. "진보와 정의를 외치는
사람은 절제의 미덕을 가져야 한다. 예의를 지키는 것이
진보의 미덕이다." 저는 이 말을 한 분이 과연 이 말대로
하고 있는지에 대해 회의적입니다.

강준만

그걸 칭찬으로 보셨어요?

이철희

아닌가요, 이 문장만 보면 그런 것 같은데요? (웃음)

강준만

하도 어이가 없어서 그렇게 쓴 겁니다. 맨정신으로 그렇게

말하지만 실제로는 그렇지 않으니까요.

이철희

반어법이군요. 진보를 표방한 분들이 말과 행동이
다르다는 걸 그런 식으로 지적한 거군요. 죄송합니다.
서울은 가끔 가세요?

강준만

잘 안 가죠. 나이 먹으니 움직이는 게 싫어요.

이철희

공부만 하셔서 그렇군요.

강준만

서울 가면 답답해요. 여기 전주에 익숙해지다 보니….

이철희

제가 0.1% 이견을 보이는 부분은 이 대목입니다. 전중환
교수가 2013년 10월 29일 〈한겨레신문〉에 '보수와 진보의
도덕'이란 제목으로 쓴 칼럼에 나오는 인류학자 리처드
슈베더의 연구결과를 인용하셨더군요. "유권자들은 경제적
이득이 아니라 도덕적 가치에 따라 투표한다." 저는 평소
사회·경제적 약자들의 이해관계를 대변하는 프레임(frame)을
만드는 게 핵심인데, 그것을 못 해주고 있는 게 야권의 무능
중에 핵심이다, 한 마디로 그들은 그럴 의지도 없고
그럴 능력도 없다, 저는 이렇게 봅니다. 이런 점에서 보면
그런 것을 전제하지 않고 도덕을 얘기하면 자칫 품성론으로
전락할 수 있기 때문이죠. 이렇게 가면 사회·경제적인

프레임도 없이 이기려고 하는 것처럼 비칠 수 있다는 점을
지적하고 싶습니다.

강준만

이 소장 의견에 전적으로 동의하거든요. 제가 생각하기에도,
그게 진짜 정치가 돌아가는 단계죠. 그런데 우린 아직
거기까지 못 갔다는 거예요. 때문에 '싸가지'란 개념으로
메신저(messenger)에 대해 이미 부정적인 평가를 내리고
있는 상황에선 메시지(message)가 의미 없다는 거예요.
궁극적으로는 저도 이 소장의 생각에 전적으로 동의합니다.
하지만 지금 상황에서 유권자가 거기까지 신경 써서
새정치민주연합이 이번에 내놓은 안이 내 이해관계를
잘 대변해주고 있는지를 따지는 단계로 못 가고 있다는
얘기죠. 기본적인 신뢰가 없어요, 그 집단에 대해서.

이철희

요컨대, 싸가지가 없으니 무슨 말을 하는지 아예
거들떠보지도 않는다는 말씀이네요. 그렇다면 동의 안할
도리가 없군요. 약간만 첨언하겠습니다. 대개 진보 또는
진보를 표방하는 정치세력은 사회·경제적 약자들의 이해를
대변해주는 프레임을 짜야 한다, 그걸 제대로 못하면
그 틈을 보수가 파고들어 문화나 민족 관련 어젠다를 동원해
프레임을 전치(replacement)시키려 한다, 특히 양극화가 심한
경우 진보가 사회·경제적 프레임을 고수하려 하면 반대로
보수는 그걸 용인하지 않으려고 안간힘을 쓴다, 일종의
샅바싸움인데 진보가 여기에서부터 지고 있다, 저는 이런
점들을 강조합니다. 반면에 교수님은 그거보다 조금 더
앞으로 가서 메신저에 문제가 있으니 메시지는 아예 들으려

하지도 않는다는 점을 강조한 거죠.

> 강준만
>
> 그렇죠, 그렇죠. 그 단계까지 우리가 아직 못 갔다는 거죠.

이철희

그게 교수님이 얘기하는 싸가지론의 기본 논지군요.
구구절절 동의 또 동의합니다. 철학자 롤스(John Rawls)가
말하는 "옳음이 좋음에 우선 한다(the right is prior to the good)"
명제를 정확하게 반대로 비튼 것이라 할 수 있네요.

> 강준만
>
> 싸가지가 아니라 메시지라는 말, 이 말이 옳긴 옳죠.
> 다만, 말하는 사람이 싸가지가 없다보니 국민의 관점에서는
> 메신저가 싫어서 그 메시지는 아예 쳐다보지도 않는
> 상황이라는 얘기를 저는 하고 싶은 거죠.

이철희

그래서 제가 이런 질문을 드립니다. 왜 이렇게 싸가지가
없어졌을까요? 이 인간들이 처음부터 그러진 않았을 거
아니에요. (웃음)

> 강준만
>
> 이유를 따져보기 전에 한 가지 지적할 게 있습니다. 지금
> 대부분의 사람들이 공통적으로 하는 말이 있어요. 야권에서도
> 정치적 성향과 색깔이나 노선 차이가 있는데도 불구하고
> 이구동성으로 하는 말이 총선과 대선이에요. 저는 거기에
> 대해서는 별 관심이 없거든요. 제가 왜 그러냐? 총선, 대선이

급하다고 하는 얘기는 그걸 염두에 두고 뭘 자꾸 쏟아내고, 뭘 보여줘야 한다는 거죠. 급하다는 생각에는 동의할 수 있지만 그게 제 일은 아니라고 봅니다. 저는 다른 얘기를 하고 싶어요. 선거라는 게 상대방이 크게 개판 쳐서 잘 될 수도 있고, 아니면 유권자들이 또 속는 줄 알면서도 크게 도와줘서 이길 수도 있어요. 그래서 야권이 집권하면 좋아요. 저도 그 정도의 당파성은 있습니다. 다만, 제가 문제의식을 갖는 건 늘 총선이니 선거 앞두고 '반짝쇼' 하는 것이 오히려 신뢰를 죽여 버렸다는 겁니다. 뭔가 닥쳤으니까 뭘 해야 된다? 지금까지 비상대책위원회나 혁신위원회를 구성한 게 몇 번째입니까? 그러니 유권자들도 선거 앞두고 펼치는 연례행사나 이벤트로 볼 수밖에요. 그런 생각이 뇌리 속에 딱 박혀 있으니 뭘 내놔도 그들에게 와 닿지 않는다는 거죠. 제가 열정을 갖고 얘기하고 싶은 주제는 이런 겁니다.

이철희

그게 책에서 말씀하신 선거주의(electoralism)이죠. 저도 칼럼에서 그 점을 지적한 적이 있습니다. 선거에 이긴다고 다 해결되는 것도 아니고, 선거 선거 한다고 해서 선거에서 이기는 것도 아니라는 메시지를 던지고 싶었습니다. 선거만 쳐다보고, 선거에 올인(all in)하면 일상정치(everyday politics)가 죽고, 역설적이게도 선거 결과도 좋지 않더라는 얘깁니다.

강준만

싸가지 없음의 문제는 그 연원이 노무현정부 1년차 때에 있었던 민주당 분당사건이라고 봅니다. 사실 지금도 야권은 그 분당의 연장선상에 있거든요. 이런 질문을 던져야 합니다. 그때 갈라졌다가 다시 합쳤는데, 뭘 해소하고 다시 합쳤느냐?

분당할 때 바람직한 가치를 기준으로 나뉘었으면 바람직한
일이었겠지만 그게 아니었잖아요. 명분 없이 나뉘었다가 명분
없이 다시 합쳤어요. 그래서 그때의 상처 때문에 지금도 아픈
겁니다. 여기 호남도 철저하게 양분되어 있어요. 가령 여기
정치권 상층부는 대체적으로 친노(親盧)입니다. 하지만 민심은
친노와 다소 멀어져 있어요. 정치권에 있는 사람들은 대개
지역에서 거느리고 있는 사람들이 있으니까 이들의 목소리가
더 크게 들릴 수 있지만 보통의 사람들은 그와 달라요. 내부의
분열, 호남 내부 분열이라 할 수 있죠. 저는 이 문제를 해결할
방법이 없다고 봅니다. 세월 말고는 없어요.

이철희

에고, 시간이 약(Time heals all wounds)이라는 말씀이네요.
신이 인간에게 준 선물 중에 하나가 망각이니 충분히
그럴 수 있죠. 하지만 상처는 아물어도 상흔은 아주 오래
동안 남잖아요.

강준만

박정희 대통령을 존경하는 사람들이 있잖아요. 그와 관련해
흔히 기득권이라는 말을 쓰지만 그게 꼭 경제적 이익
때문만은 아니에요. 자존감의 문제일 수 있어요. 그 시절에
잘 나갔고, 그 시절에 뭔가 하거나 이뤄낸 사람은 그때의
체제가 부정당하면 자기 자신도 부정당한다고 생각해요.
노무현 대통령 때에 여기 이 지역에서 잘 나갔던 사람들이
있잖습니까? 이 사람들은요, 이해관계를 떠나서 자기의
자존감을 지키기 위해서라도 계속 침묵해요. 잘잘못을 따지지
않아요. 같은 호남사람이고, 거시적인 지향점은 같을망정
당장 새정치민주연합을 보는 시각이 틀려요. 비록 짧은

5년이었지만 아직까지도 무서운 영향을 미치고 있어요.
타협이 어려워요.

이철희

말씀하신 민주당 분당은 열린우리당이 떨어져나간 건데,
그것이 지금 야권에서 드러나는 많은 문제들의 연원이고
핵심이라는 얘기군요. 사실 싸가지 없음이라는 것도
생산적인 측면도 있잖아요. 왜냐하면, 싸가지 없게 기성
주류나 그 질서를 순순히 받아들이지 않아야 그에 도전할
수 있는 거니까요. 승복하고 받아들이면 그런 도전이 생기기
어렵죠. 저는 노무현 모델에 그런 생산적인 싸가지 없음의
측면이나 정신이 들어 있다고 봅니다. 그런데 그게 노무현
본인이 아닌 다른 사람, 예컨대 친노로 불리는 사람들로
가면서 속화(俗化)된 것 같아요. 싸가지 없음의 생산적
측면이 사라지고 천박해진 거죠. 노무현 전 대통령이
살아계신다면 이렇게 말씀하실 것 같아요. '나는 친노가
아니다.' 마르크스가 '난 마르크시스트가 아니다'라고
한 것처럼.

강준만

그 싸가지 없음을 생산적이냐, 비생산적이냐 하는 것으로
분류할 수도 있지만, 인물 중심적 싸가지가 가장 큰 문제예요.
그게 무슨 말이냐 하면요. 예를 들어서 우리나라의 중요한
현안들을 놓고 대화하면 얘기가 되요, 됩니다. 노동 문제,
남북문제 등등 다 되요. 생각이 비슷해요. 단, 누가 그걸
잡아서 해야 되느냐 하는 차원에서는 안 됩니다. 그러니까
싸가지라는 것도 내가 지지하는 인물, 내가 지지하는
세력인지 여부에 따라 다르게 나타나는 거예요. 누구를

통해서 우리가 원하는 이슈에 접근할 것인가, 이 '누구'의 차원에서는 배타적인 태도를 취하기 때문에 싸가지가 없어져요. 그러니 원초적으로 소통이 안 되는 거예요. 그게 문제인 거거든요. 야권이 문제가 생겨서 어지러운데 결국은 어떤 사람을 통해서 해결하느냐를 놓고 다투는 것 아닙니까? 권력을 잡는 건 사람이니까 거기서 문제가 비롯되는 거예요. 싸가지가 생산적이 되려면 소통이 되는 이슈를 갖고 해야 하는데, 인물 차원으로 가버리니깐 그냥 이분법이 돼버리는 거예요. 이것이 아니면 저것이 되고, 이편 아니면 저편이 되는 구도죠. 그러다 보니 서로 죽이려고 달려드는 겁니다.

이철희

인물 중심의 싸가지 없음을 다른 말로 하면 계파주의입니다. 이슈는 절충이 가능한데, 사람은 선택이 가능할 뿐 절충할 수 없으니 인물 중심으로 가면 대립과 분열이 불가피할 수밖에 없는 건 사실이죠.

강준만

그럼요.

이철희

다시 원래 질문으로 돌아가서, 싸가지 없음은 결과적으로 나타난 현상이잖아요. 그걸 추동하는 근본원인이나 동력이 뭔지 궁금한데요. 이 사람들이 싸가지를 잃어버린 이유가 도대체 뭐예요?

"인물 중심주의로 가니까 싸가지 없는 게 나오는 거예요. 이슈 가지고 싸우는 법은 거의 없어요."

강준만

익명의 네티즌들을 보면, 일베(일간베스트)건 어디건 간에 이 사람들이 글을 쓰고 댓글을 다는 동력이 뭘까요? 결국, 도덕적 우월감입니다. 도덕적 인정투쟁(struggle for recognition)이에요. 그런데 어느 나라의 진보든 역사 이래로 그거 없이 진보를 할 수 있겠어요? 어느 정도의 도덕적 우월감과 인정투쟁은 필요합니다. 그런데 속에 감추는 것하고 전면에 드러내는 건 다른 이야기거든요. 인정투쟁을 하는 사람들의 입장에서는 애초의 그 동기 자체가 인정욕구 충족이다 보니까 진정한 진보와 분리되어 버렸어요. 별개의 문제가 된 거죠. 분리가 되었으면 그걸 지적하는 사람들이 있어야 하는데 누가 이 얘기를 해주느냐 말이에요. 안 해요. 했다가는 깨지니까요. '1% 법칙'처럼 극소수가 논의의 장을 장악해버리는 문화가 정착됐는데 이건 치명적인 겁니다. 우리 진보가 70~80년대의 유산을 극복하지 못한 거죠. 우리 학생들에게 글쓰기 주제로 청년의 정치 참여를 주고 봤더니 놀랍게도 지금의 20대도 똑같아요. 세월이 많이 갔으니 지금 20대는 과거 우리 20대와 달라졌을 줄로 생각했는데, 그게 아닙니다. 정치 참여를 보는 시각 자체가 부정적이에요. 그러다 보니 외골수 성향의 사람들이 주로 정치에 참여하는 풍토가 돼버렸어요. 그래서 제가 묻죠. 20대 젊은 청년들의 정치 참여, 필요하지 않냐? 이렇게 답해요. 정치에 참여하는 사람은 뭔가 속셈을 갖고, 어떤 의도를 갖고 한다고 봐요. 좋게 보지를 않아요. 참여에 대한 기본적인 바탕이 왜곡됐습니다. 참여의 동기나 참여를 바라보는 시각 등 토양이랄까 문화 자체가 일그러진 상황에서 참여를 외쳐봤자 효과 없어요. 되레 참여를 안 하면 좋을 사람들이 더 많이 참여하는 결과를 초래해요. (웃음) 정작 참여를 해야 할 사람들은 참여 안 합니다. 사회 심리적인 문제이기도 하고 기본 바탕의 문제이기도 한데, 이걸 제쳐놓고 참여를 외쳐봤자 소용없다고 봅니다. 그래서 제가 지금 쓰고 있는 주제가 '청년이여, 정당으로 쳐들어가라'입니다.

이철희

쳐들어가라는 말은 센 표현인데요. 쳐들어간다는 표현을 썼는지는 잘 기억이 나지 않지만, 과거 그런 운동이 있지 않았던가요?

강준만

그러니까 그게 언제야. 노무현 정부 초기에 제가 '정당으로 쳐들어가자'라는 제목의 글을 쓴 적이 있어요. 유시민 씨가 개혁당 만들 때 제가 당원으로 가입까지 했어요. 그 취지에 전적으로 공감했기 때문이죠. 나중에 탈당을 했는데, 유시민 씨가 그때 막 뭐라 그럽디다. '네가 쳐들어가자고 해서 우리가 나섰는데, 왜 발을 빼느냐?' 저는 쳐들어가는 이유에서 문제가 있다고 봤습니다. 그들과 저는 쳐들어가는 이유가 달랐던 거죠. 그들이 쳐들어가자는 이유는 철저하게 인물 중심주의적인 것이었어요. 그에 대해서는 제가 엄청난 반감을

갖고 있어요. 누굴 좋아하는 게 이젠 연예인 팬클럽이 되어
버렸어요. 이거 정치 망칩니다. 저는 그런 참여에 대해서는
결사반대에요. 그래서 저는 청년유니온 모델이라던가,
민달팽이 모델처럼 구체적인 이슈를 갖고 정당에 쳐들어가야
하고, 그래야 소통도 되고 정부와 타협도 된다고 봅니다. 당장
얻어내야 할 게 있으니까요. 그런데 인물로 가버리면요, 올
오아 낫씽(all or nothing)입니다. 그야말로 이 사람이 권력을
잡느냐가 안 잡느냐가 문제니까 타협도 없어지고, 싸가지가
없어지거든요. 내가 좋아하고 지지하는 인물이나 세력을
왜 네가 반대하느냐 하는 차원에서는 싸가지가 없어지는
게 정상이에요. 인물 중심, 이게 참 우리가 극복하기는
어렵겠지만 그래도 말로라도 계속 외쳐대야죠. '인물 중심
정치는 아니다.' 저도 이런 점에서는 성찰할 대목이 있죠. 너는
왜 예전에 김대중 중심으로 생각하고, 노무현을 지지했느냐?
제 대답은 이렇습니다. "나는 그 사람들을 도구로 생각했다.
때문에 어느 순간 내가 아니라고 판단되면 아닌 거다. 어떤
한 사람을 지지했으면 목숨 걸고 끝까지 가야하나?" 나는 이
소장이 〈썰전〉에서 안철수 의원이 민주당과 합당했을 때 그걸
긍정 평가하시는 거 보고 제일 실망했어요.

이철희

아, 그랬습니까?

강준만

전 망했다고 봤거든요. 거길 왜 들어가요? 제가 안철수를
지지하긴 했지만 거기까지였어요. 제가 누굴 한번 지지했으면
끝까지 가야하는 건 아니죠. 그런데 우리에겐 그런 정서가
있어요. 누굴 지지한다고 해놓고 왜 비판을 해? 내가

노무현을 지지하다가 비판했더니 배신자라고 하더군요.
'새끼'라는 말도 들었어요. 박근혜 대통령에게 대든 유승민 전
대표에게도 이런 비판을 하는 사람들이 있죠.

이철희

박 대통령이 전에 이런 말을 한 적 있죠. "의리가 없으면
사람이라고 할 수 없죠."

강준만

우리 풍속과 문화가 그래요. 인물 중심주의로 가니까 싸가지
없는 게 나오는 거예요. 우리가 제일 분노하고 하는 게
내가 좋아하는 사람을 비판하는 거잖아요. 학교 다닐 때
친구들하고 싸웠던 적 있을 텐데, 대개 인물 때문에 싸웁니다.
이슈 가지고 싸우는 법은 거의 없어요. 이슈를 갖고 얘기하면
나는 이렇게 생각하는데, 너는 그렇게 보는구나 하면서
소통이 돼요. 그러나 인물은 안 돼요, 인물은. 내 제자 중에
둘이 친한 친구 사이인데 절교 직전까지 갔던 적이 있답니다.
왜냐고 물었죠. 한 친구는 친노고, 다른 친구는 비노였어요.
둘이 친노 쪽의 인물에 대해서 이야기를 하다가 싸운 거예요.
그래서 둘이 묵계의 약속을 했답니다. 정치에 대해서는 아예
얘기를 하지 말자! 인물이 독약이에요, 인물이!

이철희

인물 중심의 정치가 독약이다, 좋은 지적이시네요.
지금 야권의 주류들이 갖는 공통점이 운동권 출신들이라는
거잖아요. 운동의 경험에서 도덕적인 우월의식을 가지는
게 한 축으로 있고, 다른 한 축은 인물 중심의 정치, 이 두
축이 싸가지 없음을 만들어내는 동력이네요. 좀 전에 제가

〈썰전〉에서 얘기한 거 듣고 실망했다고 말씀하셔서 제가
해명을 좀 하겠습니다. 안철수는 독립군을 이끌만한 사람이
못된다, 그 만한 케파(capacity)가 없다, 라고 저는 생각했어요.

> 강준만
>
> 그런데, 안에 들어가서 싸우는 케파하고, 밖에서 싸우는
> 케파 중에서 후자가 차라리 쉬운 일 아닌가요?

이철희

그래요? 전 후자가 더 어렵다고 생각했어요.

> 강준만
>
> 전자가 더 어렵지요.

이철희

왜요?

> 강준만
>
> 그 안에 들어가서 그야말로 각개격파해야 하는 것 아닙니까?
> 안철수라는 사람은 그거 못하지요.

이철희

안철수 의원이 한국 정치를 바꾸겠다는 걸 최종 목표로
한다면 들어가지 않아도 되죠. 하지만 대통령이 될 생각이면
들어가서 먹는 게 불가피한 선택이라고 저는 생각했고요,
지금도 그렇습니다. 한 나라를 운영하는 게 얼마나 힘든
일입니까. 정치를 알아야죠. 정치, 특히 정당정치를 모르면
아무것도 할 수 없잖아요. 민주주의에서 정치는 정당과
의회를 중심으로 작동하기 때문에 그걸 알아야 한다는 건
제 지론이기도 합니다. 그래서 들어간 결정에 박수를

쳤는데, 사실 들어가는 과정이 참 어설펐어요. 또 솔직히
들어가서 저렇게 순식간에 망가질 줄은 몰랐습니다.

강준만

안 돼요. 들어가는 순간 잡아먹히죠.

이철희

안철수 의원은 여론의 높은 지지 등 상당한 대중적
기반과 힘을 가지고 들어갔기 때문에 기존의 질서에 맞설
수 있다고 봤습니다. 제가 그때 안철수 의원에게 했던
이야기가 있어요. '그 안에서 낡은 민주당과의 텐션(tension)을
잃어버리면 죽는다. 기득질서와의 텐션을 끝까지 유지해야
한다.' 제가 신신당부했거든요. 근데 그 말에 대한 함의를
잘 이해 못한 거 같아요. 기초선거 정당공천 배제를 놓고
기득세력이 파상공세를 벌이니까 맥없이 무너졌어요.
버텼어야죠. 공천 배제를 합당 이유로 국민에게 제시할
때 과연 옳은 결정이냐 따졌어야 할 문제이고, 일단 합당
계약서에 합당 조건으로 그렇게 쓰여 있다면 그 약속을
지켰어야죠. 당내의 기득권을 지닌 쪽은 야비했지만 안
의원은 너무 나이브(naive)했어요.

강준만

노무현 전 대통령도 그 모델로 된 것은 아닌데. 싸워서 된 건
아니란 말이에요. 바람 타고 된 거죠.

이철희

노무현 전 대통령이 당의 도움은커녕 후보교체론으로
수모를 당했기 때문에 당의 가치를 충분히 알지 못했어요.

그래서 집권하고 당정분리를 선언했잖아요. 전 이게 노무현 모델의 잘못된 점이라고 봐요. 정당 없이 좋은 통치는 불가능해요. 그래서 전 안철수 의원이 노무현 루트를 따르면 안 된다고 판단했습니다. 정치역량의 측면에서 보더라도 안 의원은 노 전 대통령과는 이른바 급이 달라요. 노 전 대통령은 이런저런 경험을 통해 훈련이 됐고, 일관되게 지향한 자기 어젠다가 있었어요. 그게 시대 흐름과 맞아떨어진 거죠.

강준만

들어가서 싸우는 것보다는 오히려 바람 타고 되는 것이 시대의 흐름이었죠. 그가 지닌 싸움의 케파로 봐서도 그렇고.

이철희

제가 늘 가슴에 담고 다니는 불만이 하나 있어요. 안철수, 문재인 등 정치 경험 없는 사람이 어느 날 갑자기 유력 후보로 등장하고, 한국 정치를 바꾸겠다고 나서는 것부터가 난센스예요. 정치 경험도 없고, 정치 문법에 대한 이해도 없이 어느 날 갑자기 불려 나와서 마치 구세주처럼 대접받고 행세하는 게 저는 가당찮다고 봅니다. 정치에 대한 이해 없이 좋은 정치인이 될 수는 없잖아요.

강준만

그게 문제라는 데 동의합니다. 보통의 유권자들도 그건 문제라고 느끼지만 그래도 저쪽이 되는 것보다 낫지 않겠냐는 생각을 했던 것 같아요. 그러나 어쨌든 정치 경험은 당연히 있어야죠. 정치 알기를 우습게 알고, 정치를 혐오하는 저주에 바탕을 두고서 좋은 정치를 할 수는 없어요. 솔직히 그건 아니죠.

이철희

사실 합당할지 여부에 대해 제 의견을 구하지도 않았고,
저도 그런 사정을 전혀 몰랐어요. 들어가기 전까지 한
동안은 연락도 없더라고요. 그런데 불쑥 들어가는 결정을
하더만요. 좀 아쉬웠죠. 합당은 과정이 참 중요하거든요.
명분도 축적하고, 여론의 지지도 동원하고, 또 확장도 해야
하는 데 그런 게 없었어요. 프로세스 매니지먼트(process
management)가 안 된 거죠. 들어가는 프로세스를 잘 만들고,
들어가서는 또 어떻게 할 것인지 등등 그림을 그려야 할
것이 많아요. 그런데 그런 그림 없이 들어간 것 같아요.
준비도, 의지도, 진지도 없이 사실상 혈혈단신으로 들어가니
금방 허물어질 수밖에요. 인물 중심의 정치가 한국 정치의
기본 특징 중에 하나라는 말은 학자들도 많이 합니다.
그걸 끊임없이 재생산해내는 게 소선거구-단순다수제란
선거제도입니다. 학자들의 분석에 의하면, 정치를 정당
중심의 정치와 인물 중심의 정치로 대별할 때 비례대표제는
정당 중심의 정치를 활성화하고 소선거구-단순다수제는
인물 중심의 정치를 지향한다고 하죠. 물론 제도만 탓할
일은 아닙니다. 한국 정치의 문제를 해소하기 위해
의원정수를 늘리자, 권역별 비례대표제 도입하자는 것에
대해서는 어떻게 생각하세요?

강준만

별 관심이 없습니다. 그냥 좋은 쪽으로 됐으면 하는
바람만 갖고 있죠.

이철희

주로 사람과 그들이 만들어내는 관행이나 문화 쪽에
주목하고 있는 거군요?

"정치란 것이 결국에는 타협하는
수밖에는 없는 거잖아요. 새누리당을
악마로 봐서는 안 되는 거죠.
그러면 답이 안 나옵니다."

강준만

네. 선거제도나 룰과 관련해서 다투는 것도 잘 보면 아주
극한적인, 독한 단어들만 골라서 상대를 공격하잖아요.
정의당 대표 선거에 출마했던 조성주가 알린스키(Saul D.
Alinsky)에 푹 빠져서 용기 있는 타협을 강조했잖아요. 저도
지금 필(feel)이 꽂혀 있는 단어가 타협이거든요. 정치란 것이
결국에는 타협하는 수밖에는 없는 거잖아요. 새누리당을
악마로 봐서는 안 되는 거죠. 그러면 답이 안 나옵니다.
타협할 건 하면서 해야죠. 지금까지 우리는 타협을 야합으로
보는 관점에서 구경꾼들을 상대로 '이 새끼들 나쁜 놈들이야'
하며 각을 세우는 정치를 했지요. 그런데 그런 정치는
시효가 다 됐습니다. 반독재투쟁 때에는 그게 좋았을지
몰라도 이제는 안 된다는 말이에요. 선거제도를 어떻게 바꿀
것인지도 어떤 정당에 불리한 제도라면 당연히 반대하는 게
정상이죠. 타격을 입을 게 자명하니 반대하는 것인데, 그걸

두고 지역주의에 기생하는 정당이라고 퍼붓는다고 해서
그들이 과연 생각이 바뀔까요. 그런 식으로 공격하는데 뭘
바꿀 수 있겠어요? 상대도 어느 정도 타협하고 할 수 있는
방안을 만드는 데 머리를 써야지, 자기네들에게 유리한 것만
하겠다고 하면 타협은 불가능하죠. 국민한테 힘을 얻고 그걸
명분으로 밀어붙인다는 말들 하는데, 여론조사를 해보면은
정당 지지별로 여론이 홍해 갈라지듯이 확연히 갈라질
뿐이에요. 참 답답해요.

이철희

새정치민주연합, 더 넓게 보면 진보에는 조금씩이라도
뭔가를 이루어가려는 문제의식이 약한 것 같아요.

강준만

한방주의, 한탕주의!

이철희

〈셀마〉라는 영화 보셨어요? 흑인 인권운동가 마틴 루터
킹이 셀마라는 곳에서 흑인의 투표권을 보장하라고
요구하는 행진을 다룬 영화입니다. 굉장히 드라마틱한
소재인데, 이 영화는 잔잔하게 가요. 격정적이지 않고
차분한 톤을 유지합니다. 제가 그 영화를 보면서 좋았던
것은 전략에 대한 고민이었어요. 루터 킹은 흑인이고,
인권운동 하는 사람이잖아요. 운동가인데, 행진을 기획하고
실행하면서 어떻게 해야 이길 수 있는지를 끊임없이
고민해요. 자신들이 옳다는 주장을 소리 높여 외치고,
그러다가 깨지고, 성패는 안 따지는 게 아니에요. 이걸
어떻게 하면 성취할거냐, 이뤄낼 거냐 하는 고민을 참 많이

해요. 제겐 신선한 충격으로 다가왔습니다. 우리 정치가
서로 편을 나눠 자기가 옳다는 주장만 하고 0.1mm라도
앞으로 진전시키려는 노력은 안 하는 게 우리 현실이니
더 가슴에 와 닿았겠죠. 정치에서의 승리는 타협을 잘해서
얻어내는 거라고 봅니다. 타협 없이 얻어낼 수 있는 건
제한적이고, 일시적이에요. 그래서 저는 정치는 타협의
예술이라고 주장합니다. 필요한 만큼의 타협은 주저 없이
해야 하는데 지금 야권은 내부 계파주의와 그로 인해
싸가지 없음이 만연한 탓에 타협을 할 수가 없어요.
타협하면 내부에서 뒤통수 맞죠. 앞에 있는 상대가
아니라 뒤에서 총질하면 누구라도 못 견디죠. 실제로
새정치민주연합의 당대표들은 거의 예외 없이 내부의 총질
때문에 자빠졌잖아요. 이러니 누가 타협하겠어요. 저쪽이
두렵다기보다 이쪽이 두려워서 못하는 겁니다. 케네디
대통령이 그랬잖아요. "두려움 때문에 타협하지는 않겠지만
타협하는 걸 두려워하지도 않겠다." (Let us never negotiate out of
fear. But let us never fear to negotiate) 이 말이 생각나네요. (웃음)

강준만

계파주의 말씀하시니까, 관련해서 오픈 프라이머리(open
primary)를 얘기하지 않을 수 없네요. 지금까지 오픈
프라이머리에 대해서 가장 체계적이고 제대로 된 비판을
한 게 이 소장인 거 같아요.

이철희

아, 제가 〈인물과 사상〉 2015년 1월호에 실었던 글을
말씀하시는 거군요. 제가 〈인물과 사상〉에 '이철희의 트루
폴리틱스'란 제목으로 1년 넘게 연재를 했죠.

강준만

그런데요, 저는 좀 다른 생각을 갖고 있습니다.
저는 '어떤 게 더 악이냐?' 하는 문제로 접근해야 한다고
생각해요. 차악을 선택해야 된다는 얘기죠. 내부의
계파주의를 깨는 게 우선 급한 문제라고 봅니다.
오픈 프라이머리의 모든 단점은 기존 정치문화를 전제로
한 거란 말이죠. 그렇잖아요? 정치문화 개혁을 체념하고,
이것은 우리에게 주어진 상수니까 그대로 끌고 가야 된다는
얘기에요. 이걸 전제로 오픈 프라이머리를 하면 엄청난
부작용이 벌어지죠. 미국도 그러니까요. 사실 미국의
민주주의가 제대로 된 민주주의라고 볼 수가 없는 거
아니에요. 그렇다면 궁극적으로 이걸 받고 나서, 비록 오래
걸릴망정 정치문화 자체를 바꿔나가는 것과 계파주의를
어쩔 수 없이 안고 가는 것을 비교해서 꼼꼼히 따져보면
과연 어떤 것이 더 나쁜 것일까요? 고민을 좀 더 해봐야 할
사안이지만 오픈 프라이머리를 무조건 아니라고 배척할
필요는 없다고 봅니다.

이철희

반론하겠습니다. 오픈 프라이머리가 되면 '지금의'
계파주의는 없어질 가능성이 있어요. 그런데 이 제도가
도입되면 여러 사람이 모인 계파가 아니라 한 사람
한 사람이 계파가 되는, 더 세분화되고 파편화되는 인물
중심의 정치가 득세할 겁니다. 춘추시대에서 전국시대로
나아가는 것이라 할 수 있지요. 지금은 몇 개의 계파가
존재하지만 오픈 프라이머리가 되면 1인 계파, 즉 계파가
소속 의원 수만큼 존재하게 될 겁니다. 또 하나 제가 제일
우려하는 것은 언론의 힘이 너무 커진다는 점이죠. 대한민국

언론의 현실에 이건 정말 진보가 감당할 수 없을 상황을
초래할 수도 있습니다. 그 걱정이 많이 돼요. 안 그래도
정당이 약하고 힘이 없는데, 오픈 프라이머리가 되면
정당은 사실상 무력화됩니다. 정당이 행사하지 않는 권력의
공백을 언론이 차지하게 된다는 것이 미국의 경험입니다.
이런 점들 외에도 여러 단점이 있기 때문에 저는 오픈
프라이머리에 대해 단호하게 반대하는 입장을 갖고 있어요.
그럼에도 불구하고 지금 지적하신 것처럼 잘 설계하면
전략적으로 활용할 여지도 있다는 데에도 동의합니다. 어떤
제도든 선택의 문제이지 우열의 문제는 아니라는 게 평소
생각이기도 합니다.

강준만

언론 문제를 말씀하시니까 야당의 싸가지 문제와 관련된
것이기도 하는 점을 하나 지적하고 싶어요. 언론이
왜곡 보도한다고 푸념하죠. 그런데 그것보다 더 중요한
것이 우리 언론이 기본적으로 정치를 바라보는 하나의
프레임(frame)입니다. 언론이 누구에게 유리하게 보도하느냐의
차원보다 갈등 중심의 프레임으로 정치를 보는 게 문제라는
얘깁니다. 저널리즘이라는 게 원래 그런 거 아니냐, 이렇게
생각할 수 있죠. 그런데 저는 묻고 싶어요. 그 프레임을
그냥 받아들이고 갈 거냐? 왜냐하면, 갈등 중심으로 가는
체제 하에선 이쪽이 절대적으로 불리하거든요. 그거야 말로
기울어진 운동장이죠. 야당이, 진보 정당이 이런 점에 대해
고민하는지 모르겠습니다. 갈등 프레임을 불가피한 걸로
받아들이고 그거를 계속 따라가고 있는데, 우리가 하다못해
보도자료를 내더라도 프레임 자체에 영향을 줄 수 있는
시도는 왜 하지 않을까요. 그냥 갈등 중심의 프레임에 맞춰서

'언론이 좋아하는 게 뭐지' 하면서 맞춰 가는 게 문제예요. 그거 하다가 골병들어요. 들입다 싸우는 모습만 보여주는데 유불리가 어디 있어요? 정치인들이 싸우면 유권자들은 바로 '저 개새끼들'이라고 욕해버리잖아요. 이러면 결국 누가 당하느냐는 말이에요. 이런 문제의식이 전혀 없는 것 같아 답답합니다.

이철희

지금 국회의원들의 모든 활동은 친언론(pro-media) 활동에 맞춰져 있어요. 이게 언론이 좋아할 만한 거냐, 기사화될 만한 것이냐, 여기에 중점 포인트를 두지 다른 것은 거의 고려하지 않아요.

강준만

제가 사실 보자마자 물어보려고 했는데, 이 소장의 글을 읽으면 정치학자 같은 느낌이 들어요. 공부를 열심히 하는 것 같아요. 립 서비스가 아니고 정치학자의 체질이 느껴지는 데, 책을 참 많이 보시는 거 같아요.

이철희

읽는 건 잘 모르겠지만, 책을 많이 사기는 합니다. 그래도 천하의 강준만만큼 사지는 않을걸요. (웃음)

강준만

내공이 있어 보입니다. 최장집 교수하고 생각이 다른 점도 있겠지만 그래도 두 분이 비교적 배짱이 많은 편이죠?

이철희

제가 존경하는 분이죠. 대학 때 은사이시기도 하구요.

대학원 때에는 서진영 교수의 지도학생으로 공부했죠.
최장집 교수와 서진영 교수는 대학 동기인데요,
두 분으로부터 공히 공부 안 하고 싸돌아다닌다고
엄청 혼났죠.

강준만

최 교수가 그때에도 정당정치의 중요성을 강하게
말씀하셨나요?

이철희

그때는 그런 말씀 거의 안 하셨어요. 민주화가
시대과제였으니 정당정치를 얘기할 계제가 아니었죠.
게다가 그분이 정당정치를 전공한 분도 아니에요.
정당정치를 강조한 것은 이른바 '민주화 이후의 민주주의'를
말할 때부터였죠. 얼마 전에 독일에 석 달 계시다 오셨는데,
독일모델에 대한 관심 때문에 그 연세에 직접 가서 보고
공부하고 오신 거예요. 대단하죠. 정말 공부가 천성인 분
같아요. 요즘도 가끔 찾아뵙고 말씀 듣고, 가르침도 받곤
하죠. 최장집 교수나 그분의 수제자라고 하는 박상훈 박사가
학자로서 하는 얘기는 현실에서 굴러먹은 제 입장에서
보더라도 높은 적실성(relevancy)이 있어요. 그 분들이
주장하시는 게 정치적 현실주의(political realism)거든요.
물론 상당히 이상주의적인 현실주의이긴 하죠. 그분들은
이론가, 학자예요. 현실의 문제를 놓고 이래라저래라
하는 솔루션(solution)까지 기대하는 건 잘못이라고 봅니다.
구체적인 해답은 실제 정치하는 분들이 현실에서 찾아야죠.
실행은 정치가의 몫이잖아요.

강준만

저도 최장집 교수님이 여기 강연하러 오셨을 때 그 비슷한 질문을 드린 적이 있어요. 하시는 말씀이 백번 천 번 옳은 것이긴 한데 그건 원론일 뿐이고 현실은 지금 그게 아니지 않냐, 그러니 제발 '다음 얘기'를 좀 해주시라고 했죠. (웃음) 어떻게 해야 되냐고 여쭌 거죠. 답답해서 그런 것이지 학자가 그런 답을 제시할 순 없죠. 맞아요.

이철희

저도 사실 비슷한 경험이 있습니다. 어떤 교수에게 문제만 제기하지 말고 답을 내놓으라고 했다가 서먹서먹해진 적 있어요. 사실 그분에게 요구할 일이 아니었는데 말이죠. 그나저나 총선 전망 어떻게 하세요?

강준만

별생각 없어요. 진짜로 그래요. 거칠게 말해서 죄송합니다만, 평소에 개판 치다가 일 닥쳐서 뭘 한다고 하거나 어떻게 해서든 이겨야 한다는 태도가 지금의 야당을 골병들게 만들었다고 생각해요. 우리가 희망, 희망 얘기하는데 좌절도 끝까지 겪어봐야 새로운 뭐가 나오죠. 좌절을 막 시작하려는 차에 갑자기 희망을 얘기하면 안 되죠. 제대로 망가져야 뭔가 나오는 거 아닌가요? 근데 우리는 늘 그런 식으로 해왔어요. 근데 그때그때 워낙 급했고, 불가피했다고 말하겠지만 시간대를 몇 년이 아니라 십수 년 정도로 늘여보면 그게 아니에요. 세상이 애들 장난도 아니고 이게 뭐예요? 지금 이게 몇 번째죠? 혁신위가 여섯 번째인가요? 비대위는 또 몇 번이나 있었어요? 유권자들이 모를까요? 그 당시로는 절박하고 시급했지만 좀 떨어져서 보면 달라요. 예를 들어서

김대중·노무현 정부 때 급하다고 추진했다가 정부를 내놓고
나서 바꾼 게 어디 한두 개 입니까? 전부 이런 식이에요.
그러니 신뢰가 안 가는 겁니다. 그런 식으로 나가게 된
이유가 뭐냐? 당장 급하다는 거 아니에요, 당장. 이런 생각이
망가뜨리는 겁니다. 물론 정당에 몸담고 있는 사람들은
그럴 수 있죠. 그런데 왜 바깥의 시민사회에서조차, 아니
시민사회가 오히려 더 성화를 부리고 난리를 칩니까?
총선이 급하다, 대선이 급하다, 그래서 뭘 어쩌자는 거예요?
그동안 내내 학교에서 공부 안 하고 내내 탱탱 놀던 애가
이제 수능 시험이 임박했다고 갑자기 벼락공부해서 하자는
거 아닙니까? 벼락공부하면 효과가 아주 없지는 않겠지요.
하지만 저는 그런 데에 신경 쓰고 싶지는 않습니다.

이철희

사실 선거에 임박해서 선거 승리만 외친다고 해서, 그것도
낡고 식상한 방식을 그대로 답습하면서 이기려고 하면 더
이길 수 없죠. 선거의 역설 같은 겁니다. 샤츠슈나이더(E. E.
Schattschneider)의 말처럼 선거 승리는 정치에서 가장 중요한
문제죠. 그러나 그람시(G. Gramsci)의 지적도 있습니다. 선거
성패는 긴 과정의 마지막 세리모니(ceremony)라는 거예요.
매번 상대를 욕만 해대고, 그걸로 자신의 무능을 숨기려
하면 집권하기 어렵죠. 요행히 집권하더라도 해보려는
뭔가가 없거나, 있더라도 그걸 해볼 수 있는 힘을 갖기는
어렵습니다.

강준만

제가 장담하는 건 이런 거예요. 정당은 아예 문을 닫고 있고,
현실 정치인들은 어쩔 수 없이 선거에 매달릴 수밖에 없죠.

그러나 지식인이라면 답이 없을 때 없다고 이야기해야
합니다. 답이 없는데 왜 자꾸 있는 것처럼 속여요?
아니 병에 걸렸는데 한 1년 정도 치료받아야 하는 병이에요.
그걸 어떻게 그걸 한 달 만에 낫게 할 수 있다고 합니까?
사기죠.

이철희

선거의 필요성, 선거 현실, 이런 논리들은 혁신을 기피하는
알리바이(alibi)에 다름 아니고, 실제로 그렇게 활용됐죠.
선거 때가 되면 이런 논리가 횡행해요. 선거는 현실이고
당선되고 이겨야 하는 데, 이상만 추구할 거냐?
아주 틀린 얘기는 아니지만, 이 논리가 실제 혁신을 막고,
실력을 기르지 않고 말로 때우고 몸으로 버텨도 되게끔 만든
건 사실이죠.

강준만

문제는 정당만 그런 게 아니라 민심도 그럴 수 있다는
겁니다. 민심도 보면, 평소엔 다 비판해놓고 총선이나 대선이
다가오면 밀어줘요. 왜 그게 모순된다는 생각을 안 하는지
모르겠어요.

이철희

동의합니다. 다만, 약간 다르게 볼 측면도 있다고 봅니다.
정당의 진화라고 할까요, 정당이나 정치가 좋아지는
과정이란 게 또박또박 조금씩 좋아지지 않거든요. 간헐적인
선거 승리의 경험이나 또는 선거 과정에서 괜찮은 지도자가
등장하는 것과 같은 계기들에 의해 어느 순간 성큼성큼
좋아질 수 있어요. 권력을 가지면서 대중과 결속하고,

그러면서 정당이나 정치를 바꿀 수 있는 힘이 만들어질 수
있으니까요. 그 가능성은 항상 열어 두시는 거죠?

"작은 승리의 경험이라도 없으면 패배를 내면화하게 됩니다. 왜 그래요? 작은 거라도 이겨서 가야지."

강준만

열어두죠. 아까 언급한 청년유니온 친구들…, 어쩜 그렇게
말을 잘해요. 아마 알린스킨 학습을 제대로 한 거 같아요.
작은 승리의 경험, 그거 정말 와 닿는 얘기거든요. 지역에서도
보면요, 작지만 한 번 이겨보세요. 아, 엄청난 겁니다. 그런데
진보에는 어떤 정서가 있느냐? 심하게 말하면 자학하면서
비장미를 즐겨요. 비장미, 위대한 패배라는 거죠. 우리가 옳은
일에 도전했다가 좌절당했지만 패배한 건 아니다. 명백한
실패이고 패배인데도 자꾸 절반의 승리라고 부르짖어요.
여태까지 진보 쪽 얘기를 들어보면 절반의 승리 아닌 것이
없습니다. 아닙니다, 패배에요. 졌으면 그 패배를 인정해야
해요. 왜 절반의 승리라고 우깁니까? 그러니까 작은 승리
자체를 작다고 무시하고, 그 작은 승리의 경험이라도
없으면 패배를 내면화하게 됩니다. 심리학에도 나옵니다.
패배를 내면화하다 보니까 큰 것에 의해, 그야말로 한 번에
되찾으려고 해요. 한 번에 되찾으려고 과정이나 작은 승리를
소홀히 하는 건 잘못이죠.

이철희

한 번에 모든 것을 되찾으려 하는 것과 관련해
일규주의(一揆主義)란 걸 지적하고 싶어요. 주·객관적인
조건이 변화했는데도 과거의 생각만 기계적으로 고집하는
것인데요, 한 번 생각을 정하거나 원칙을 잡으면 그걸로
끝이라는 생각입니다. 이렇게 되면 대개 차근차근 변화를
일구기보다 한탕주의에 빠지기 마련이죠. 새정치민주연합이
바로 일규주의에 빠져 있어요. 낡은 인물들이 식상한 전략,
익숙한 행태를 반복하고 있는 거죠. 창조적 기획, 상상력이
없어요.

강준만

저도 승리를 통한 진화의 가능성을 열어두죠. 그런 승리를
통해서 전진하고, 성찰도 크게 올 수 있는 거잖아요. 그런데
모두가 다 한 방을 말하니까 문제죠. 의도는 그렇지 않더라도
총선, 대선이 뭐 민족의 운명이 결정되는 시기이고, 또 저들이
이기면 나라 망한다는 거 아닙니까? 아니 총선 두 번 연거푸
지고, MB(이명박)정부와 박근혜정부 두 번을 겪고 있는데 뭘 또
망해요? 이번에도 총선 승리가 중요하다고 생각하는 사람이
다수면 일단 그런 방향으로 가보라 이거에요. 저는 조용히
지켜보겠다는 겁니다.

이철희

그게 일종의 공포 마케팅이죠. 보수정권 10년이 15년 가고,
20년 가면 나라가 절단 난다, 우리는 다 죽는다는 건 공포
마케팅이에요. 선거란 게 약간의 공포 마케팅을 필요로
합니다. 하지만 위대한 패배론이 갖는 폐해를 지적하신
것에 대해 저는 절절하게 와 닿습니다. 저도 강연 가면

대한민국에선 개혁은 실패하는 게 마치 정상이고 정당한
것처럼 보는 시각이 대세라는 걸 지적합니다. 왜 이렇게
됐을까? 제 나름대로 그 근원을 쭉 올라가서 찾다보니
정암 조광조 선생이 눈에 들어오더라고요. 저는 조광조
모델을 무지 싫어합니다. 드라마에서 숱하게 다뤘습니다만,
조광조의 개혁을 보면 백성들의 입장에서 별로 중요하지
않은 개혁을 성급하게 밀어붙이다가 무너진 거거든요.
소격서 혁파가 뭐 그리 중요합니까? 뭐 이런 것들을
들이댔다가 3년 만에 장렬하게 산화했잖아요. 그래서
개혁이라고 하면 강력하게 주장하다 장렬하게 쓰러지는
그림이 당연하고 멋있는 걸로 받아들여지게 된 겁니다.
그런데, 조광조 개혁 때문에 사림의 집권이 50년가량
늦어졌다는 비판에 주목해야 합니다.

강준만

사실 우리 역사가 그래요.

이철희

그런데 성공한 개혁 사례가 없지 않아요, 있습니다. 예컨대
김육의 대동법이 그렇죠. 김육은 설득하고, 설득하고, 또
설득해서 대동법을 추진해나갑니다. 멋진 비장미는 없지만
백성들이 도움을 받은 건 대동법이죠. 그런데 이런 사람에
대해서는 별로 박수 안쳐줘요. 저는 요란한 개혁의 조광조
모델보다는 해내는 개혁의 김육 모델이 훨씬 낫다고 봅니다.

강준만

우리나라 국회의원들이 가장 존경하는 인물이 김구
선생이잖아요. 정말 존경할 만한 삶을 사신 분이죠. 하지만

정치적으로는 이승만에게 패배하신 분이에요. 김구 선생은
이겼어야죠. 우리에게 비장미 이데올로기가 있다니까요. 안될
거 그냥 부딪쳐서 깨지고, 그럼에도 우리가 옳았고 정의의
편이었다고 자위하죠. 왜 그래요? 작은 거라도 이겨서 가야지.

이철희

그러다가 자칫하면 '사쿠라*' 되지요. (웃음)

강준만

그 정서가 우리한테 있어요. 그러니까 정치권만 뭐라
욕하기도 힘들어요. 이런 걸 받쳐주는 대중 정서가 바탕에
깔려 있는 거죠.

이철희

제가 강연에서 젊은 친구들 만나면 이런 얘기를 합니다.
너희들은 박근혜 대통령 혼자 독주한다고 비판하면서
타협하라고 하지 않느냐, 그렇다면 야당 정치인에게도
타협하라고 요구하느냐, 반대로 결사항전하라고 요구하지
않느냐, 왜 서로 다른 잣대를 들이대느냐, 이렇게 물으면

*사쿠라 : 변절자를 가리키는 이 말은 1961년
5·16 군사정변 후 정계에서 유행한 말이다.
어원은 일본어의 '사쿠라니쿠'에서 비롯되었다.
사쿠라니쿠는 색깔이 벚꽃과 같이 연분홍색인
말고기를 가리키는 말로서, 쇠고기인 줄 알고
샀는데 먹어보니 말고기였다는 얘기다. 즉,
겉보기는 비슷하나 사실은 다른 것이라는 뜻에서
유래된 것이다. 정치 환경이 바뀜으로 해서
종래의 자기 조직을 이탈하는 양상이 많아지자
변절한 옛 동지를 비꼬는 말로 쓰였다. 이를
벚꽃으로 잘못 이해한 일부 정치인들이 사쿠라
꽃이 만발했느니, 사쿠라가 피었으니 하는 표현을
아직도 쓰고 있다. 이 말을 꼭 쓰고 싶다면 차라리
말고기라고 쓰는 게 낫다. (네이버, '뜻도 모르고
자주 쓰는 우리말 어원 500가지')

아무 말도 못해요. 내가 틀릴 수 있고, 상대가 맞을 수 있다는
사실을 인정해야죠. 내 것을 양보하는 게 타협이죠, 상대의
양보만 요구하는 건 강요잖아요.

강준만

학벌반대 운동하는 분들이 있는데, 소통이 안 되는 지점이
있어요. 저는 길고 작게 가자는 주의에요. 그러니까 오래
걸리고 작은 거지만 방향이 옳다는 것에서 만족하자는
거예요. 그러면 너무 오래 걸린다고 반대해요. 근데 반세기
넘게 누적된 모순이 온갖 틀로 꽉 짜여 있는데 이걸 어떻게
한방에 뒤집어요? 이 양반들은 길고 작게 가는 게
더 위험하다고 하면서 한방에 해결할 뭔가를 꿈꿔요.

이철희

그게 한방(one shot)을 추구하는 한방주의에요.
일규주의와 비슷하죠.

강준만

저도 한방주의라고 봅니다. 서울대를 자꾸 없애자고
그러는데 서울대를 왜 없애요? 내가 봤을 때 서울대는
좋은 학교입니다. 제가 정운찬 전 서울대 총장을 칭찬하는
대목이 있어요. 정운찬 전 총장이 오죽 답답하면 어디선가
이런 얘기를 했더라고요. 자기가 서울대 총장 할 때 서울대
정원을 줄였음에도 아무도 안 알아주더라. 그게 얼마나
힘든 줄 아느냐? 인정은커녕 오히려 진보 쪽에서는 서울대
정원 줄이면 경쟁이 더 치열해지는 데 그걸 왜 줄이냐고
항변하더라. 저는 공감하는 얘기입니다. 대학입시나 사교육
따위의 문제도 방향을 바꿔서 조금씩 앞으로 가자는 정서가

없어요. 그냥 한 방에 해결하려고 해요. 마음이 급한 거죠.

이철희

간디가 그런 말을 했습니다. 방향이 틀리면 속도는 중요하지
않다. 다시 말해, 속도보다는 방향이 중요하다는 의미지요.

강준만

비현실적인 얘기로 들릴지 모르지만 저는 정치인들이,
이 문제는 50년 묵은 문제라 한 방에 해결 안 됩니다,
10년~20년 걸립니다, 하지만 방향은 이쪽으로 틀어서
출발해 봅시다, 성과가 금방 안 나옵니다, 이렇게 말하면
좋겠습니다. 이런 정치인 보고 싶어요. 현실적으로 솔직하게
말하면 그게 정치인이 할 소리냐고 야단치실 분도 있겠죠.
하지만 여태까지 이런 말에 속아왔잖아요. 최근에 박근혜
대통령이 리얼하게 보여줬잖아요. 공약을 어디 지켜요?
국민들이 귀신같이 다 알아요. 그러면 이렇게 말해야죠,
정치인들이. '이거 쉽지 않다. 5년이나 4년 안에 할 수 있는
것이 아니다. 하지만 방향은 바꿔서 이렇게 가보겠다.
유권자들도 인내해주셔야 한다. 쉽지 않고, 오래 걸린다.'
이러면 먹힐 수 있어요. 물론 한 방에 해결하고자 하는 심리가
정치권에만 있는 건 아니죠. 유권자들에게도 있긴 있어요.

이철희

저는 한 방에 해결하겠다는 말하는 사람들이 어차피
그렇게 안 될 걸 알면서 그렇게 말한다고 봅니다. 그 이유는
차분하게 하나씩 하나씩 문제를 풀어낼 실력이 없기
때문이죠. 그래서 심하게 말하면 자신들의 무능을 위장하기
위해, 내부의 손가락질이 무서워서 그렇게 과격하게

말한다고 봅니다. 가까이서 지켜보고 제가 어렵게 내린
결론입니다.

그럴 수 있죠. 하지만 손바닥도 마주쳐야 소리가 나잖아요.
정치인을 지켜보고 심판해야 할 유권자들의 경우에도 한방을
찾는 심리가 있어요. 우리가 정치인들은 입만 열면 거짓말만
한다고 하지만 유권자들이 그 거짓말을 하도록 강요하는
것이기도 해요. 뭔가 화끈한 얘기를 해주기를 바라잖아요.
선거 나온 놈이 세상에다 대고 인내하라고 하면 이 새끼가
미친 수작한다는 소리 듣기 십상이죠. 그게 먹히겠어요?

이철희

편이 안 생기죠. 그렇게 뜨뜻미지근하면 되레 안티만
생기겠죠. (웃음)

강준만

아까 책 얘기했잖아요. 책도요, '빠'들이 열광할 수 있는
얘기를 해야 팔려요. 그거 없이, '이거 아니다'나 '우리 이렇게
가면 안 된다'고 얘기하면 안 팔려요.

이철희

여담입니다만, 팟캐스트 〈이이제이〉 하는 이동형 작가라고
있습니다. 그 친구가 〈7인의 작가전〉에서 인터뷰를 진행할
때 저를 인터뷰하자고 해서 했어요. 인터뷰 중에 팬클럽
얘기가 나왔어요. 회원 수가 얼마냐고 묻기에 제가 한
3천 명쯤 된다고 했죠. 그랬더니 자기는 2만 명이래요.
책도 내면 몇만 권씩 나간대요. 그래서 편을 확실히 해야

'빠'도 생기고 책도 많이 나간다, 뜨뜻미지근하게 하니까
'빠'들이 없는 거 아니냐고 그러더라고요. (웃음) 근데 그게
시작은 좋을지 모르나 어느 순간 권력관계가 바뀌게 돼요.
제가 따라가게 되는 거죠. 그 사람들을 제가 추종해야 하는
걸로 바뀌는 겁니다. '빠 현상'의 역전이 일어나는 셈이죠.
전, 그건 싫어요. 누구라도 저를 추종하는 것도, 제가 누굴
추종하는 것도 싫습니다.

강준만

그걸 즐기는 사람들이 있어요. 어떻게 지식인들은 졸(卒)이
되었는가? 저는 예전에 스스로 무지 똑똑한 줄 알았어요.
그래서 김대중 이야기하고 노무현 이야기할 때 내가 그래도
사람들을 앞서간다는 생각했어요. 엄청난 착각에 빠졌던
거죠. 아, 근데 분당(分黨) 때 한 번 겪어 보니 제가 졸이었다는
걸, 치어리더에 불과했다는 걸 알겠습니다. 어제 야구장에
가서 한화 게임을 봤어요. 운동장에서 치어리더의 역할은 딱
정해져있습니다, 원초적으로. 지든 이기든 열심히 응원하도록
독려하는 거죠. 한화의 치어리더가 한화에 무슨 문제가
있다고 해서 상대팀인 기아를 응원할 수는 없는 거 아니에요.
한화를 깔 수도 없는 거고요. 내가 너를 좋아하는 이유는 네가
노무현을 지지했기 때문인데 네가 감히 노무현에게 그거
아니라면서 대들어? 그러면 아웃(out)이죠. 치어리더의 본분을
잃은 게 되니까요. 끌려갔던 것이지, 제가 끌었던 게 아닙니다.
그걸 제가 뒤늦게 깨달았다죠. 사실 〈한겨레신문〉도 잡혔죠.

이철희

그렇게 보면 〈조선일보〉도 잡힌 거죠. (웃음)

강준만

그런데 잡힌 정도가 조금 달라요. 〈한겨레신문〉을 구독하는
동기하고 〈조선일보〉를 구독하는 동기가 다른 거죠. 조선
구독자 중에는 문재인 지지자들도 많아요. 실리를 목적으로
구독을 하니까. 잡힌 부분도 있지만, 한결 자유로워요.
한겨레는 작고, 잘못하면 경제적 타격을 크게 입어요. 가령,
유시민처럼 '관 장사'란 표현 때문에 절독 운동하겠다고 하자
편집국장이 1면에 사과해야 했어요. 저는 그거 보고 충격
받았습니다. 세상에 말이 됩니까. 그런 이유 때문에 1면에
사과문을 싣는 신문이 어디에 있어요? 기가 막히더라고요.
잡힌 거죠. 다른 이야기를 못해요. 그래서 저는 앞에서
얘기했듯이 특정 인물 중심의 무슨 무슨 사모(사랑하는 모임)들은
정치 발전에 도움이 안 된다고 생각합니다. 안 돼요. 그러니까
참여를 얘기할 때 분명하게 선을 긋고 이야기해야 합니다.
'청년들이여, 정당으로 쳐들어가라', 그런데 'ㅇㅇ사모'할 거면
절대 하지 마라, 이슈 가지고 싸우라, 이렇게 말하고 싶어요.

이철희

'노사모'처럼 정치인 이름의 앞 글자에 사모를 붙이는
형태의 사모 말이죠? 자랑 같습니다만, 제 팬클럽은 그래서
이름이 '이철희와 함께 가는 사람들', 줄여서 이함사라고
합니다. 착하죠. (웃음)

강준만

사모, 그거는 하지 마라, 차라리 그 마음으로 이슈를
사랑하라는 겁니다.

이철희

사실 우리 정치가 그렇게 돼야죠. 정치의 본령은
누가 좋아서가 아니라 뭔가를 이루기 위해서 하는 거죠.

강준만

인물 중심의 정치 속성이 과연 달라질지에 대해
저는 비관적으로 봤는데, 요즘 변화의 조짐이 보입니다.
청년 문제가 심각하잖아요. 그래서 앞에서 말한 조성주의
말도 예전 같았으면 별거 아니었어요. 관심 갖지 않고 다들
그냥 넘어갔겠죠. 그런데 조성주 개인이 대단해서가 아니라
조성주가 던진 출마의 변에 사람들이 공감하고, 그래서
화제가 된 거잖아요. 그래서 전 틈이 보인다는 생각이 듭니다.
이슈 중심으로 갈 수도 있겠다는 기대를 갖게 됩니다.

이철희

보수는 그 척박한 토양에서 그래도 보수의 업그레이드
(upgrade) 된 버전인 유승민을 내놨잖아요. 기존의 보수와
많이 다르죠. 얼마나 성장하고, 마침내 결실을 맺을지는
모르겠지만 어쨌든 강한 파열음을 내면서 튀어나왔잖아요.
진보를 표방한 정의당에서도 기존의 진보랑 다른,
업그레이드된 버전인 조성주가 나왔어요. 유승민과
조성주를 수평적으로 비교하기는 어렵지만 자기 진영의
혁신을 부르짖으며 등장한 건 둘의 공통점이에요. 그런데
어떻게 된 게 새정치민주연합에서는 그런 새 흐름이
없어요. 계파 간 갈등으로 시끄럽기는 하지만 낡음을 깨고
새로움이 탄생하는 창조의 진통은 없어요. 저는 이재명
성남시장을 비롯해 기초단체장들, 특히 수도권의 그들에게
주목하고 있습니다만, 엄밀히 말해 정당 밖이잖아요.

새정치민주연합에서는 왜 이런 게 없을까요? 그래서 저는 이제 586이라고 불러야 할 80년대 운동권 출신의 정치인들에 대해 굉장히 비판적입니다. 친구, 선후배들이긴 하지만 참 무능해요. 무능한데 겸손하지도 않아요. 자신을 던져 민주화에 헌신했던 이들이 도대체 왜 이럴까요?

강준만

ㄱ 사람들은 이렇게 물어요. "80년대에 뭐 했어?"

이철희

자신의 과거에 대한 한없는 자부심으로 똘똘 뭉쳐 있다는 말씀이죠?

"왜 자꾸 실망스러운 모습들을
보여 주나? 인간의 한계예요.
시대가 바뀌면 새로운 사람이
나와야 하는 것이지요."

강준만

그들은 자신들이 살아온 과거에 대한 엄청난 긍지가 있는 거죠. 우리가 목숨 내놓고 피땀 흘려서 투쟁했다. 그런데 안철수처럼 갑자기 등장한 사람을 인정하고 싶겠습니까? 우습게 보는 거죠. 그들에게 안철수는 말이 안 되죠. 저는 그걸 일찍 느꼈어요. 예전에 〈김대중 죽이기〉란 책을 내놓고 진보 쪽하고 논쟁이 붙었어요. 그때 그분들이 제일 먼저 꺼낸 이야기가 그겁니다. '너는 80년대에 미국 유학 갔던 새끼가 뭐 할 말 있냐?' 논쟁은 그걸로 끝나요. (웃음) 게임 끝입니다. 사실은 저도 어려운 시절에 유학 간 것에 대해 조금 미안하죠. 하지만 논쟁에서 그걸 가지고 따지면 안 되잖아요. 설사 그런 생각을 하더라도 조금 세련되고 교양 있게 표현하거나 위장을 해야죠. 입장을 바꿔 생각해보면 그분들의 정서는 이해 못할 바도 아닙니다. 그러나 그 엄청난 자신감, 자부심, 도덕적 우월감 때문에 앞으로 치고 나가지 못하는 게 안타까워요. 이성에 따라 냉정하게 판단하면 상황이 달라진 걸 알 수 있잖아요. 그럼 우리도 달라져야겠다는 생각을 해야죠. 그걸 못 해요. 근데, 보수는 이런 점에서 훨씬 유연해요.

이철희

20대에 두려움을 이겨내고 열심히 투쟁한 것에 대해서는 우리 사회가 보상해야죠. 그건 누구나 할 수 있는 일이 아니었으니까요. 그들이 그걸로 인해 도덕적 우월감을 갖는 것도 충분히 인정합니다. 그런데, 그 정도의 도덕적 우월감이면 지금의 청년세대에 의해 천덕꾸러기나 꼰대로 취급 받는 걸 쪽 팔려 해야죠. 이 친구들에게 쪽 팔리지 않게 살아야겠다고 해야 진정한 도덕적 우월의식이라 할 수 있잖아요. 과거의 경험이 특권은 아니잖아요. 새정치민주연합의 혁신위원 중에 이동학이라는 젊은 친구가 586의 대표라 할 수 있는 이인영 의원에게 서울을 떠나 고향인 충주에서 도전하라고 했어요. 어려운 데 가서 붙으란 얘기죠. 저는 이인영 의원이 동의하지 않을 수 있다고 봐요. 근데요, 안 가겠다는 논리가 좀 구차해요. 이동학에게 쓴 답장을 보면 길기만 하고 요점이 없어요.

이러면 안 되죠. 치열하게 논쟁하면서 당의 작풍(作風)을
바꾸는 흐름으로 발전시켰어야죠. 그래야 이인영답잖아요.
우상호 의원의 반론도 좀 엉성해요. 서울 지역구의
김영춘이 부산으로 옮겼더니 그 빈자리를 김한길이라는
기성 정치인이 차지하더라, 우리가 비운다고 해서 좋은
사람 온다는 보장이 없다, 이게 우상호 의원의 논리예요.
부산으로 간 김영춘, 대구로 간 김부겸의 결단을 따르면서,
그렇게 해서 만들어진 빈자리를 새로운 신진들로 채우자고
해야 맞죠.

강준만

에릭 호퍼(Eric Hoffer)의 책이 〈맹신자들〉로 번역되어 나왔는데,
그 책을 보면 인간에 대한 예의가 깊어지더라고요. 그 책을
운동하는 분들이 보면 기분 나쁠 수도 있을 겁니다. 이렇게
물어요. 운동을 하는 이유가 뭐냐? 이타심을 갖고 사회와
민족을 위해 자기를 바쳤던 분들이 상황이 달라지고 나서는
왜 자꾸 실망스러운 모습들을 보여 주나? 인간의 한계예요.
그때의 그것을 연장해서는 안 된다는 거지요. 그 분들의
문제라기보다는 인간의 한계가 문제라는 겁니다. 그래서
시대가 바뀌면 새로운 사람이 나와야 하는 것이고,
세대교체가 필요한 것이지요. 시대적 한계를 넘어 설 수 있는
인간은 정말 드물지요. 그러면 위대한 겁니다. 쉽지 않죠.

이철희

그것도 상당히 설득력 있는 설명이네요. 그러면 이렇게
묻죠. 지금의 꼰대가 되기 전에는 그럼 제 몫을 다 했나요?
집권했을 때 국가보안법의 개·폐도 못했고, 사학법도
못 바꿨고, 정치관계법은 기득권을 강화하는 쪽으로

개악됐고, 비정규직의 확대도 못 막았잖아요.

강준만

이런 점도 있지 않을까 싶어요. 보수나 진보나 자식을
명문대에 보내고 싶은 마음은 똑같아요. 진보가 자식들에게
진보적 엘리트가 되라고 주문하지만 엘리트가 되라는 건
같아요. 방점이 엘리트에 있는 거죠. 한국처럼 서열화된
사회에서 진보나 보수나 동일하게 자식을 한국의
서열구조에서 상층에 속하는 인물로 키우고 싶어 한다는
거죠. 그건 똑같아요. 엘리트 대신에 권력을 대입해보세요.
권력을 가져야 좋은 일할 수 있는 거잖아요. 의미 있는 일을
할 수 있는 거 아니에요. 그런데 그 수단이, 권력이 목표가
돼버리는 게 지금의 우리 정치죠. 왜냐하면 권력을 갖는 것이
쉽지 않으니까. 그러다 보니 정작 그 수단으로 이룰 수 있는
일은 한참 뒤로 밀리고 오직 권력 잡는 투쟁, 즉 권력 투쟁에
올인(all in)하게 되는 거죠. 하지만 나의 권력 투쟁이 너의 권력
투쟁과 다르다고 생각하죠. 나는 진보적 가치를 실현하기
위한 것이라는 명분으로요. 지난 20~30년의 정치에서 권력
투쟁이 전부였어요. 그러나 자기 마음은 든든하죠. 권력을
잡고 나서 하고자 하는 목표를 가지고 있으니까요.

이철희

일종의 자기합리화, 자기최면인데, 이것 때문에도 염치가
없어지고 싸가지가 없어지겠다는 생각이 드는데요.

강준만

하지만 너무 권력 투쟁에 빠져있다보니 진보 중에서 반론이
나오긴 했죠. 진보나 좌파가 권력 쟁취를 목표로 해서야

되겠느냐? 권력 쟁취하려다가 볼 장 다 본다는 말이에요. 권력을 가져야 뭔가를 할 수 있다는 걸 전제로 하더라도 그것만이 전부는 아니죠. 권력 없이 할 수 있는 방법도 생각을 해야 하는 데 그렇지 않아요. 괜찮은 사람들이 정치하면서 망가지는 이유가 뭐예요? 야권의 문재인을 비롯해 대표적인 분들도 괴롭겠죠. 집권해서 좋은 일을 하고 싶은데, 권력을 잡으려니 잔머리에 권모술수까지 다 감당해야 하니 얼마나 괴롭겠어요. 그게 독이 돼버리는 겁니다. 그분들도 늘 권력을 진보적이고 이타적인 목적을 위해서 필요로 하지만 권력을 잡는 과정에선 다른 게 없어져요. 똑같아지는 거죠.

이철희

권력에 취해버렸다?

강준만

취해버렸다는 말은 정확하지 않아요. 권력이라는 수단을 가지고 좋은 일을 하고자 하지만 권력을 쟁취하는 것 자체가 끝없는 과업이기 때문에 그거 하다가 끝나버린다는 거예요. 우리 보면 주변에서도 그렇잖아요. 작은 조직이나 시민단체에서도 장(長)이 돼서 뭔가 해보려는 사람들은 우선 리더십을 장악해야 의미 있는 일을 해볼 수 있다고 생각해요. 하지만 보통 그 권력을 잡는 과정에서 망가져버려요. 하지만 스스로 정당화하죠. 내가 이것을 통해서 하려고 하는 일이 있다는 거예요. 하지만 내용적으로는 본말이 전도된 거라 할 수 있죠.

이철희

586이라는 정치 그룹, 또는 정치 세대에 대한 평가는 어떠세요?

강준만

글쎄요, 잘 모르겠습니다. 제게 묘한 버릇인데, 뭐에 대해
비판이 없으면 하지만 막 쏟아져 나오면 더 보태지 않으려
해요. (웃음) 저는 늘 시대별로 소임이 있다고 봅니다. 사람들이
참 인정하기 싫어하지만, 저는 그렇게 봅니다. 그 엄혹한
시대에 그들이 헌신한 건 정말 존경스럽죠. 하지만 그때
훌륭했던 분들이라고 해서 영원히 훌륭해야 되는 건
아니잖아요. 시대적 소임이 있는 겁니다. 그걸 다 했으면
물러나라는 게 아닙니다. 다만, 옛날의 그걸로 끝까지
갈 수는 없다는 거죠. 우리 DJ도 어느 시점까지는 대단히
훌륭했지만은 그 훌륭함이 끝까지 갈 수는 없는 거잖아요.
우리 국회의원 평균 연령을 어디서 봤는데, 너무 늙었어요.

이철희

19대 국회 출범할 때 선관위의 자료에 보면 평균연령이
53.1세입니다. 50대가 47%로 제일 많고, 40대가 27%, 60세
이상이 23%, 30대가 3%입니다.

강준만

그런데 실제로 정치를 주도하는 사람들만 따로 떼어내서 보면
너무 늙었어요. 제론토크라시(gerontocracy), 노인 정치예요.
정당의 청년 기준이 45세이던가요? 45세를 청년으로 보는 건
너무 한 거죠.

이철희

청년의 나이 기준은 왔다 갔다 해요. 어떨 때는 올리고,

어떨 때는 내려요. 엿장수 맘대로죠.

강준만

그런 면에서 세대 간의 물갈이는 필요한 거죠.

이철희

왜 이렇게 고무줄 잣대냐 하면 당헌 당규 때문에 그래요.
당헌 당규에 청년 30%를 못을 박아두거든요. 여성 30%라고
정해놓으면 이건 생물학적인 거니깐 장난을 못 쳐요. 반면에
청년은 기준 나이를 매니풀레이션(manipulation), 조작하는
걸로 기준을 충족시키려 하죠. 그게 정당이에요. 586 얘기를
조금만 더 하면, 저도 세대로 보면 586 세댑니다. 그래서
저 같은 동세대 인물이 더 적극적으로 비판해야 한다고
봅니다. 운동세대를 흔히 4.19세대, 6.3세대, 민청학련 세대,
586세대, 이렇게 나누잖아요. 이들 중에 정치권 진입은
586이 제일 많이 했어요. 숫자로는 제일 많은데, 역할은
제일 미미했어요. 또 하나 지적할 점은 586세대가 후배들의
정치 진입을 막는 장애가 되고 있다는 겁니다. 밑의 애들이
올라오는 걸 막고 있어요. 그러니 그 친구들 불만이
아주 많을 수밖에 없죠. 당신들은 학생운동 한 걸로 대거
진입했는데 우리에겐 문이 안 열리고 있다고 항변해요. 맞는
얘기예요. 그래서 저는 586이 오픈 프라이머리를 주장하는
건 좀 염치없다고 생각합니다. 그들도 전략공천으로 정치에
입문했거든요. 아마 경선하라고 했으면 안 들어갔을
거예요. 지금 정치권 인사들 중에서 전략공천으로 들어간
사람과 경선을 통해 들어간 사람 중에 어떤 그룹이 더
퀄리티(quality)가 좋을까요? 지금 정치권 주역들은 다
전략공천으로 들어온 사람들입니다.

강준만

이 소장은 전략공천을 지지하시는 거죠?

이철희

네, 저는 전략공천이라는 제도 자체를 지지합니다.
사실 정당의 공천은 그 방법을 막론하고 다 전략공천이
본질이죠.

강준만

전략공천이 계파 싸움의 온상인데….

이철희

계파끼리 나눠먹는 건 전략공천이 아니고 담합공천이죠.
전략공천은 기준 없이 적당히 안배하라는 게 아니고, 당의
정체성이나 대표성 그리고 당선 가능성을 고려해 책임
공천하라는 겁니다. 따라서 제대로 된 전략공천이 되려면
강한 리더십이 존재해야 하고, 당의 정체성이 분명하고
공천의 절차가 제대로 확립되어 있어야죠. 공천은 당의
노선과 정체성 등에서 수용 가능한지 여부(acceptability)와
승리할 수 있는지 여부(electability)가 핵심이죠. 개인적으로
얼마나 유명한지, 매력적이냐는 부차적이라고 봅니다.

강준만

상향식 비례대표제를 이야기하는 사람도 있잖아요.

이철희

비례대표 후보들의 순번을 정할 때 개방형으로 하는

건 좋습니다. 다 그렇게 할 수는 없지만 필요하죠. 다만 어떤 인물들을 비례대표 후보로 내세울 것인지는 대표나 지도부가 정하지만, 그 순번을 정할 때는 얼마든지 열 수 있어요. 그런 논의는 해야죠. 누군가 한 사람이 낙점하거나 계파별로 나눠 먹어서는 안 됩니다. 근데 이렇게 하는 것도 사실은 전략공천인 거죠. 후보직 자체가 경선에 의해 얻어지는 게 아니니까요. 그래서 저는 좋은 공천을 하려면 좋은 대표를 뽑아야 하지만, 그것도 대표의 권한이 세져야 가능하다고 봅니다. 상당한 권한과 시간(lead time)을 줘서 리더십을 발휘하도록 한 다음에 냉정하게 책임을 물어야 한다는 겁니다. 권한과 시간을 주지도 않았으면서 조금이라도 잘못하면 그만하라고 하니 누가 버틸 수 있겠어요. 아무도 못 버팁니다. 정치는 리얼리티(reality)로 이해해야 합니다. 전 세계 어느 정당도 공천과정을 100% 투명하게 하는 나라는 없습니다. 소위 당내 민주화가 아무리 잘 된 정당이라도 해도 차마 밝히지 못하는 속사정이 있는 거예요. 투명성이 민주성을 가능하면 보장하되, 그것 때문에 약한 정당이 되는 건 잘못입니다. 이건 제 얘기가 아니고 학자들이 주장하는 거예요. 민주주의는 당 안(in parties)이 아니라 당 사이(between parties)에 있다는 명제가 대표적이죠. 민주정당이라면 모든 사람이 동등한 발언권을 가져야 하지만, 그 권리를 언제나 똑같이 누릴 수는 없어요. 그건 환상입니다. 모든 권력은 국민에게서 나오지만 매사를 국민이 결정하는 건 아닌 것과 같은 원리죠. 누구나 똑같은 권한을 언제 어디서나 누려야 한다는 건 수평주의라 할 수 있어요.

강준만

어쨌든 공천제도가 중요한데, 이게 너무 자주 바뀌는 거 문제잖아요.

이철희

그럼요. 공천제도는 어떤 게 좋다 나쁘다는 차원에서 접근하지 않아야 한다고 봅니다. 선택이죠. 다만, 어떤 제도든 안정적으로 유지하는 게 중요합니다. 그때그때 바꾸지 말고, 내가 4년 뒤에 국회의원 선거에 도전하고 싶다면 지금의 룰(rule)에 따라 준비해도 손해가 가지 않게 해야죠. 지금은 선거 때만 되면 바뀌기 때문에 현행 룰을 아무도 안 쳐다봅니다. 그러다 보니 바닥에서 준비하기 보다는 룰과 상관없이 공천권을 쥔 사람에게 줄 대는 게 현명한 선택이죠. 천박한 계파주의가 득세하게 되는 거죠. 그나저나 싸가지를 가지려면 어떻게 해야 하나요? 싸가지를 가지는 게 최후의 집권전략이라고 하셨으니까, 어떻게 하면 싸가지를 가질 수 있나요?

강준만

오픈 프라이머리를 반대하는 이유 중에 하나가 강경파들이 선호하는 인물이 된다는 거죠. 같은 맥락에서 저는 대한민국 정치의 참여문화를 이해하고 있어요. 우리는 자꾸 정치권만 쳐다보고, 거길 어떻게 바꿀지 고민하는 데요. 그게 저는 반쪽에 불과하다고 봅니다. 유권자들 쪽도 봐야죠. 정치권의 어떤 제도나 뭘 바꾼다고 해서 그것만으로는 절대 될 수가 없어요. 따라서 유권자 쪽의 기존 문화를 그대로 두고 가면 사상누각이에요. 오랜 세월 형성된 것이라 바꿀 수 없다고 하면서 지레 겁먹을 필요는 없는 겁니다. 그런 시도를 얼마나 해봤는지를 따져야죠. 지금 정치하는 분들이 정치 안 할 때는 다들 멋있는 말을 돌아가면서 했어요. 그런데 정치권에 들어가면 실천을 안 해요. 그러니 지금 대한민국의 어디든 정당 근처에 가거나 당원이 되면 어떻게 봅니까? 어떤 사람들로 보냐 말이에요. 그러니까 정치는 '메르스'(MERS)에요. 사실 정당은 가까이 가면 안 되는 게 우리 정치문화고, 참여문화예요.

이철희

정치하기 전과 후가 너무 달라지니 사람들이 정치불신을 넘어 정치혐오를 하게 되는 것이죠. 사실 어느 정도 달라지는 게 어쩌면 자연스러운 현상이긴 하지만 너무 쉽게 구태와 악습에 물들어 버리죠.

"보통사람들이 정치에
유입되지 않으면 '싸가지 없음'은
한국 정치의 숙명이 됩니다."

강준만

그러나 다른 한편에서는 과잉정치화(over-politicizing)되고 열성적인 젊은 익명의 네티즌들만 죽어라 싸가지 없음 경쟁을 하고 있어요. 보통의 다수는 정치를 외면하고, 싸가지 없는 극소수만 참여하는 정치문화인 거죠. 아니 미국에서 왜 부동산재벌에 막말하는 트럼프가 인기를 얻어요?

행동하는 특정 그룹에 먹히는 겁니다. 우리의 싸가지라는
것도 이런 참여구조의 문화적 반영이잖아요. 당장 내가
싸가지 없는 말을 했더니 열화와 같은 환호를 보내고,
잘한다고 박수를 쳐요. 당장 와 닿는 사람들은
이 사람들이잖아요. 돈을 내줘도 이 사람들이 내줍니다.
수많은 일반 유권자들은 나중에 볼 사람들이니까요.
이 문화를 그대로 두고는 아무것도 안 바뀝니다. 그러니까
싸가지 없음을 생산하는 참여 구조와 문화가 있는데,
비록 오래 걸리겠지만 좀 더 평균적이고 보통의 사람들을
끌어들이는 시도 없이 어떻게 극복하고 가느냐 하는 게
제 문제의식입니다.

이철희

그게 책에서 말씀하신 풀뿌리(grass root)인 거죠. 그 풀뿌리,
어떻게 만들어야 합니까?

강준만

이 소장은 정치컨설턴트 박성민이 얘기하는 교회 모델은
어떻게 생각하세요?

이철희

참, 책 읽다가 제가 그 부분도 메모를 해놨었어요.
현실적으로 불가능한 얘기입니다. 법적 제약이 너무 많아요.
기부행위니 뭐니 해서 온갖 장치로 막아놓고 있는데, 그걸
해야 한다고 얘기하면 뭐 합니까? 다들 그런 생각은 많이
했지만 법으로 막혀 있으니 못하는 거죠.

강준만

그러면 법을 바꾸면 되는 거죠.
궁극적으로는 그렇게 가야 하지 않나요?

이철희

그렇게 할 수 있으면 좋죠. 그거 사실 새로운 게 아닙니다.
정치학자들의 설명에 의하면 유럽의 대중정당들은 다
그렇게 했어요. 당이 직장도 알선하고 중매도 서고 놀이나
학습 등 다양한 내부 모임이 활성화돼있었어요. 중세의
교회가 하나의 공동체로서 그랬듯이 정당도 하나의
공동체처럼 기능했어요. 우리에겐 그런 문화가 없잖아요.
정당이 대중 속으로 들어갈 수 있게끔 법적으로 열어주는 건
전적으로 동의합니다. 그런데 지구당도 없앤 마당에
그런 방향으로 터닝(turning) 할 수 있을까요? 우선 보수가
반대할 겁니다. 저는 정당더러 불가능한 부분을 자꾸 왜
안 하느냐고 힐난하기보다는 어떤 방향으로 법을 바꾸라고
조언하는 게 옳다고 봅니다. 그런데 정당이 왜 지구당을
없애고, 정당에 대한 국고지원금을 늘리는 조치로 이른바
카르텔(cartel) 화 됐느냐를 따져봐야 합니다. 여야를 떠나
기득권을 보호하기 좋게 만들기 위해서 그렇게 한 거거든요.

강준만

그렇죠. 그들은 참여를 원치 않는 거죠.

이철희

말과 달리 속으로는 아주 싫어합니다.

강준만

그렇죠. 겉과 속이 다른 거잖아요.

이철희

현역 정치인들은 경쟁이 치열해지는 게 싫죠. 그건 당연한 겁니다. 유권자들로부터 소외되더라도 자기네들끼리 오순도순 사이좋게 누리면서 지내겠다는 거죠. 그래서 법을 그렇게 바꾼 거예요. 이거를 뚫었어야 하는데, 개혁을 표방한 정치인들도 여기엔 도전하지 않았어요. 문제의식조차 없었던 거 아닌가 하는 생각마저 들 때도 있어요

강준만

그러니까 과자에 침을 탁 뱉어 놓고 자기네만 먹겠다는 거죠. 다른 사람들은 더러워서 먹을 생각을 아예 못하게 하는 거예요. (웃음)

이철희

맞습니다. 그 표현, 정말 딱이네요.

강준만

그래서 저는 예컨대 호남의원 40% 물갈이 같은 얘기하지 말고, 침을 탁 뱉어 놓고 독식하지 못하도록 하면 그건 저절로 풀린다고 봅니다. 궁극적으로 지금 우리의 정치를 바라보는 참여문화를 이대로 두고 과연 새로운 뭐가 세워질 수 있겠어요?

이철희

그렇습니다.

강준만

구체적인 내용과 방식은 다를 수 있어요. 법을 어떻게

바꿀지는 전문가들이 섬세하게 볼 문제이고요. 하지만 지금
이 문화를 이대로 두고는 영원히 못 바꿔요. 보통사람들이
정치에 유입되지 않으면 싸가지 없음은 한국 정치의 숙명이
됩니다. 싸가지는 없고 열성은 넘치는 사람들만 주로
유입되면 안 되죠.

이철희

그런 이유 때문에 싸가지 없음이 끊임없이
재생산되는 거군요.

강준만

싸가지 없는 게 그 그룹 내에서 인정욕구를 추구하는 데
최고입니다. 리더가 되는 거죠. 꼭 정치가 아니더라도 그룹
양극화 이론 그대로 어떤 그룹 안에서 리더가 되는 것은
바깥사람들이 볼 때 가급적 싸가지 없음에서 앞서 나가는
게 최고 아닙니까. 일베를 봐도 그렇고 극단을 치달아야
영웅이 되는 거잖아요. 말 독하게 후벼 파듯이 해야 인기를
얻는 거죠. 지금 정치에서도 싸가지 없는 게 경쟁력이 되는
풍토이고 구조잖아요. 어쩌다가 사회적 문제로 대두된다고
해서 이런 문제가 해결되는 거 아니에요. 제가 놀란 것
중에 하나가 싸가지 없는 진보라고 했더니 진보 쪽에서 더
흥분하고 분노하는 거예요. 그래서 내가 생각했던 것보다
훨씬 더 문제가 심각하다는 걸 느꼈어요. 선의로 해석하자면
아직도 우리는 70~80년대 반독재 투쟁할 때 권장되던 싸가지
없음이 시대가 바뀐 지금도 유지되는 거예요. 어쨌든 싸가지
없는 게 지금 경쟁력이 되는 판인데, 그 판 자체를 바꾸지
않고 뭘 어떻게 하느냐 이거에요.

이철희

그래서 보통사람이 모여 있는 풀뿌리에서 답을
찾자는 거군요?

강준만

네. 제가 요즘 지방과 서울 간의 문제에 대해 고민하는데,
이것도 풀뿌리 차원에서 풀어야 해요. 어떤 분들은
국회의원이 국가의 일을 해야지 무슨 지역에 매달리느냐고
해요. 아이고, 그럼 지금 국회의원들이 국가 일을 잘하고
있나요? 왜 이렇게 사치스러운 고민을 하고 있느냐 말이에요.
우선 일단 풀뿌리부터 챙기라고 해야 합니다.

이철희

그 풀뿌리를 어떻게 만들면 되나요?

강준만

정치 잘 아는 전문가들이 풀뿌리 얘기를 안 하세요. 제가
최장집 교수님께 불만을 제기한 것 중에 하나가 지방을
좀 보시라는 겁니다. 근데 그 얘기는 안 해주세요. 정치
전문가들이 대부분 서울에 살아요. 서울, 그것도 주로
아파트촌에 거주하다 보니 풀뿌리 얘기하는 걸 참 민망해
해요. 당연히 그렇겠지요. 근데 인구 68만의 전주에만 살아도
이게 와 닿아요. 여기서 선거가 치러지는 걸 잘 보세요.
풀뿌리 유입 없이는 백날 가도 안 됩니다. 사람들이
제대로 뽑아주려면 어떻게 해야 하는지를 몰라요. 잡초에
대해서 관심이 없어요. 몰라요. 여기 지역신문들은 공무원
신문이라고 해요. 동료 교수가 어디 쓴 칼럼을 보니 어느 날
지역신문에 전주시장 사진이 5장이나 실렸데요.

이철희

같은 날 한 신문에요?

강준만

예. 관(官)신문이에요. 돈이 주로 관에서 나오니까요. 지금
신문이 죽어간다고들 하는데, 신문이 팔팔할 때도 여기
전라도민 가운데 지역신문 보는 사람은 5%가 안 됐어요.
그러니 지금도 우리 지역에서 선거한다고 하면 몇 천 표가
있다는 사람들, 즉 브로커들이 힘써요. 괜찮은 사람이 나와도
유권자가 알아야 찍죠. 지방은 다 그래요. 풀뿌리라는 게
지방으로 내려가 보면 정말 절박하게 와 닿는다니까요.

이철희

서울에서 살면 그런 문제의식이 생기기 어렵겠군요.

강준만

그래서 제가 예전에 박원순 시장 비판했던 것도 그
얘기거든요. 그 양반이 지역의 시민운동을 망친 건 아니지만
워낙 존경받는 분이었으니까 해를 끼친 건 사실이에요.
제가 생각했던 건 이런 거죠. 시민운동이 지역마다 있어요.
이 시민운동가들이 지역에서 정치를 해줘야 해요. 시의원이든
군의원이든, 또는 도의원이든 해줘야 합니다. 그런데
시민운동의 의제를 서울이 다 독식하고, 유명 시민운동가들은
죄다 서울에서 활동해요. 이분들이 주변의 따가운 시선
때문에 그러는 것인지 몰라도 시민운동가들이 정치하는
거는 타락이고 변절인 것처럼 얘기해요. 박원순 시장도
정치 안 한다는 말 수십 수백 번 했잖아요. 그러다가 정권이
바뀌고 국정원이 탄압한다는 걸 명분으로 서울시장으로

쪽 들어가 버렸어요. 참여연대의 쓸 만한 사람은 다 데리고 들어가 버렸지요. 서울에서는 시민운동가들이 정치하면 큰일 날지 몰라도, 지방은 달라요. 하지만 서울에서 유명한 시민운동가들이 하도 정치참여에 대해 안 좋게 얘기한 탓에 지역에서는 시민운동가가 정치를 한다면 '저 새끼 정치하려고 저 지랄했구나' 이런단 말이에요. 그러면 서울에서 권위 있는 시민운동가는 자기 이름값도 있고 존경도 받고 하니까 살 수 있을지 몰라도 지방은 다릅니다. 지역에서 시민운동 하던 분들이 도의원도 하고 시의원도 해야 저것도 하나의 직업이 될 수도 있다는 식으로 길을 터줘야 하잖아요. 그걸 못하게 하면 시민운동가는 영원히 나무뿌리 캐 먹고 살라는 거밖에 더 됩니까. 그래놓고 자긴 가고, 그다음엔 아무런 말이 없어요. 이거 비판해야죠. 서울시장 된 다음에 또 얼마나 달라졌습니까. 입장주의의 또 대표적인 예예요. 금융 기능을 서울에 집중시켜야 한다고 주장하잖아요.

이철희

아, 그래요?

강준만

모르셨구나. 저는 대한민국에서 서울시장이나 경기도지사 출신이 대통령 되는 것은 심각한 문제라고 생각합니다. MB 보세요, 어떻게 되었나. 김문수 씨 경기도지사 할 때 어떻게 했나 보세요. 이 양반들이 대통령 되면 서울시장, 경기도지사 하듯이 대한민국을 운영합니다. 그러면 문제가 심각해요. 박원순 시장도 시민운동가 시절에 지역균형발전의 전도사 아니었습니까? 그런데 지금 뭐라 그래요? 금융이 분산되어 버리면 안 된대요. 서울에 다 몰려있어야 된다는 거죠.

컨설팅 회사 맥킨지에서 스카우트 한 사람 있잖아요. 그
분이 인터뷰한 거 보고 기가 막혔어요. 우리나라의 문제는
앞서나가는 사람을 자꾸 뒤에서 잡아당기는 게 문제라는
겁니다. 지방을 가리키는 거죠. 서울이 뭘 좀 해보려고
하는데 지방에서 발목 잡지 말라는 거예요. 누가 그랬더라?
중앙 공무원들을 돌아가면서 지방에 근무시켜 봐야 지방을
안다고 그랬잖아요. 저는 중앙에서 정치평론 하시는 분들,
정치학자들도 지방에 와서 살게 하면 풀뿌리가 얼마나
중요한지 알거라고 봅니다. 그렇게 해야 돼요.

이철희

지방에 와서 살라고요? 이거 큰일인데요.

"옛날의 우리 정치는 연역적이었어요.
큰 거 빵 때리고 나서 그걸 밑으로
내리는 거죠. 이제는 여기서부터,
밑에서부터 출발해야 합니다."

강준만

지방은 조금만 건드려 주면 돼요. 그건 그렇고 예를 들어
어떤 정당에서 인문학 강좌를 열어도 법에 걸린다는 거죠.

이철희

그럴 수 있지요.

강준만

아, 그것도 기부행위가 됩니까?

이철희

법이 코에 걸면 코걸이 귀에 걸면 귀걸이니까요. 얼마든지
걸 수 있죠. 다른 당들도 가만있지 않을 거예요. 당원들
대상으로만 가능해요.

강준만

일반 시민들을 상대로는 못하고? 현역들이 필요하면
얼마든지 방법을 찾아냈을 텐데요.

이철희

네. 뭐 걸리는 게 많아요. 그런데 그게 사실은 현역들은
그럴 필요를 못 느껴요.

강준만

그렇죠. 그럴 필요가 없죠.

이철희

자기네들에게 유리한 환경을 만들기 위한 법이니까요.
도전자들이 설치지 못하게 막아놓은 장벽이에요.

강준만

괜찮은 보통 사람들이 당원으로 가입해서 자꾸
간섭하려 들면 골치 아파지잖아요.

이철희

무지 피곤하죠. 그러니 일반 시민들의 당원 가입을 꺼리죠.

강준만

진짜 침을 여러 군데 뱉어놓았네요. 난 이게 좀 심한 표현
아닌가 싶었는데, 아니네요. 정치인들이 정치혐오나 저주를
반기는 꼴이잖아요.

이철희

그럼요. 그들은 속으로 땡큐(thank you) 하지요.

강준만

자신의 우월한 입지를 확실하게 굳히는 것이니까?

이철희

맞습니다.

강준만

그거 깨지 않으면 안 되겠는데요?

이철희

그럼요. 현역의 철옹성 같은 기득권 구조의 선거 지형을
깨야죠. 그래야 바닥에서부터 경쟁이 치열해지고, 새로운
정치인들이 동네에서 뛰는 모습을 볼 수 있습니다.

강준만

저는 지금이 딱 좋은 타이밍인 것 같아요. 제가 장기적으로는
낙관주의자라서 그런지 몰라도 뭔가 틈이 열리고 있다는

판단이 듭니다.

이철희

조금만 더 구체적으로 설명해주세요.

강준만

예전에 청년들이 이랬죠. 내가 나선다고 뭐가 달라져,
근데 뭐하러 내가 투표해, 저 새끼들 다 도둑놈이야, 지들끼리
다 해먹겠지 뭐. 그런데 지금은 이래선 안 된다는 생각을
하잖아요. 타이밍이 좋다는 게 이 사람들이 정치에 들어올 수
있는 분위기라는 거예요. 20대 청년들에게
왜 투표 안 하냐고 물어보면 믿을 수 없기 때문이라고
해요. 정치를 내 것이 아니라고 보는 거예요. 그래서
각자도생(各自圖生)하는 건 이해해요. 당장 먹고 살려면 알바를
뛰어야 하니까요. 하지만 이제는 청년유니온이나 민달팽이
같은 청년 조직이 생겨나잖아요. 더 커져야 하고, 지역으로
확대되어야 해요. 그래서 타이밍이 좋다는 겁니다.

이철희

타이밍은 좋은데 아직 달라진 걸 체험할 정도의 변화는
없잖아요?

강준만

조성주가 왜 심상정, 노회찬이 버티고 있는 진보 정당에서
돌풍을 일으켰습니까. 노회찬, 심상정은 스타가 됐지만
그들에게 지난 몇 년 간 진보 정당이 왜 이렇게 됐는지
물어야죠. 훌륭한 분들이지만 그 분들에게도 상당한 책임이
있잖아요. 진보 정당이 왜 이렇게 됐어요? 그간 뭐했던

걸까요? 근본적인 문제가 있는 데, 그동안 딴 이야기했던 거예요. 그럼 근본적 문제가 뭐냐? 풀뿌리를 떠났기 때문입니다. 어떤 책에서 보니 진보 정당에서 청년 이슈를 귀찮아한대요. 왜 그러냐? 영양가가 없기 때문이래요. 반응이 없으니까요. 진보 정당 양반들은 의원도 몇 명 안 되면서 대한민국 집권세력의 마인드를 갖고 있어요. 대한민국의 외교나 국방을 어떻게 요리할지 고민해요. 심하게 말하면 간이 부은 거죠. 꿈은 그렇게 갖더라도 현실에서 작은 승리를 축적해나가야죠. 대한민국의 열악한 현실만 보면 진보 정당이 주류 정당이 돼야 하는 거 아니에요? 그런데 아니잖아요. 그럼 누군가 잘못했다는 고백이라도 있어야죠. 저는 별로 못 본 거 같아요. 오히려 큰소리치면서 새정치민주연합을 모독하는 일은 잘해요. 보수라고 규정하고, 강준만이 조갑제보다 더 위험하다고 그래요. (웃음) 다 애정 어린 말씀이고, 저를 과대평가해줘서 감사하다고 여기고 삽니다. 어쨌든 바야흐로 때는 무르익고 있어요.

이철희

맞습니다. 저도 티핑 포인트(tipping point)에 도달했다고 봅니다.

강준만

연역법과 귀납법이 있잖아요. 옛날의 우리 정치는 연역적이었어요. 큰 거 빵 때리고 나서 그걸 밑으로 내리는 거죠. 귀납적으로 하면 밑에서 위로 올라가는 거죠. 두 방법 모두 일장일단이 있죠. 어떤 게 좋다, 나쁘다 말 못합니다. 하지만 연역적 개혁은 우리가 늘 해왔던 거잖아요. 연역적 개혁이라는 게 트리클 다운(trickle down) 모델의 사회적 버전입니다. 위에서 빵, 하며 큰 이슈를 터트리고 그게 밑으로 내려간단 말이에요. 그 모델을 반세기 넘게 우리가 해왔거든요. 그런데 낙수효과가 수명을 다했듯이 그 모델로는 더 이상 안 돼요. 옛날에 반독재 민주화 투쟁할 때는 그게 필요했어요. 중앙에 집결하고 서울에서 어젠다 만들어서 내리면 다 됐어요. 그런데 그렇게 반세기를 지냈더니 풀뿌리 민중이 완전히 정치로부터 소외돼 중앙의 이슈와 흐름에 따라서 그냥 표나 한번 던져주고 마는 진짜 무기력하고 소외된 존재가 돼버렸어요. 사람이 표로 전락하고 만 겁니다. 이젠 여기서부터, 밑에서부터 출발해야 합니다.

이철희

개천에서 용 나면 안 된다는 주장도 그런 맥락인가요?

강준만

그렇죠. 그런데 아직까지도 지방에 가면 개천에서 용 나는 모델을 추구합니다. 제자 한 녀석이 〈개천에서 용 나면 안 된다〉는 제 책을 들고 택시를 탔다가 택시기사에게 아주 혼쭐이 났대요. 처음에는 덕담을 해주다가 그 책 보고는 분노를 터트렸다는 거예요. 젊은이가 어디 그따위 책을 들고 다니느냐 하면서, 젊은이다운 용기를 갖고 패기 있게 도전하라고 했답니다. 이 정도면 신앙이에요, 신앙. 전국의 모든 풀뿌리 민중이 내 새끼를 위해 용, 서울대, 스카이(sky) 대학, 인(in)서울 대학교를 추구하죠. 각자도생 질주하는 거 아닙니까. 지방 정책도 그래요. 지금도 지방 고등학교에서 서울 명문대 많이 보내면 지원금 팍 팍 줍니다. 플래카드 붙이고 난리 나요.

이철희

시간이 많이 지났네요. 그나저나 저희 같은 사람들이야
날카롭게 지적해주시면 도움을 많이 받아 좋지만
개인적으로는 힘드시지 않으세요?

강준만

어떤 게 힘들어요?

이철희

평생을 송곳처럼 지적하고 아프도록 꼬집어주면서
살아오셨잖아요. 그런 삶이 힘들지 않은가 해서요.

강준만

허, 반대로 말씀하는 거 아니죠. 그렇게 말해주니 진짜
고맙네요. 네가 주둥아리로만 떠드는 거라고 씹을 수도
있는데 말이에요. (웃음)

이철희

절대로 아닙니다. 전 싸가지 있거든요.

강준만

그렇게 봐주니 감격스럽네요. 제가 가진 낭만이랄까 이상적인
꿈이 있는데 별거 아닙니다. 정치인이 존경받는 사회예요.

이철희

꿈이 너무 크시군요? (웃음)

이철희의 충고 사려 깊은 독설

강준만

어쩌다 힘들게 다니는 국회의원을 보게 되면 커피라도
한 잔 사드리고 싶고, 정말 고생 많다고 격려해주고 싶은
정치의 시대, 정말 힘들까요?

이철희

저도 그 꿈이 있습니다. 정치가 좋아져야 보통사람의
삶이 달라지니까요.

강준만

그럼, 그렇게 가야 되지 않겠습니까?

이철희

그렇게 가야죠. 장시간 동안 귀한 말씀, 고맙습니다.

"이대로는 회의적…
치열하게 싸워보고
갈라서는 게 옳다면
갈라서라는 겁니다."

강원택 교수

강원택 교수는 서울대 정치학과에서 학생들을 가르치는 한편 왕성한 저작활동을 펼치고 있다. 끊임없이 내놓는 논문과 책 때문에 동료들 사이에는 강원택 교수가 쌍둥이라는 우스갯소리까지 나돌 정도다. 2016년도 정치학회장으로 선출됐고, 깊은 학문적 토대와 적절한 균형감각으로 우리 정치의 문제를 예리하게 지적하며 적정한 해법을 제시한다. 지금 대한민국을 대표하는 정치학자를 꼽으라면 바로 강원택 교수다.

강원택은 서울대학교 지리학과를 거쳐 동 대학 대학원에서 정치학 석사학위를, 영국 런던정경대에서 박사학위를 받았다. 대륙연구소와 경남대학교 극동문제연구소 연구원을 거쳐 2010년부터 서울대학교 정치학과 교수로 재직하고 있다. 국회 남북화해협력위원회 부위원장, 통일부 정책자문위원, 한국정당학회장, 대통령 직속 미래기획위원회 위원 등을 역임했고 각종 언론에 정치 관련 코멘트나 인터뷰, 칼럼기고 및 저술활동을 활발히 하고 있다.

이철희

안녕하십니까? 연구실에서 뵙기는 처음입니다. 언제나
그렇지만 신록이 우거진 서울대는 넓은 캠퍼스가 정말
좋네요. 여전히 바쁘시죠?

강원택

학자니까 공부하면서 살아야죠. 그게 업이잖아요.

이철희

대한민국에서 정치학자로 살기도 쉽지 않을 건데요.
언젠가 재벌 총수가 정치를 4류에 비유했으니 그 정치를
다루는 학자로서 마음이 편할 순 없겠죠. 게다가 우리
정치가 워낙 정치 외적 요소에 영향을 심하게 받는데다,
정치에 대한 신뢰가 그야말로 바닥이다 보니 어디 가서
정치학자라고 말하기도 괜히 쑥스러울 것 같아요. 지금 현재
우리 정치학을 이끌어 가는 리딩 스칼라(leading scholar)로서
우리 정치가 왜 욕먹는다고 보십니까?

강원택

제도의 측면에서 볼 때 한국 정치는 괜찮다고 생각합니다.
다만 그 제도가 담아내는 내용에 변화가 없는 게 문제죠. 어떤
의미에서 보면 90년대 초까지 극성을 부렸던 지역주의라는
것도 나름대로 의미를 담고 있었어요. 그 이전 시대에
해소되지 못했던 여러 가지 문제들을 풀어내는 역할을 했기
때문이죠. 그다음에 있었던 DJ(김대중 대통령) 집권과 정권교체도
한국 민주주의에서 상당히 의미 있는 발전이었죠. 문제는
그 다음부터예요. 그 이후 담아내야 할 내용이 사회적으로
변화했는데도 제도가 그걸 담아내지 못한 거죠. 제가 강연

다니면서 가장 많이 하는 얘기가 뭐냐 하면, 우리 사회의 키워드는 격차라는 겁니다. 서울과 나머지 지방, 조금 넓게 보면 수도권과 지방 간의 격차, 계층 간의 격차, 세대 간의 격차, 이런 것들이 다 지금 우리 시대의 문제라 할 수 있죠. 그렇다면 정당정치가 이런 문제들을 받아 안고 풀어줘야 해요. 보수정치는 기본적으로 기존의 시스템을 유지하면서 가능하면 변화를 제한하려고 하는 현상유지적 특성을 갖고 있죠. 따라서 보수정치더러 왜 변화를 주도하지 않느냐고 이야기할 수 없는 거예요. 변화를 주도하는 건 보수가 아닌 쪽입니다. 그걸 꼭 진보라고 불러야 되는지는 모르겠지만. (웃음)

이철희

보수의 상대개념이 진보이니 편하게 진보가 변화를 주도해야 한다고 해도 되지 않을까 싶은데요. 다만 현실에선 보수는 아니지만 그렇다고 해서 진보라고 부르기도 애매한 세력이 있는 것도 사실이니 야권이란 개념을 쓸 수도 있죠.

강원택

지금 야권에 있는 사람들이 뭔가 해내야 하는데 전혀 그렇지 못해요. 오히려 어설픈 정치개혁을 통해 스스로 기득권 집단으로 전락해가고 있다고 봅니다. 이게 가장 심각한 문제죠. 그래서 제도적으로 본다면 비례대표제 등을 통해 새로운 세력이 진입할 수 있는 통로를 만드는 게 중요합니다. 하지만 이것 또한 기득권의 반발 때문에 쉽지 않아요.

이철희

새정치민주연합도 그 기득권 때문에 반발하는 쪽에

속한다고 봐야겠죠?

강원택

크게 보면 그렇죠. 지금 새정치민주연합 내에서 일상적으로
벌어지고 있는 계파 갈등도 사실은 이념이나 정책을 놓고 더
치열하게 치고받으면서 싸워서 어떤 정체성으로 갈지에 대한
합의를 끌어내야죠. 부족한 게 발견되면 외부의 에너지나
힘을 끌어들일지 어떻게 풀어낼지 고민해야 해요. 선거제도
바꾸는 것도 이런 차원으로 봐야 합니다. 그런데 현재까지는
그런 논의가 별로 없죠. 이렇게 가다 보면 결국 공천싸움으로
귀결될 겁니다. 공천이나 당권의 문제는 지금 현재 그 안에
있는 사람들이 누리고 있는 기득권을 어떻게 지킬 것이냐에
대한 고민이기 때문에 유권자들에게 감동을 줄 수 없습니다.
그래서 박근혜 정부가 아무리 못하거나 새누리당이 아무리
싫어도 새정치민주연합의 지지로 이어지지 않는 겁니다.
이 상태로 계속 가면 내년 총선이나 대선에서도 야권에겐
별 희망이 없어 보입니다.

이철희

좀 전에 격차를 언급하셨는데, 이제는 보수 정치인들도
격차를 말하지 않을 수 없을 정도로 양극화가 심각하죠.
격차나 양극화 문제를 풀어내는데 도대체 왜 진보가 이처럼
무능할까요?

강원택

2012년 대선 때에도 격차를 얘기했던 후보로 박근혜를 먼저
떠올릴 정도로 진보가 진보 이슈를 놓쳤잖아요. 진보 진영에
몸담고 있는 정치인들은 지역주의와 운동권적 정서에 빠져서

사회경제적 혹은 계층적 프레임을 잘 모르는 것 같아요. 사실
박정희·전두환 독재정권에 저항했던 게 호남과 운동이죠.
이들을 기반으로 정치를 하게 된 사람들이 아직도 주류인데,
민주화 이후에는 시대가 달라졌으니 다른 걸 고민하는
새 피가 수혈되었어야 했죠. 그게 없는 게 하나의 원인이죠.

이철희

시대 흐름과 정치세력 간의 미스매치(miss match)가 야권의
부진을 설명하는 하나의 요인이라는 데에 동의합니다.
비유하자면, 민주시대의 주역들이 복지시대를 이끌어
가겠다고 여전히 버티고 있으니 대중적 불신을 받는 것이죠.
복지시대엔 새로운 주역이나 주체세력이 등장해야죠.

강원택

다른 하나는 진보 진영에는 과거 정권을 잃었던 시절의
보수 진영이 했던 것과 같은 혁신의 움직임이 없어요.
뉴라이트(New Right)의 진보 버전이 없다는 얘깁니다.
보수는 김대중·노무현에게 두 번 패배한 후에 이념적이든
정책적이든, 심지어 쇼(show) 차원이든 대안적인 모습을
보이려고 무척 애썼잖아요. 그게 뉴라이트로 귀결된 거예요.
이런 보수혁신 운동이 정권을 되찾는 데 적지 않은 도움이
됐죠. 이제 이명박·박근혜에게 두 번 연거푸 졌으면 진보
진영에서 그런 혁신운동이 일어나야 하지 않나요. 그런데
이게 없어요. 안 보입니다. 진보 진영이 전체적으로 목소리를
잃고 있죠. 보수가 못한다고 말하는 데에 그쳐선 안 되고,
진보의 새로운 해법이랄까 시대 담론을 보여줘야 해요.
네이밍(naming)을 뭐로 하든 운동권적 선악의 이분법이나
민주 대 반민주의 낡은 진보 프레임과 다른 걸 보여줘야

합니다. 진보가 열어갈 새로운 시대에 대해 그 누구도 답을
주지 못하고 있고, 누구도 콘텐츠를 채워주지 못하는 것이
진보 진영의 가장 큰 고민이에요.

이철희

뉴라이트의 진보 버전이 없다는 말씀에 충분히 공감이
되는데 꼭 뉴라이트가 아니더라도 보수는 어떻게 보면
끊임없는 개혁파들이 변화를 시도하잖아요. 지난 대선
때의 경제민주화실천모임이나 최근의 유승민 전 대표까지
이른바 개혁적 보수가 계속 기성 질서에 도전해서
판을 바꿔보려고 노력하는데 오히려 진보 진영에서는
개혁파들이 사라져버리고 다 기득권화돼버린 기막힌
상황이죠. 이런 상황이 초래된 이유가 있지 않을까요?

강원택

제도의 관점에서 보면 저는 2004년 원내정당화를 골간으로
하는 정치개혁을 밀어붙였던 사람들이 상당한 책임을 져야
한다고 생각해요. 그들만의 책임은 아니지만 일단 그들의
책임인 건 분명하죠. 그때를 기점으로 조직으로서 정당이
약화됐고요, 그 점이 가장 분명하게 드러나는 지점이 정당
리더십의 약화예요. 정당 리더십이 약화가 됐다는 것은
그만큼 당을 바꿀 수 있는 힘이 위에서 만들어지진 않는다는
얘기잖아요. 개별 국회의원들은 그만큼 각자도생(各自圖生)할 수
있는 여력이 많이 생겼다는 거고요. 최장집 교수님이 말했던
프랜차이즈(franchise) 정당처럼, 국회의원들이 편의점 하나씩은
다 차지하고 있는 거죠.

이철희

프랜차이즈는 그래도 본점에서 재료나 조리법은
제공하잖아요. 나름 통합성이 있죠. 그래서 저는
상가번영회라고 부르는 게 더 적합하다고 봅니다.

강원택

전체적인 브랜드가 어떻게 되든지 상관없이 내 가게만 잘
되면 되는 거니까 전체를 바꿀 필요는 없는 것이 된 거예요.
오픈 프라이머리(open primary)를 도입하거나 또는 당내
민주주의 이름으로 정당 지도부가 공천 과정에 개입하기
어렵게 만들면 만들수록 의원들은 자유로워지고, 현상유지에
입각한 각자도생은 자연스러워지는 거죠. 무엇보다 내가
재선되면 되는 거니까요. 집권하면 좋다고 생각하지만
결집시킬 힘을 만들어내는 데엔 무관심하죠.
티 나게 뭘 바꿔보는 것도 쉽지 않으니 당 리더십에 도전하고
싶은 생각은 안 하게 됩니다. 그러니 안에서보다는 자꾸
정당 밖으로 나아서 티를 내고, 모습을 갖춰서 들어가는
걸 선호하게 되죠. 오세훈 전 서울시장이나 안철수 의원이
그렇죠. 그래야 폼 난다고 생각해요. 이렇게 되면 정당은
사실은 어떤 의미에서 의원과 멀리 떨어져 있는 별개의
존재로 느껴지게 되죠.

이철희

말씀하신 대로, 2004년의 정당개혁으로 진보 정당 혹은
비(非) 보수 정당들이 많이 약화됐어요. 풀뿌리 조직이랄
수 있는 지구당이 사라지니 '조직으로서의 정당'(party as an
organization)은 그 힘을 현저하게 잃어버렸어요. 그때부터
사실은 정당의 미디어 의존성이 더 커졌습니다. 조직이

약화되니 의원들의 자율성이라고 할까 기득권이라고
할까, 하여튼 노동귀족에 빗대자면 정치 귀족화돼서
자기들끼리 오순도순 누리면서 살고 있거든요. 이러니
혁신의 리더십이나 강한 리더십이 생겨나기 어렵죠. 그런데,
선거에서 져도 너무 졌고 정당 지지율도 바닥에서 벗어나지
못하면 안에서부터 이대로는 안 된다는 목소리가 터져
나와야 정상인데, 지금의 야당은 그렇지 않아요. 사실 이건
진보냐 아니냐의 차원도 아니죠. 멀쩡한 정당이라면 의당
그런 분출과 분투가 있어야 하는 거 아닌가요

강원택

맞아요. 새정치민주연합은 그동안 너무 많이 졌죠.

이철희

국가권력을 움직이는 총선과 대선에서 4번 연거푸
졌으면 이런저런 목소리들이 분출하고, 새로운 기치를
들이대면서 분투하는 모습이 보여야죠. 그런 게 없어요.
선거 지면 위기를 외치다가 한 2주가량 지나면 언제
그랬냐는 듯이 일상으로 돌아가 버리죠. 기가 막힙니다.
딱 카르텔화(cartelization) 된 거라고 봅니다. 요컨대 너무
체제 내화(內化) 된 거 아닌가요?

강원택

국회의원으로 만족하고 사는 거죠. 집권이 아니라 재선을
목표로 하면서 가늘고 길게 가려는 거라 할 수 있어요.

이철희

그러다 보니 국회의원들이 정치를 독점하는 상황이

초래된 거잖아요. 당을 우선시하고 집권을 목표로 하는
리더와 문화도 없고 당원들도 무력화됐죠. 광역이나
기초단체장들은 공천권이나 행정직으로서 갖는 정당
활동의 제약 때문에 정치적 목소리를 크게 내기 어렵죠.
그러다 보니 당내에서 누구도 국회의원을 견제할 수
없습니다.

"진보 쪽에 있는 학생운동
출신들이 더 무기력… 그들에게선
새로운 시대가 안 보여요."

강원택

그렇죠. 선거에서 자꾸 지다 보니 이 당에서 호남의 비중이
커졌습니다. 의석의 비중과 상관없이 새정치민주연합에서
호남의 차지하는 비중은 언제나 컸지만 이길 선거에서 지다
보니 호남의 비중이 더 커질 수밖에 없죠. 수도권의 재·보궐
선거에서 야심찬 젊은 의원들이 많이 등장했더라면 그들의
목소리가 크게 들렸을 거예요. 자기가 살기 위해서라도
변화를 외칠 수밖에 없으니까요.

이철희

당내에서 혁신의 깃발을 드는 세력이 왜 나오지 않느냐,
왜 변화를 시도조차 하지 않느냐 하는 여론이 있죠.
때문에 80년대 학생운동 출신의 정치인들에게 책임론이

제기되는 거죠?

강원택

네. 또 한 가지 주목할 것은 이들은 누구인가 또는 도대체 뭘
하려고 했느냐 하는 정체성에 관한 문제입니다. 길을 가다가
목이 마를 때는 물 한 잔밖에 아무것도 생각이 안 나지만,
물을 한 잔 먹고 나면 그다음엔 자연스럽게 다른 욕구가
생기잖아요. 아직 미진한 것도 있지만 대체로 민주화는
달성된 것이니까 국민들의 관심은 다른 문제로 옮겨갔어요.
그런데도 이들은 생각도 바뀌지 않고, 스타일도 바뀌지 않고,
심지어 어떤 정치인은 말투조차 바뀌지 않았어요. 낡았죠.
누구를 대표하는지도 모르겠어요. 그들에게선 새로운 시대가
안 보여요. 반면에 보수 쪽에는 원희룡 제주지사나 남경필
경기지사가 다르게 가고 있으니 더 비교가 되는 겁니다.

이철희

보수 쪽에 있는 학생운동 출신들은 뭐라도 하려고
꼼지락거리면서 새로운 시도를 하는 반면, 이쪽에 있는
학생운동 출신들은 무기력해요. 도전하는 결기가 오히려
더 없는 것처럼 보여요.

강원택

진보 쪽에 있는 학생운동 출신들이 더 무기력한 것이
사실이죠. 생각이나 비전을 떠나 정치인으로서, 개혁파로서
얼마나 열심히 정치하느냐를 놓고 보면 진보 쪽이 훨씬
한가해 보이는 건 맞습니다.

이철희

저는 그 원인이 뭔지 잘 모르겠어요. 도덕적 우월의식이
있는 건 알겠는데, 그것만으로 그처럼 나태하고 무능한
이유를 다 설명하기 어렵다고 생각합니다. 어쨌든,
그놈의 도덕적 우월의식이라는 것도 참 저열하게 나타나요.
대표적인 것이 지난 대선 때의 '박근혜 경시론'입니다.
박근혜 후보를 참 우습게 봤잖아요. 이와 비슷하게 최근에는
김무성 대표를 대선주자로 굉장히 얕잡아 보고 있더군요.

강원택

김무성 대표가 우리 학교에 와서 특강을 한 적이 있는데,
정말 만만하게 볼 수준이 아니에요. 언론을 통해 볼 때는
가끔 엉뚱한 소리를 해서 저도 혀를 찬 적이 있어요. 하지만
실제로 보니깐 간단치 않아요. 그 양반이 여기 와서 격차를
말했다니까요. 깜짝 놀랐습니다. 진보가 보수에 대해 갖는
도덕적 우월의식이 정치적으로는 매우 나쁜 영향을 미치고
있어요. 얕잡아보면 지죠.

이철희

저는 어떤 정치인이든 자기 계발을 등한시하고, 상대를
우습게 보거나 악마화하는 게 진영 논리의 폐해라고 봅니다.
자기가 옳다고 생각하는 진영에 몸담고 있다는 자부심
때문에 그것만 자꾸 우려먹는 거예요. 진화의 노력은
안 하죠. 이렇게 비유할 수 있지 않을까요. 도덕적으로
덜 자신 있는 사람은 노력하게 되잖아요. 신뢰를 얻으려고
하고, 실력으로 버텨보려고 하죠. 반대로 도덕적 우월의식에
매몰되면 게을러져요. 치열함을 잃죠. 결국 실력을
못 갖게 되는 겁니다. 어떤 문제가 제기되면 그에 필요한

솔루션(solution)을 제시하고, 타협을 통해 풀어가는 노력도
않지만, 하라고 기회를 줘도 못해요.

강원택

저는 이들이 갇혀 있어서 외부 세계랑 단절돼있는 듯한
느낌을 받아요. 그들이 쓰는 말투 따위를 보게 되면 일반
국민들의 그것과 많이 달라요. 제가 여러 해 전에 당시
한나라당을 갈라파고스에 빗댄 적이 있는데, 지금은 80년대
학생운동 출신들이 갈라파고스 같아요. 그냥 자기들끼리
그 안에서 진영 논리에 갇혀가지고 운동적 행태는 바뀌지
않고, 새것을 받아들이지는 않고 있죠.

이철희

어떤 정치세력이든 지향했던 바가 실현되고 나면
어쩔 수 없이 새로운 시대와 불화를 겪을 수밖에 없어요.
그 사람들이 만약 이를 해소하지 못해 자꾸 뒤처지고,
게다가 심지어 새로운 세력의 등장을 막고 있다면 마땅히
퇴출되어야 하는 거 아닌가요. 퇴출이란 말이 좀 심하게
들릴 수도 있겠죠. 그러나 시대 흐름이나 민의를 대표하는
게 정치인의 숙명이기 때문에 저는 정치인의 퇴출 문제
만큼은 가혹하게 대해야 한다고 생각합니다.

강원택

아까 얘기했던 거처럼 당 리더십을 약화시키는 최대의 이유는
그럼으로써 결국 국회의원들이 자신의 자리를 보전하기 가장
좋다는 데에 있습니다. 그러니까 당내 문제를 자꾸 제기하면
나한테 불리할 수 있으니 오히려 야당이 현상을 유지하려는
것 같은 느낌이 드는 거예요.

이철희

그렇죠. 이념적으로는 야당이 더 진보적이지만, 행태적으로
보면 야당이 훨씬 더 보수적이라 할 수 있습니다.

강원택

심하게는 더 수구적이라고도 할 수 있을 정도죠. 영국
노동당이 야당으로 있을 때 변화하지 못하니까 정지된 TV
화면 같다고 비판받은 적이 있는데, 지금의 새정치민주연합이
딱 그래요.

이철희

거 참 신기할 정도예요. 질 만큼 졌고, 깨질 만큼 깨졌는데도
당은 멀쩡하고, 국회의원들은 한가해 보여요. 물론 위기라는
말은 풍성하지만 그 위기를 극복할 행동은 없죠. NATO(No
Action, Talk Only) 정당이라 할 수 있어요.

강원택

제가 왜 새정치민주연합을 갈라파고스 같다고 얘기하느냐
하면 이런 겁니다. 본인들이 위기의식을 가지고 있다면
누구든 주변의 동조 세력을 찾아내려고 해야 하는데, 그런
움직임이 없잖아요. 안에서만 치고받고 싸우고 있을 뿐이죠.
당의 주요 액터(actor)들이 다 안에서 옥신각신할 뿐 외부
세력과 힘을 합쳐 새로운 돌파구를 찾는 노력이 안 보여요.
따라서 어떤 의미에서 새정치민주연합은 이미 스스로 문제를
풀어낼 수 없는 지경이라 할 수 있어요. 요즘 제가 재밌는
변화를 체감하고 있는데요. 여러 해 전에 강연에서 국회의원
수를 늘려야 한다고 얘기하면 제 눈앞에서 바로 욕을 해요.
'공부 좀 더 하고 와라', 이런 표현은 점잖은 거고 욕을 무지

무지 먹었어요. 그러면 제가 "네, 공부는 더 하겠습니다만
그래도 필요합니다"라고 대답하고 끝냅니다. 그런데 요즘엔
그런 얘기를 해도 조용해요.

이철희

정말요? 최근에 야권이 국회의원 정수를 늘리자고 했다가
여론의 엄청난 역풍을 맞았잖아요. 보수 정당과 보수 언론이
정말 지독하게 성토하더군요.

강원택

그렇죠. 사람들이 여전히 국회의원을 늘리는 것에 대해서는
마뜩잖아 해요. 하지만 새로운 정당의 출현이 필요하지
않느냐고 하면 다들 공감하시거든요. 지금 체제로는 양당제를
못 깬다, 비례대표 의원을 한 60여 명 늘려 120명 가까이 되면
새 정당이 등장할 수 있다, 이게 제 논리거든요. 이게 먹히기
시작한 거 같아요.

이철희

근데, 새로운 정당에 대한 갈증이랄까 열망은 보수 진영이
아니라 진보 진영에서만 표출되는 것 같아요. 왜 그렇죠?

강원택

양당에 대한 불만은 엄청나게 많은 데, 보수 진영에는
새누리당이 변하지 않는 상수로 튼실하게 존재하고 있잖아요.
그러니 양당제에 대한 불만이 사실은 부실한 나머지 한쪽에
대한 불만인 거죠. 달리 말하면, 새누리당은 보수 대표성을
충족하고 있으나 새정치민주연합은 진보 대표성을 온전히
구현하지 못하고 있는 게 사실이잖아요. 따라서 양당제에

대한 불만이나 짜증스러움은 새정치민주연합에 대한
답답함에 다름 아닌 거죠. 이런 답답함이 제3세력에 대한
기대로 나타나는 겁니다. 돌이켜 보면, 2011년부터 불기
시작한 안철수 바람, 서울시장 보궐선거에서의 박원순 승리
때문에 정당 위기를 말하곤 하지만 정확하게는 '민주당',
새정치민주연합의 위기죠. 그런데 지금까지 아무것도 바뀌지
않았어요. 사람들은 다 답답해서 죽겠는데 저 안에서는
자신들이 쥐고 있는 자그마한 기득권에 매여 스스로 변화하지
못하고, 진화하지 못하는 거죠. 그래서 저는 저 당이 스스로
바뀔 수 있을지에 대해 회의적입니다.

이철희

경험적으로 보면, 결국 그대로 갈 공산이 크죠. 수없이
혁신을 외쳤지만 결국 바뀐 게 없으니까요.
새정치민주연합이 급기야는 사실상 당외 인사인 김상곤
전 교육감을 불러와 혁신 작업을 맡겼지만 정치나 정당을 잘
모르는 사람에게 혁신을 맡기는 것부터가 전 적절치 않다고
봅니다. 공천도, 혁신도, 정책도 모두 외부 인사에게 맡기니
서울시장 선거나 대선에 내보낼 그럴듯한 후보조차 하나
없는 거 아닌가요.

강원택

내가 아까도 이야기했지만 당 대표로서의 권위나 카리스마
혹은 강한 장악력을 갖고 있어도 쉽지 않은 게 내부
혁신이에요. 3김 말고 혁신을 해낸 사람은 이회창 전 총리와
박근혜 전 대표뿐이에요. 새정치민주연합의 문재인이 힘없는
대표인데다, 본인이 직접 하는 게 아니라 외부 사람 데려다가
하는데 얼마나 의미 있는 혁신이 이뤄지겠습니까. 당원의

적극적인 지지, 여론 상의 굉장히 높은 지지를 받는 사람이
강한 의지를 갖고 밀어붙여야 가능한 것이 혁신이잖아요.
저는 저 당 혁신의 본질이 제도개혁이라고 보지 않습니다.
패배를 낳는 당의 기득질서를 깨는 게 핵심이죠. 그런데
모두가 다 '바꾸자, 바꾸자' 하지만 다들 합의하는 한 가지는
'나 빼고' 아닌가요?

이철희

맞아요. 나 빼고, 익셉트 미(except me)! (웃음)

강원택

개혁의 합의된 전제가 '나 빼고'이니 혁신을 이뤄내긴 어려울
것 같아요. 그러니까 사람들이 저 당에는 희망이 없다고 하는
거죠. 그래서 어떤 대안 세력의 등장을 열망한 것이고, 그게
안철수란 사람으로 모아졌던 거였어요. 그런데 안철수 의원이
'쪼다 같은' 선택을 한 거죠.

이철희

새정치연합이 안에서 변화를 만들어내는 것도 사실은
난감하고, 외부에 그만한 신뢰나 권위를 갖고 있는 사람도
없죠. 그러다 보니 혁신위를 명분으로 당내 계파들이 잠시
휴전하고 서로 시간을 벌고 있던 거죠. (웃음) 그러다가 공천
임박해서는 서로 나눠먹자고 담합하려 하겠죠. 그런데
비노(非盧)가 문재인 대표의 퇴진을 요구하고, 이에 문재인
대표가 재신임 카드로 맞서면서 싸움이 더 커졌어요. 누가
이기든, 아니면 담합으로 결론 나든 비례대표제의 확대와
같은 어젠다는 물 건너간 거죠.

강원택

그게 제일 아쉽죠. 비례대표 의석을 한 60석 정도 늘리면 양당제를 깰 수 있는 동력이 생길 거예요. 지금 반추해서 그때 상황을 복기해보면 처음부터 양당 모두 그럴 생각이 없었던 것이라 할 수 있어요.

"모두가 다 '바꾸자, 바꾸자'라고
하지만 합의하는 한 가지는 '나 빼고'
아닌가요?"

이철희

기성 질서에서 기득권을 누리는 세력이 완강하게 버티는 건 당연하기 때문에 변화를 만들어내려면 전략적으로 잘 대응했어야 하는데, 많이 미숙했어요. 지역구와 비례의 비율을 200 대 100으로 정한 선관위의 안이 담고 있는 문제의식도 제대로 못 살렸어요. 그나저나 선거제도를 다룰 때도 확인됐지만 보수가 정치적으로는 훨씬 유능한 것 같아요.

강원택

그럼요. 내가 영국 보수당이 어떻게 살아남았는지를 다루는 책을 냈는데, 거기서 이렇게 정리했어요. '보수는 왜 집권을 하려고 하는가? 집권했을 때 자신들의 기득권을 가장 잘 지킬 수 있다. 꼭 변화해야 한다면 그 속도만큼은

원하는 대로 조절할 수 있다. 그 집권을 위해서는 시대에
잘 적응해나가야 된다.' 그러니까 지킬 것이 있는 사람은
끊임없이 그것 때문에라도 변해야 하는 거지. 그런데 이쪽은
계속 저항하다가 작은 거라도 뭐 하나라도 주어지면 거기서
멈춰버려요.

이철희

보수가 진보에 비해 훨씬 절박한 자세로 선거나 정치에
임한다는 지적에 전적으로 공감합니다. 진보는 말만 많지
너무 느슨해요. 잘난 체하고, 간절하게 노력하지 않죠. '속류
진보'라 할 수 있을 겁니다. 지역주의 때문에 보수 인사들이
진보 진영에 몸담고 있는 게 영향을 미치는 것일까요?

강원택

그것 때문인지는 잘 모르겠어요. 하지만 사실 저쪽으로
가야될 사람들이 이쪽에 몸담고 있는 건 맞아요. 이런
생각을 해봤어요. 새정치민주연합이 내부에서 정말 피
튀기게 싸우고, 그 결과 보수 성향을 가진 호남 출신의
일부가 저쪽으로 들어가는 것도 좋겠다. DJ 밑에 있던
한광옥 · 한화갑 전 의원 등이 지난 대선 때 보수 쪽으로
갔듯이 말이죠. 그쪽에서야 웰컴(welcome)이겠죠. 성향대로
당을 선택한다는 정당론의 기본원리에도 부합하고,
지역주의 완화에도 긍정적 영향을 미칠 겁니다.
이게 올바른 정당재편이라고 생각합니다.

이철희

말씀대로, 보수 성향의 사람이 할 수 없이 진보 정당으로
와있는 경우가 제법 있죠. 이것도 지역주의의 폐해 중

하나예요. 물론 지금의 미국 양당정치가 보여주는 것처럼 두 정당이 이념적으로 양극화되고, 보수 정당엔 보수 정치인만이 진보 정당엔 진보 정치인만이 있는 게 좋은 것만은 아닙니다. 하지만 큰 틀에서 볼 때 정치인들이 자신의 성향에 맞는 정당을 찾아가는 당파적 재편(partisan sorting)은 필요하다고 봅니다.

강원택

그렇게 되면 길게 봤을 때 우리 정치에 도움이 되죠. 지역이 섞이게 되잖아요. 그래서 차제에 일부가 저쪽으로 넘어가고, 그중 몇 사람이라도 다음 선거에서 살아남으면 좋겠어요.

이철희

근데 살아남아야죠. 그래야지 지역주의가 아닌 다른 프레임으로 대체될 수 있으니까요. 국회의원 정수 늘리는 건 물 건너갔습니다만, 한 가지만 짚고 가죠. 비례대표를 늘리는 건 좋은데, 과연 많은 수의 비례대표 후보를 정당이 제대로 공천할지에 대한 신뢰는 어떻게 확보하나요?

강원택

두 가지를 지적하고 싶어요. 원칙적으로 보자면, 정당이 이기기 위해서 하는 것이 공천이기 때문에 후보 명부를 작성할 때 나름대로 합리성(rationality)을 가질 수밖에 없어요. 이기기 위해 좋은 사람들을 높은 순번에 많이 배치하려고 할 겁니다. 당선 가능성을 고려하는 합리성이 한 가지고. 다른 하나는 현실성입니다. 어느 조직이든 어쩔 수 없이 일정 부분 리더의 영향력이 미칠 수밖에 없어요. 이건 당위가 아니라 현실이죠. 따라서 정당에서도 리더십의 독자성을

원칙적으로 인정해야 합니다. 중요한 것은 리더나 지도부에
의해 만들어진 안에 대해서 어떤 민주적인 절차를 통해
정당화되는 과정을 밟느냐 하는 거죠. 어떤 대의기구를
통해서 하든, 별도의 의결기구를 만들든, 아니면 당원 투표를
하든 순위를 매길 때 바닥의 여론이 반영되도록 하는 건
좋아요. 필요하기도 하고요. 다만 당 차원에서 꼭 넣어야 하는
사람들은 따로 배려해야죠.

이철희

장애인이나 탈북자, LGBT(Lesbian, Gay, Bisexual, Transgender)나
이주 노동자와 같은 사회적 소수자들에 대한 배려죠.

강원택

그런 사회적 소수자들과 기능적으로 꼭 필요한 전문가들은
특정 순번에 넣어 두고, 나머지에 대해선 당원 투표로 결정을
한다든지, 뭐 여러 가지 형태의 방법이 있을 수 있죠. 하지만
누구로 할지 선별하는 것조차 완전히 오픈한다든지 하는
비례대표 공천의 완전한 민주화는 어려워요. 바람직하지도
않아요.

이철희

샤츠 슈나이더(Elmer Eric Schattschneider)가 인민(people)을
위해 민주주의가 필요한 것이지 민주주의를 위해 인민이
필요한 게 아니라는 말이 생각나네요. 민주화도 보통사람의
삶에 기여하는 결과를 낳는 방향으로 제도설계가
되어야죠. 다수의 참여에 의한 직접 결정이 나쁜 결과를
초래할 가능성이 많으니까요. 어쨌든 비례대표 공천과
관련해서는 으레 그랬듯이 돈 공천이다, 밀실 공천이다,

이러면서 비판공세를 펴잖아요. 새누리당의 지역구 출신 국회의원들이 비례대표 출신 중에 괜찮은 의원들이 없지 않느냐는 반론을 펴던데, 어떻게 보십니까?

강원택

그렇게 볼 점도 있죠. 당의 대표나 실세와 가깝다는 이유만으로 비례대표 배지(badge)를 단 사람들이 있는 건 사실이니까요. 하지만 그게 비례대표제를 줄이거나 폄훼할 이유는 아니죠. 그건 공천의 문제이고, 사실 지역구의 경우에도 얼마든지 공천이 잘못될 수 있잖아요.

이철희

그렇죠. 19대 국회에서 사고 친 국회의원들을 보면 거의 대부분 지역구 출신 국회의원들이었어요. 솔직히 지역구 의원들이 비례대표 의원을 은배지라고 낮춰 봅니다만 그럴 만한 근거는 전혀 없다고 봅니다. 솔직히 작대기만 꽂아도 되는 지역에서 당선된 분들이 그렇게 말할 자격이 있나요?

강원택

비례대표를 폄훼해서는 안 된다고 반론할 수 있는 또 하나의 이유는 지역구 국회의원들은 철저히 지역구에 복속된다는 겁니다. 지역구 이해관계에서 전혀 자유로울 수 없기 때문에 지역을 넘어 국가적 차원에서 문제를 풀어야 할 경우엔 한계를 가질 수밖에 없죠. 이 경우엔 비례대표 의원이 훨씬 유리할 수 있어요. 비례대표 의원을 2등 국회의원으로 간주하는 경향이나 분위기 때문에, 그리고 상대적으로 소수라서 주눅이 들어 제대로 못하는 점도 있죠.

이철희

지역구 의원들이 입장에서야 비례대표 의원들이 다음
공천에서 경쟁해야 할 대상이니까 더 그런 것 같아요.
정당들이 내부 규정으로 비례대표 의원을 두 번 할 수
없게 해놔서 현역 비례대표 의원들이 정치를 계속 하려면
지역구 출마를 위해 지역구 국회의원들과 경쟁할 수밖에
없죠. 지역구 국회의원들로선 배지 가지고 덤비는 비례대표
의원이 불편하니 폄훼하려는 거라고 봅니다. 그래서 지역구
국회의원들은 지역구 줄여서 비례대표 늘리는 것도 싫지만
비례대표가 늘어나는 것 자체를 꺼리죠. 경쟁자만 늘어나는
거니까요. 지역구 중심의 정치, 이것 역시 양당제의 폐해와
묶어서 생각해볼 수 있는 거죠?

강원택

예. 우리 정당체제에서 궁극적으로 가장 중요한 한계는
유력정당(relevant party)이 두 개밖에 없다는 겁니다. 두 개의
정당이 아무리 망해도 버틸 수 있다는 게 문제라는
얘깁니다. 2004년 한나라당이 제일 힘들었는데 125석을
얻었어요. 그 때 박근혜 대통령이 선거의 여왕으로 등극했죠.
보수는 아무리 어려워도 120석 정도 차지할 수 있습니다.
민주당 계열의 정당이 가장 힘들었던 게 2007년 대선
지고 치른 2008년 총선이었을 거예요. 81석 얻었습니다.
그러니까 새누리당은 아무리 어려워도 120석 가량 되고,
새정치민주연합은 아무리 어려워도 80~90석은 되니 망하지
않고 버티는 거죠. 다소 힘들 뿐 그렇게 불편하지 않아요.
정당이 제일 곤란한 상황이 선거에서 버림받고 지는 것인데,
아무리 어려워도 100석 정도는 건지니 별로 심각하지 않은
거예요.

이철희

그래서 새정치민주연합, 더 크게는 새누리당까지 제도로
버티는 정당이란 얘기를 하는 것이죠. 뒤베르제(Maurice
Duverger)란 정치학자가 단순다수제(majority system)는 양당제를
지향한다고 했는데, 이 제도에선 큰 정당 두 개가 독점적
지위를 누리게 된다는 의미잖아요. 우리나라를 보면 딱
들어맞는 얘기 같습니다.

강원택

정치가 건강해지려면 정당 간 경쟁이 치열해야 합니다.
예컨대 샤오미가 나와 가지고 삼성이나 애플을 긴장시키고,
그 때문에 우리는 어떻게 더 좋게 만들까 고민을 하게
만들어야 합니다. 가격을 낮출까, 아니면 제품의 질을 높일까,
이런 걸 고민하면서 시장에서 경쟁하게 해야죠. 그런데 우리
정당체제는 완전히 카르텔, 독과점이라 서로 가격 담합하면서
살아가고 있어요. 그러니 질이 좋아질 수 없죠.

이철희

그렇죠. 강 교수님은 영국의 잘 나가던 자유당이 왜
몰락했는지를 다루는 책도 내셨잖아요. 책 제목이 〈정당은
왜 몰락하는가〉인데, 단도직입적으로 이렇게 물을게요.
새정치민주연합이 몰락할 수도 있나요?

강원택

학자로서 잘잘못을 따질 순 있지만 호불호를 드러내는 건
조심스러운데요. 몰락하면 좋겠어요. (웃음) 너무 세게 말해서
놀랐죠? 이건 제 얘기가 아니라 이렇게 말하는 사람이 많다는
겁니다. 변화의 임계점이랄까, 티핑 포인트(tipping point)에 거의

근접한 것 같아요.

이철희

새정치민주연합의 몰락을 말씀하시는 것은 그 당이
사라져야 한다는 것보다는 양당제가 심각한 폐해를
드러내고 있으니 다당제로 가야 한다는 말씀으로
이해하겠습니다. 저도 일반 국민의 정서에서 그런 쪽을
지향하는 기운을 느낍니다. 때는 무르익고 있으나 그걸
낚아챌 세력이나 인물이 없는 게 안타깝죠.

강원택

영국의 경우를 보면, 노동세력이 치고 올라오는 상황에서
자유당이 많이 도와줬어요. 자유당의 도움을 빼놓고
노동당의 성장을 말할 수 없죠. 객관적으로 노동세력이
정치적으로 세를 모아나간 측면이 한쪽에 있다면, 다른
한쪽에는 자유당의 분열이 있어요. 질적인 전환을 해야 할
때 자유당은 대처가 늦었고, 로이드 조지(David Lloyd George)와
애스퀴스(Herbert H. Asquith) 간의 분열로 지리멸렬했죠. 만약
로이드 조지가 조금 일찍 당권을 잡았더라면 노동당이 저렇게
클 수 있었을지 의문이에요. 조지파와 애스퀴스파 간의
갈등 때문에 결국 자유당은 몰락하게 되는데, 지금
새정치민주연합의 내부 갈등과 비슷해요.

이철희

그때는 노동당이란 대안이 유권자의 입장에서
존재하고 있었잖아요.

강원택

그렇죠. 그때는 조직된 노동의 기초에 있는 세력, 즉 노동당이 꾸준히 힘을 키워 대안으로 자리 잡아가고 있었지만 지금 진보의 문제는 그런 대안이 존재하지 않는다는 거죠. 내년 총선이 중요한 이유는 총선에서 제3세력이 등장해서 하나의 대안으로 자리 잡게 되면 아까 말했던 식의 정당재편도 가능하기 때문이에요. 호남의 보수가 새누리당과 결합하고, 그에 따라 야권이 재편하게 되면 손호철 선생이 말하는 진짜 진보들이 운신할 수 있는 공간이 만들어지는 거죠. 저는 3~4개 정당이 실질적으로 경쟁하는 체제가 가장 우리에게 바람직하다고 봅니다.

이철희

영국의 자유당의 예처럼 새정치민주연합이 몰락의 요건을 충분히 갖추고 있긴 하지만 그럼에도 무너지지 않는 건 단순다수제의 제도 효과가 아무래도 크다고 봅니다. 단기적으론 안철수 신당이 어느 날 사라져버린 것도 작용했겠죠?

강원택

가정이긴 하지만 안철수가 새정치민주연합 밖에 남아서 세력화하거나 신당을 만들었다면 정치 상황이 많이 달랐겠죠.

이철희

저는 언제나 객관적 상황도 중요하지만 주체적 역량도 못지않게 중요하다고 봅니다. 그런 점에서 안철수 의원이 합당 또는 입당을 하지 않는 경우를 상정하더라도 안철수란 리더 요인을 빼놓고 추론하는 것은 옳지 않다고 생각합니다.

강원택

물론이죠. 하지만 합리적인 상상을 해볼 수는 있잖아요.
아마 밖에 그대로 있었다면 2014년 6월의 지방선거부터
상당한 영향력을 발휘했을 겁니다. 적어도 호남하고
수도권에서는 자웅을 겨뤄볼 수 있을 거예요. 지더라도
상당히 주목받는 정당이 됐겠죠. 하지만 그런 가능성을 접고
합당한 결과 새정치민주연합은 이념적으로나 행태적으로
더 보수화됐잖아요. 어쨌든 제 감으로는 내년 총선이 양당
간의 축제로만 끝나지 않을 것 같은 느낌이 듭니다. 유권자가
가진 불만의 수준으로 보면 이제는 이탈하고 싶어 해요.
허쉬만(Albert O. Hirschman)의 개념을 빌리자면, 충성(loyalty)은
오래된 옛일이고 이제 안에서 목소리를 내는 보이스(voice)를
넘어 밖으로 나가는 엑시트(exit)를 원한다는 거죠. 그런데
갈 데가 없는 거거든요. 그래서 이를 담아내는 실체가 등장할
조건을 만들기 위해 비례대표 몫이 늘어나면 좋겠다고 하는
겁니다.

"유권자는 이제 안에서 목소리 내는
보이스(voice)를 넘어 밖으로 나가는
엑시트(exit)를 원한다."

이철희

말씀하신 변화를 도모하려면 좋은 정치기획과 뛰어난
전략가가 있어야 하는데, 그런 사람도 안 보여요. 그림도

그리는 사람이 있어야 가능하죠. 보수 정부가 잘하는 게
별로 없는데도 야당에 대한 지지는 답보상태이거나 심지어
더 나빠지는 것도 문제 아닙니까?

강원택

메르스 사태 났을 때 얼마나 많은 사람들이 이제는
박근혜정부에 대해 말하는 것조차 싫다고 했어요. 그래도
야당에 대한 지지가 올라가지는 않았습니다.

이철희

박근혜 정부가 처음 시작할 때만 해도 이런 생각을 했죠.
'아무리 못 해도 MB보다 잘하겠지.'

강원택

8·25 남북 합의로 박 대통령 지지율이 많이 오르긴 했지만,
그전까지만 해도 워낙 바닥이라 MB에 대한 평가가 달라지고
있다는 얘기까지 나올 정도였죠. (웃음)

이철희

제가 어떤 방송에서 바닥을 알 수 없는 세 가지를
언급했습니다. 박근혜 정부의 무능, 새정치민주연합의
분란, 재벌가의 다툼. 롯데의 형제 간 다툼을 보면
가관이었잖아요. 박근혜 정부를 보면서 저렇게 못할
수도 있구나 하는 생각이 들죠. 그래서 요즘 보수가 하는
말이 걸작이에요. 아무리 못해도 박근혜 대통령보단
잘 할 수 있다, 이걸로 국민을 설득하면 된다는 겁니다.
보수가 기대를 거는 또 하나가 바로 야당의 무기력입니다.
새정치민주연합이 당내 갈등 때문에 무기력하니 여당이

어부지리를 누리는 게 사실이잖아요. 오죽하면 박 대통령이
야당 복은 타고났다고 하겠습니까. 새정치민주연합 내에서
친노와 비노 간에 끝이 안 보이는 싸움을 벌이고 있는 것에
대해 어떻게 평가하세요?

강원택

계파든 정파든 그 그룹이 담고 있는 내용을 따져봐야 해요.
친노가 대표하는 게 뭐냐, 너는 뭐 때문에 친노냐, 이런
질문을 던지면 내용이 아무것도 없어요. 비노는 더 한심해요.
친노가 아니라는 의미의 계파잖아요. 이들 간의 갈등은
사실 잘 따져 보면 당권과 공천에 관련된 것이에요. 과거
김영삼과 이철승이 싸웠을 때는 그래도 내용이 있었거든요.
당의 노선을 어떻게 할 거냐, 이걸 두고 다퉜습니다. 그런데
지금의 야당은 당의 노선에 관련된 부분은 거의 안 보여요.
당의 승리와 집권을 위해 어디로 가야 하는지에 대한 고민이
없어요. 요즘에 내가 새정치민주연합을 볼 때 드는 생각은
이 당에 정말 집권에 대한 절박함이 있을까, 있다면 얼마나
공유되고 있을까 하는 거예요.

이철희

저는 집권 의지는 희박하고 개인의 재선 의지는 풍부하다고
봅니다. 많이 양보해서 집권의지가 있더라도 소속
국회의원들의 그걸 공유하고 있는 것 같지는 않습니다.

강원택

그 당은 당권을 잡거나 후보가 된 사람과 그 주변의 일부만
뛰어요. 2008년에 정동영 후보가 되니 나머진 다 손 놓고
있었고, 2012년도 마찬가지였죠. 당 안에 있는 사람들이

단합하지 않으면 다 죽는다는 생각을 해야 하는데, 그게 없어 보여요. 지난 4월의 보궐선거 때도 보세요. '문재인 대표, 너는 열심히 뛰어라. 우린 지켜보겠다.' 이거 아니었나요.

이철희

새누리당의 일부에서도 집권 의지보다 재선 열망이 더 크게 표출되긴 하지만 그래도 당 차원에서 보면 새누리당은 집권의지가 강해요. 어떻게 해서든 이기려고 정말 노력하잖아요.

강원택

앞에서 말했지만, 보수는 지켜야 할 게 있으니까 권력에 대한 집착이 더 크죠. 태생적으로 그게 맞거든요. 그리고 오랫동안 권력을 잡고 있었으니 그에 익숙한 사람들이죠. 야당이 집권하면 자신들이 갖고 있는 것에 해를 끼칠 수 있다고 봐요. 예를 들면 세금을 때린다든지 하는 것 때문에 굉장히 불안하죠. 그래서 권력을 가지려는 절실함이 강할 수밖에 없습니다.

이철희

보수나 보수를 지지하는 쪽에서 불안감을 갖는 것은 부의 형성과정에 자신이 없어서 그렇다는 생각도 해봅니다. 그래서 더 절실하게 권력을 놓지 않으려고 하는 거죠. 어쨌든 현실의 기득권 때문에 권력을 통해 그걸 지키려 하는 건 보수의 기본적인 속성일 겁니다. 반면에 진보는 허술하기 짝이 없으니 이거 어떻게 합니까?

강원택

망할 때는 완전히 망하는 게 좋죠. 망하도록 내버려두는 것도
방법 아닐까요.

이철희

망할 거면 차라리 깡그리 망하게 하는 게 낫다는
말씀인가요?

강원택

망하는 게 분명하다면 조금이라도 덜 망하게 하는 것보다는
아예 확 망하게 해야 그다음을 도모하는 데 도움이 된다는
얘기죠.

이철희

근데 저 사람들이 워낙 살아남는 기술은 뛰어나서 기대대로
확 망하지도 않아요. 최소 100석 안팎은 건진단 말이죠.
연이은 보수 정부가 잘하는 게 없으니 집권은 몰라도
반사이익만으로도 그럭저럭 버틸 수 있는 거 아닐까요. 또
하나, 이 사람들은 싸워도 완벽하게 성패가 갈리도록 끝까지
가지 않습니다. 잡아먹을 듯이 으르렁거리다가도 어느 날
휴전하고 적당히 나눠 먹는 걸로 타협합니다.

강원택

내년 공천을 앞두고 한 번 세게 붙긴 할 거예요. 결과적으로
일부 물갈이를 하더라도 대체로 공존하는 선택을 할 수는
있겠죠. 하지만 내년 총선에서 지면 상황이 좀 달라지지
않을까 싶어요. 문재인 대표든, 안철수 전 대표든 총선 지면
대선주자로 온전하기 어려울 거예요.

이철희

저도 그렇게 생각합니다. 문재인과 안철수가 만약 상대가
죽어야 내가 산다고 생각한다면 엄청난 착각이라고 봅니다.
한 사람은 살고 다른 한 사람은 죽는 게 아니라 살면 같이
살고 죽으면 같이 죽을 가능성이 더 크죠.

강원택

2004년의 정당개혁이 정말 나쁜 것이 지구당을 없애버린
거예요. 지구당을 통해 당원들이 결속돼있는 상황이라면 당이
제대로 안 돌아갈 때 이들이 목소리를 내거든요. 당원들이
법적으로 존재하긴 하지만 개인 네트워크로 묶이는 것과
정당 채널로 묶이는 건 완전히 다른 겁니다. 그런 점에서
일반적인 의미의 당원은 이제 없어졌다고 봐야 해요. 그러니
밑으로부터의 압력이 없죠. 게다가 위로부터의 리더십도
약화시켜놨으니 국회의원들이 자기 마음대로 할 수 있는
상황이 된 겁니다. 내가 보기엔 내년 총선과 관련해 자기
밥그릇을 침해하는 점이 생기면 뭔가 사단이 크게 나긴 날 거
같아요. 분열하면 다 같이 망하니까 또 적당히 봉합할 수도
있겠지만 그것 역시 망하는 길 아닌가요?

이철희

정의당 쪽은 어떻게 될 거 같아요? 심상정 대표가 통합을
적극 추진하고 있긴 한데, 어떻게 전망하세요?

강원택

통합은 해야죠. 헌법재판소에서 통합진보당 해산 결정을 내린
후에 진보 정치 관련 토론회에 갔었어요. 거기서 구체적인
말이 오간 건 없었지만 제가 받은 느낌은 그 사람들이

묘한 안도감을 느끼는 것처럼 보였어요. 그동안 진보 정당 하는 사람들이 가장 힘들었던 게 너희들 종북 아니냐 하는 거였는데, 그걸 통합진보당이 다 갖고 가버린 거죠. 자기들은 그런 불편함으로부터 자유로워졌다고 생각하는 것 같았어요. 그래서 시간은 걸리겠지만 긴 호흡으로 보면 통합이 도움이 될 겁니다.

이철희

저는 새정치민주연합이 총선에서 승리하는 것에 못지않게 정의당이 교섭단체가 되는 게 의미 있다고 생각합니다. 그것이 정권교체에 순기능을 할지 역기능을 할지는 솔직히 모르겠어요. 하지만 그게 정당체제를 바꾸고, 정치지형을 바꾸는 데 크게 기여할 것 같거든요. 정의당이 선전하려면 비례대표 의석이 늘어나야 하고, 새정치민주연합과 선거연대도 해야죠. 그런데 쉬워 보이진 않습니다. 야권에 신당이 생긴다면 그것도 정의당에겐 손해일 겁니다. 정당득표율을 나눠 먹어야 하니까요. 반면에, 만약 정의당이 호남을 대표하는 세력과 연대할 수 있다면 상당히 큰 변화를 만들어낼 수 있을 겁니다. 그건 그렇고, 야당, 특히 문재인 대표가 말하는 온·오프(on off) 네트워크 정당이라는 게 있잖아요. 이게 뭡니까?

강원택

정치학자인 저도 솔직히 잘 모르겠어요. 기존에는 정당의 조직 시스템이 지구당처럼 오프라인 형태를 중심으로 했으나, 이제는 거기다가 온라인상의 네트워크를 연계시키는 시스템을 만들겠다면 나쁠 게 없죠. 하지만 기존 정당모델을 대체하는 것이라고 한다면 저는 뭔지 잘 모르겠습니다.

어떤 정당모델인지보다 더 중요한 것은 깃발이죠. 왜
새정치민주연합에 모여야 하는지 그 이유를 말해줘야죠.
모여라고 하면서 왜 모이는지 설명을 안 해주면 안 되잖아요.
새정치민주연합에는 그런 목표가 없어요. 새정치민주연합은
뭐 하는 존재야? 다른 거 다 떠나가지고 지금 공유하는
가치가 뭐야? 이런 데에 답을 줘야죠. 근데 안 줘요. 지금은
새정치민주연합이 새누리당과 뭐가 다른지 모르겠어요.

이철희

새정치민주연합 사람들은 엄청나게 다르다고 주장합니다.

강원택

별로 안 다른 거 같은데요.

이철희

일반인들의 시선으로 보면 별로 안 달라 보이지만 그건
언론환경 때문이다, 새누리당과 우리는 많이 다르다, 이게
새정치민주연합의 생각이죠.

강원택

그러니까 제가 갈라파고스에 비유한 거예요. 그 안에
있으면서 자기들끼리 이야기하고 친한 사람들과 소통하면
그럴 수밖에 없죠.

이철희

온·오프 네트워크 정당이라는 게 온라인 부분을 강화해서
거기서도 조직 기반들을 만들어내서 당의 저변을 넓혀야
한다는 것이면 반대할 사람은 아무도 없죠. 정당도 하나의

조직인데, 새정치민주연합은 그 조직역량이 현저하게
떨어져 있잖아요. 그걸 복원하기 위한 것이 아니라 오프라인
기반을 해체하는 것으로 온·오프 네트워크 정당론이
기능한다면 위험한 거 아닌가요?

강원택

그렇죠. 지구당을 부활해야 해요. 야당 추천으로 국회
정치개혁특위에서 의견을 진술한 정치학자들은 모두 다
지구당 부활을 얘기했어요.

이철희

학자들이 그렇게 말할 정도면 여건이 괜찮은 편인데요.
하지만 지구당을 없앤 결과 풀뿌리 정당 활동이 사라지고
현역의 기득권만 공고해졌으니 이 또한 현역 의원들이
얼마나 움직일지가 관건이겠죠.

"우리 정치를 바꿀 변화가
불가피하게 일어날 수밖에 없다고
봅니다."

강원택

주목할 부분은 이겁니다. 출마하려는 사람들이 자신의
동네에서 개인적 네트워크를 강화하는 건 별 의미가
없어요. 같은 네트워크라도 사조직이냐 공조직이냐에 따라

많이 다르기 때문이죠. 정당의 조직은 당원들을 끈끈하게
묶어내는 뭔가가 있어야 합니다. 박정희, 전두환 시절에도
야당의 당원이 존재했던 건 그 때문이에요. 정당이라는
게 기본적으로 추구하는 정치적 목표가 공유되어야 하는
것이잖아요. 근데 지금은 뭐 하자는 정당인지 알 수가 없어요.
노무현 시대를 거치면서 이렇게 됐죠. 그 이후엔 문재인이다
안철수다, 또는 박원순이다 해서 사람은 있는데 그게 없어요.
그게 없으니 결국 호남만 조직적인 기반으로 남게 되는
것이죠. 민주화됐으니 운동권이란 건 아무런 의미가 없어진
것이고요. 그래서 저는, 치열하게 싸워보고 갈라서는 게
옳다면 갈라서라는 겁니다. 당장 새누리당으로 갈 수 없으면
'호남 자민련'이라도 하나 나오고. 그다음에 이념적으로
조금 더 뚜렷한 색깔을 갖는 정당이 나오고, 그래서 3~4당이
경쟁하는 정당체제로 재편되어야 당장은 야당에 불리해도
길게 보면 희망이 생긴다고 보는 거죠.

이철희

돌이켜 보면, 노무현 대통령이 열린우리당을 새로 만들 게
아니라, 당시 민주당을 혁신하는 길을 선택했었어야 하는데,
저는 그게 지금도 아쉽습니다. 정당을 부수고, 새로 만드는
게 능사는 아니잖아요. 당의 헤게모니를 잡는 정파가 바뀌면
그 당이 완전히 새로운 정당으로 탈바꿈하는 거죠.

강원택

저도 그랬어도 좋았을 것으로 생각해요. 어쩔 수 없이
열린우리당을 만들어야 했다면 그거라도 성공시켰어야죠.
당정분리가 잘못된 거였어요. 열린우리당이 성공하기

위해서는 노사모 같은 조직이 열린우리당의 기반으로
전환했어야 한다고 봐요. 개인 네트워크를 공적인 조직으로
만드는 데 성공했다면 한국 정당정치에 굉장히 새로운
정당모델을 만들 수 있었을 텐데, 아쉽죠.

이철희

근래 미국의 공화당을 바꾼 동력은 티파티(Tea party)라고
하는 당원운동이잖아요. 우리는 그런 풀뿌리 당원운동이
안 될까요?

강원택

미국하고 우리는 달라요. 미국은 두 개의 정당밖에 없고,
앞으로도 연방 수준에서 두 개 정당을 대체할 만 한
제3정당이 나타나긴 어렵습니다. 거의 국가기구처럼
제도화된 정당이죠. 때문에 기존 정당을 혁신하는 게
불가피할 수 있어요. 하지만 우리는 그런 방법보다는 밖에서
새로 만드는 것이 쉽다고 볼 수 있습니다.

이철희

티파티처럼 평당원의 목소리를 담아내기가 사실상
불가능한 걸로 봐야 하나요?

강원택

쉽지 않다고 봅니다. 정당이 시민사회에 뿌리내린 정도에서
우린 그에 미치지 못하기 때문이죠.

이철희

어쨌든 그 사람들의 목소리를 누군가가 대변하는 형태로

새로운 기치를 들고 나와서 일대 혁신을 이뤄내는 건
가능하지 않을까요?

강원택

그건 가능하죠. 2004년 정당개혁의 방향이 굉장히 잘못
됐어요. 원내정당론을 주장한 사람들이 당을 부덕한 존재로
약화시켰고, 그 안에 있는 의원들을 기득권화시켜버렸죠.
대중정당이니 원내정당이니 하는 정당모델이 중요한 게
아니라 정당을 정당답게 만드는 것이 핵심이에요.

이철희

한 보수논객이 쓴 칼럼을 보니 보수 정부 10년이 주는
피로감도 상당하고, 보수도 그렇게 잘하는 게 없으니 바꿀
때가 된 것 같다고 하더군요. 그런데 야당을 보니 준비가
안 돼 있어서 주기가 주저된다고 했던데, 저는 상당히
공감합니다. 받을 준비를 하는 게 그렇게 어려운 것일까요?

강원택

기울어진 운동장인지 아닌지는 모르겠으나, 설사 그렇다고
하더라도 중요한 건 그걸 돌파하는 리더가 과거엔
있었잖아요? DJ가 대표적인 예에요. 그는 어려운 상황을
극복해내고, 스스로 변화하는 노력을 끊임없이 했죠.
근데 지금은 그런 사람이 안 보여요.

이철희

근데 민주주의에서나 정치에서나 리더의 역할이 상당히
중요한데요. 그런데 진보를 표방하는 사람들 중에 상당수는
권위에 대한 부정, 리더십에 대한 경시라고 해야 할까요.

그런 마인드가 강한 것 같아요.

강원택

그건 잘못된 거죠. 민주주의에 대한 천박한 이해에요.

이철희

권위를 부정하거나 리더십을 경시하는 언행을 거칠게
할수록 그에 대해 박수를 쳐주는 사람들, 특히 일부
네티즌들이 있으니 더더욱 그런 행태가 조장되는 것 같아요.
목소리가 큰 '행동하는 소수'에 의해 정당의 행태나 메시지
등이 좌우되는 건 참 웃기는 일이죠. 그래서 강준만 교수가
말하는 '싸가지 없는 진보'가 만들어지는 거라 봅니다.

강원택

권위주의 체제 때 형성됐던 행태가 반(反)권위 정향(定向)인데,
민주화된 이후 정통성을 갖추고 절차적으로 합법적으로 그
자리를 차지하게 됐던 사람들에 대해서까지 이게 이어지고
있는 거죠. 굉장히 잘못된 겁니다. 전두환 정권 같은
독재정권에서야 권위를 인정할 수 없지요. 하지만 지금은
그때와 완전히 다르잖아요. 시대변화에 못 따라가는 일종의
문화적 지체 현상이라고 봐요.

이철희

권위주의와 권위는 다른 것이고, 조직인 이상 권위라는
걸 부정하면 아무것도 할 수 없잖아요. 그런데도 반권위가
마치 민주주의의 정수인양 받아들여지는 건 이러한 싸가지
없음을 계속 추동해내는 문화나 세력이 있는 거 같습니다.
하지만 결국 그것도 현상이라면 본질은 무능에 있다고

봅니다. 실력이 없으니까, 해법을 모르겠으니까 자꾸 그런 식으로 존재감을 증명하는 거예요. 일종의 인정투쟁 내지 생존투쟁인 셈이죠. 요컨대, 참을 수 없는 무능의 천박함이 싸가지 없는 언사로 나타난다는 게 제 생각입니다.

강원택

야권에 싸가지 없음을 상징하거나 대표하는 인물이 있잖아요. 전체 국민의 80~90%가 왜 말을 그렇게 하느냐고 눈살을 찌푸려도, 그 사람의 개인 사이트에 들어가 보면 칭찬받고 있을 거예요. 소수의 그 사람들 하고만 소통하고, 그걸 기반으로 삼아 정치하는 겁니다. 그러다 보면 보수 언론은 이를 계속 보도하고, 그에 따라 보통의 사람들로부터는 더 멀어지게 되죠. 사실 한국 정치가 여기까지 오게 된 거에는 야당의 역할이 아주 중요했죠. 그런데, 지금처럼 야당이 무기력한 것은 처음인 것 같아요.

이철희

지금처럼 야당이 의석 수가 많은 적도 없었잖아요. 그런데도 과거 100석이 안됐을 때에 비해 당의 힘은 훨씬 떨어진 것 같아요. 한 정당이 강한지 약한지를 따질 때 국회의원의 수가 중요하긴 하지만 그것만이 전부는 아니죠.

강원택

야당이 대안세력이라는 생각조차 들지 않을 정도로 무기력하죠. 그런데, 과일이 익으면 떨어지는 것처럼 사회현상도 어떤 임계점에 도달하면 변화가 생긴단 말이에요. 때가 되면 작은 불씨 하나로도 큰 변화가 촉발될 수 있잖아요. 저는 과연 야당이 이대로 계속 갈 수 있을지에 대해

회의적입니다. 무너지거나, 무너지진 않더라도 뭔가 변화는 불가피할 거예요. 사회과학적 분석의 결론은 아닙니다만, 그런 '느낌적 느낌'이 듭니다. 내년 2016년 총선부터 2017년 대선, 2018년 지방선거까지 정치일정이 이어지기 때문에 그게 뭔지 구체적으로 특정할 수는 없어도 우리 정치를 바꿀 변화가 불가피하게 일어날 수밖에 없다고 봅니다.

이철희

느낌 차원이 아니라 날카로운 통찰일 수도 있죠. 정치가 바로 서야 보통 사람의 삶이 바로 선다는 것을 전제로 보면, 야당이 좋아져야 우리 정치가 좋아지고 바로 선다는 생각을 다시 한 번 하게 됐습니다. 오늘 긴 시간 고맙습니다.

"의회는 국가권력을
주권자한테 박아놓는
닻…. 의회가 닻 기능을
못할 때 민주주의가
표류하는 거죠."

서복경 박사

서복경 박사는 서강대 현대정치연구소에서 연구교수로 있다. 정당과 의회 연구 분야에서 단연 돋보이는 발군의 전문가로 평가받는다. 흔히 말하듯 이론과 현실을 모두 아는 학자이면서, 한국 정치의 변화를 도모하는 전략가이기도 하다. 최장집 교수는 서복경 박사를 최고의 여성정치학자라고 말한다. 서 박사는 소리 없이 강한, 웅숭깊은 이론가다.

서복경은 정당, 선거, 의회정치를 전공분야로 하는 정치학자다. 2003년부터 2007년까지 국회도서관 입법정보연구관으로 재직했으며, 2008년 이후 서강대학교 현대정치연구소 연구원으로 있다. 활발한 저술 활동을 하고 있으며 저서로는 〈다운사이징 데모크라시〉(후마니타스 2013), 〈제한적 경쟁의 제도화: 1958년 선거법 체제〉(공저, 후마니타스 2013), 또 〈한국 정치결사 제한체제의 역사적 기원〉(동향과 전망 2014, 통권 90호), 〈민주화추진협의회와 사회운동〉(공저, 한국의 민주화와 민주화추진협의회 2015, 오름), 〈국회 위원회제도의 기원에 관한 연구 : 제헌국회 및 2대국회를 중심으로〉(의정논총 2010, 5권 1호) 등의 연구가 있다.

이철희

서 박사, 오랜만입니다. 깊으면서도 명쾌한 정리를 오늘도 기대하겠습니다. 곧장 질문으로 들어가죠. 서 박사는 평소 의회의 역할이 더 강화돼야 한다는 소신을 여러 차례 밝혀왔잖아요. 입법부 또는 의회에 대한 불신이 문자 그대로 하늘을 찌르는데, 왜 의회의 역할이 커져야 한다고 봅니까?

서복경

제가 의회를 전공했기 때문이기도 하고, 박사학위를 마치자마자 국회에 들어가서 일을 했던 것과도 무관하지 않습니다. 지금은 입법조사처입니다만, 제가 들어갔을 때는 조직명도 다르고, 지금보다 훨씬 작은 인원에 국회도서관 소속이었습니다. 일은 지금 입법조사처가 하는 일과 같아요. 거기서 일을 하다 보니 한 5년 동안 국회라는 프리즘을 통해 한국 정치를 볼 수 있었죠. 대의민주주의에서 선출된 대표체가 핵심적인 정책 결정 기능을 해야 한다는 건 이론적 당위죠. 그런데 국회 안에서 돌아가는 걸 보니까 우리나라가 역사적으로 물려받은 비대한 행정부의 실체가 어떤 건지 확인할 수 있었습니다. 제가 현장에서 본 팩트(fact)는 거대한 행정부가 있고, 의회는 미미하다는 것이에요. 민주주의에서 의회는 유권자들 또는 주권자들과의 닻(anchor)을 만드는 거라고 봅니다.

이철희

닻이요?

서복경

네. 의회가 닻 기능을 못 할 때 민주주의가 표류하는 거죠. 그러니까 주권자들로부터 마냥 자유로운 행정부 권력이 마구 떠다니는, 다시 말해 막가는 것이 가능해진다는 겁니다.
저는 그렇게 생각해요. '의회는 국가권력을 주권자한테
박아놓는 닻이다.' 근데 우리나라는 이게 굉장히 약해요.

이철희

좋은 비유네요. 닻이 없으면 배는 바람과 파도에 요동치게
마련이죠. 의회는 닻이다, 근데 이게 우리나라만의 독특한
현실을 반영한 얘긴가요?

서복경

어느 나라든 의회가 닻의 기능을 해요. 다만 우리나라는
기형적일 정도로 약하죠. 어느 나라나 대의민주주의의 역사가
오래되면 행정부가 옛날보다 커지는 경향이 나타나요.
역사적으로 보면 대체로 의회가 크고 행정부가 작다가 시간이
지나면서 균형을 맞추게 되죠. 근데 우리나라는 반대에요.
역사적으로 의회란 닻이 매우 작습니다.

이철희

거꾸로이군요. 파키스탄의 정치학자 알라비(Hamza Alavi)가
제시한 '과대성장국가론'(overdeveloped state)이 생각납니다.
지금은 은퇴하신 서울대 장달중 교수가 언론 인터뷰에서
이렇게 정리한 바 있습니다. "우리 사회가 당면한 최대
문제점은 국민건설이 되지 않다는 겁니다. 국가건설은
잘 됐습니다. '과대성장국가론'이라는 말이 나올 정도로
군대도 세고, 경찰도 세고, 검찰도 세고, 국세청도 셉니다.
국가기구는 발달돼있어요. '스테이트(state) 빌딩'이
잘 되어있는 거죠. 하지만 국민 일체감은 없습니다.
'네이션(nation) 빌딩'이 되지 않은 겁니다. 네이션 빌딩은

기본적으로 심리적, 문화적, 정서적으로 일체화하는
과정인데 이게 정치통합이거든요. 영호남 간의 문제가
그렇죠, 남북문제는 말할 것도 없고, 계급계층, 세대가
다 찢겨져 있어요.

서복경

최장집 교수님이 과대성장국가론을 소개한 이후 한때
유행이었죠. 우리나라의 경우, 행정부가 이만하게 크고
국회가 요만하게 작은 구조로 출발했어요. 문제는 민주화가
되면서 한쪽이 줄어들고 다른 한쪽이 커지면서 균형을 맞춰야
하는데 그 커지는 속도가 너무 더디다는 겁니다. 아직도
심각한 불균형이죠.

이철희

얼마 전에 유승민 대표가 쫓겨나게 되는 계기였던 국회법
개정안, 이것이 모법에 어긋나는 시행령의 수정을 권고할 수
있도록 하는 내용이잖아요. 이런 시도가 국회의 역할 확대에
도움이 될까요?

서복경

그럼요. 사실 그런 모멘트가 좀 더 빨리 왔어야죠.
지금 법에 의하면 국회의 상임위가 소관 중앙행정기관의
대통령령·총리령·부령 등이 법률의 내용이나 취지에
부합하지 않다고 판단하면 그 기관장에게 통보하도록
되어있어요. 해당기관은 그 통보에 대해 어떻게 할 것인지
국회에 보고만 하면 그만이에요. 이런 내용의 98조
2항이 국회법에 들어간 게 1997년입니다. 1997년이면
민주화하고도 10년이 지난 시점이잖아요. 10년 만에

행정입법을 통제해야 한다는 문제의식이 명문화된 거죠.
하지만 실효성은 없어요. 행정입법이 모법의 취지와 내용에
위반되는지를 그때그때 체크하는 조직이 의회에 있어야 하고,
위반하면 수정을 강제할 수 있어야 하는데 그게 없거든요.
지난번에 국회가 바꾸려던 것도 약간 진일보한 것이긴 하지만
근본적으로는 별실효성이 없어요. 근데 그것마저도 대통령이
거부해서 백지화돼버렸잖습니까. 한심하죠.

이철희

국회의원들이 입법부의 구성원이라는 정체성보다는 어떤
정당의 소속원이라는 정체성을 더 크게 생각하기 때문일
겁니다. 정당정치가 의회정치를 형해화(形骸化)시키지 않아야
하고, 의회정치가 정당정치를 무력화시키지 않아야 한다는
게 제 생각입니다.

서복경

제가 우리나라의 행정부와 입법부 간 관계를 적나라하게
보여주는 사례로 자주 드는 게 있어요. 국회법 제5조의 3을
보면 정부는 매년 1월 31일까지 그해 제출할 법률안에 관한
계획을 국회에 통지해야 합니다. 법률안 제출계획을 내라는
거죠. 그런데 행정부에서 법률 관련 일을 전담하는 법제처가
만드는 것은 정부입법 계획이에요. 두 개의 명칭이 달라요.
헌법에 정부도 법안 제출권을 가지니 법률을 제출할 수는
있어요. 그러나 이건 입법의 개념과 다르거든요.

이철희

이론적으로도 법안 제출권과 입법권은 완전히 다른
개념이죠. 헌법에도 입법권은 국회에 속한다고

명시해놓았으니 정부가 법률과 관련해서 입법을
말할 수는 없잖아요.

서복경

법제처가 정부입법이라는 용어를 쓰는데 이는 행정입법
개념과 완전히 다르거든요. 행정입법은 통상 모법으로부터
위임된 권한과 범위 내에서 시행령이나 시행규칙을
만드는 것을 말하는 것인데, 정부가 할 수 있는 것은
이 행정입법이에요. 그러니 정부입법이라고 하면 안 돼요.
그런데 정부는 정부입법이라는 용어를 공식 용어로 쓰고
있고, 법제처 홈페이지에 정부입법 지원과 관련해서 꼭지가
별도로 있습니다. 또 대통령령으로 법제업무 운영규정이라고
있는데, 정부에서 시행령이나 시행규칙 또는 법률안 입안
등을 어떻게 하는지 그 프로세스에 대한 규정을 담은 거죠.
근데 여기에서도 정부입법이라는 말을 써요. 정부가 입법을
한다는 인식은 면면한 역사적 전통을 갖는 것이고, 이게
지금까지 유지되는 겁니다. 민주화 이후에도 바보같이
이걸 제대로 정리하지 못한 거죠.

이철희

박근혜 대통령이 말하길, 시행령에 대해 국회가 간섭하면
행정부의 기능이 마비된다고 해요. 이런 인식은 유신체제의
잔재라고 봐야 되겠죠?

서복경

네, 독재체제의 잔재예요. 민주화된지 30년이 지났는데도
안 바뀐 거죠. 문제는 원래의 그것에다 민주화 이후 조직과
예산을 동원하는 힘이 더 강해진 겁니다. 국회법 개정안이

삼권분립에 위배된다는 박 대통령의 인식은 말도 안 되는 거예요. 다만 행정부의 기능 마비에 대해서는 사실과 무관하게 관료들이 그렇게 느낄 수는 있죠. 국회가 진짜 작정하고 덤빈다고 하면 행정부 공무원들은 패닉에 가까운 공포를 느낄 수 있습니다. 왜냐하면, 이 양반들은 관료 생활을 시작한 이래로 그런 식으로 의회로부터의 간섭을 받아본 적이 없거든요. 법률을 직접 만들진 못했지만, 시행령으로 모든 것을 다해왔습니다. 그런데 모법에 침해되는지를 따지겠다고 하니 체감 공포가 크게 다가오는 거죠.

이철희

행정부 권력이 의회 권력을 압도하게 된 게 우리 역사에서 언제부터예요. 처음부터 인가요, 아니면 박정희 정권 때 인가요?

서복경

사실은 이승만 정권부터죠. 근대화된 관료제의 출현은 박정희 정권 때 이뤄졌어요. 하지만 행정부와 입법부가 팽팽하게 기 싸움을 하다가 입법부가 팍 꺾이는 타이밍이 있었어요. 사사오입 개헌이니 발췌 개헌이니 할 때만 해도 국회가 난리치면서 대들었거든요. 이승만 정권과 싸웠어요. 그러다가 의회가 스스로 권력을 양도하면서 독재권력과 공존을 모색하는 타이밍이 1958년이에요.

이철희

1958년에 무슨 일이 있었던 거죠?

"58년 체제… 의회 권력이 행정 권력에 대해 견제권을 제도적으로 포기한 타이밍"

서복경

제가 '58년 체제'라고 표현하는 겁니다. 1954년에 3대 국회의원 선거가 있었죠. 3대 국회만 하더라도 정부 형태를 둘러싸고 의회제와 대통령제 간에 치열한 싸움이 있었어요. 때문에 이승만 대통령이 당시 의회와 도전하는 세력을 잡으려고 정말 오만 짓을 다 하는데, 그중에 하나가 선거법을 개정하려고 하는 거였어요. 선거법을 바꿔 야당의 손발을 묶으려고 일본에서 모델을 가져왔어요. 그걸 1950년대 내내 시도를 해요. 7번 발의를 합니다. 그걸 국회가 안 받아준 겁니다.

이철희

서 박사가 다른 논문에서 밝힌 바에 따르면, 선거운동의 기간, 인원, 방식을 제한하는 선거법은 1925년에 제정되고, 1934년에 개정된 일본 보통선거법을 그대로 모방한 것이더군요. 이승만정권이 무려 7번이나 시도를 할 정도면 그야말로 애타게 열망하던 숙원사업이라는 얘기가 됩니다. 그 이유는 원래 선거법으로는 이기기 어렵기 때문이었겠죠.

서복경

네. 국회가 버티다가 1957년 11월 31일 선거법 개정안이

상정돼서 1958년 1월 1일에 통과가 됩니다. 분위기가 바뀐
이유를 이해하려면, 1956년 대선에 조봉암이 출마해서
30%를 득표한 점을 주목해야 합니다. 2대 국회 때부터
선거법 개정을 정부가 시도했지만 이승만 대통령과
야당 세력 간에 타협이 안됐어요. 당시엔 다수의 무소속
국회의원들이 존재해 야당 세력이 아직 정당체제로
정립되지 못한 상태였거든요. 게다가 반이승만 성향이
강했죠. 때문에 이승만 대통령이 대통령 권력을 강화하기
위한 개헌을 하면서는 군대와 같은 강제력을 동원할 수밖에
없었습니다. 그런데도 야당을 비롯한 반대 세력은 선거법
개정은 받아들이지 않고 계속 내각제 개헌을 제기하면서
이승만과 붙었단 말이에요. 야권이 일전불사를 계속했다는
얘기죠. 1954년에 출범한 3대 국회에서는 이승만의 자유당이
선거에선 다수 의석을 차지했으나 사사오입 개헌으로
자유당이 분열돼 그럴 힘이 없었죠. 그러다가 1956년에
조봉암이 대선후보로 나오면서 당시 야당인 민주당에서
조봉암을 제거하기 위해 이승만과 손잡게 되는 겁니다.

이철희

야권이 내부 갈등이나 견제 때문에 반대 세력과 손을
잡았다는 얘긴데, 참 기가 막히네요. 이런 DNA가 지금까지
이어져오는 게 아닌가 하는 생각마저 듭니다.

서복경

1956년 5월에 있었던 대선에서 조봉암이 216만여 표를 얻은
뒤 그해 11월 진보당을 결성해요. 기성 정치권에 상당한
위협으로 등장한 거죠. 정부는 4대 총선을 넉 달 앞둔 1958년
1월 진보당 간부들과 조봉암을 국가보안법 위반 혐의로

체포해버립니다. 이 조봉암 사건의 처리에 당시 야당이 동조 내지 묵인하고, '국회의원선거법안 여야 협상위원회'를 통해 정부·여당의 주장을 대폭 수용한 이른바 '협상 선거법'을 받아들여요. 양자 간에 뭔가 거래가 있었다고 추론할 수 있는 대목입니다. 실제로 이승만이 야당에게 선물을 줍니다.

이철희

대선후보로서 만만찮은 득표력을 보였으니 이승만정권이 불편해했을 테고, 제3세력으로 등장하니 야당이 불편해 했겠죠. 그래서 담합해서 조봉암을 정치권에서 몰아내는 것과 선거법 개정안을 패키지로 처리한 거군요.

서복경

당시에 활동했던 분들의 증언에 의하면, 여당의 이기붕 국회의장, 야당인 민주당의 조병옥 의원, 국민주권수호투쟁위원회의 장택상 의원 등 3명이 모여 "진보당에 대해서 어떤 조치를 강구할 필요가 있으며, 최소한 1958년 선거에는 참가하지 못하게 해야 한다"는 데에 합의했다고 해요

이철희

민주주의보다 사익이나 당익을 앞세우는 정치를 한 셈인데, 야당사의 부끄러운 대목이군요. 그나저나 그 선물은 뭐였습니까?

서복경

그때 처음으로 선거공영제 프레임이 들어와요. 국가가 공식적으로 제도를 통해서 정당에게 보조금을 주는 시스템이

그때 도입됐어요. 협상 선거법이 기성 정치세력에게 가져다준
효과는 컸어요. 사전 선거운동 금지를 통한 정치활동 기한
제한과 기탁금제는 신규 정치인 및 제3세력의 원내 진입을
가로막는 강력한 진입장벽의 기능을 했죠. 사전 선거운동
금지는 일상적으로 유권자를 만날 수 있는 원내 정당과
의원이 아닌 원외 세력의 정치활동 기회를 차단해주고,
기탁금제는 재산이 없거나 정당의 재정적 후원을 받지
못하는 신규 정치인의 진입을 차단해주는 효과를 가지거든요.
선거공영제는 원내교섭단체에게 기득 이익을 보장하는
장치입니다.

이철희

야당인 민주당으로선 땡큐(thank you)할 수밖에 없었겠네요.
실제로 협상 선거법으로 치른 4대 총선에서 민주당의
의석이 확 늘었던데, 이로써 명실상부한 제1야당이
제도적으로 보장된 거죠.

서복경

정리하면 이렇습니다. 관료 조직을 통한 비대한 행정부
권력의 등장은 박정희 시대에 있었고, 의회 권력이
행정 권력에 대해 견제권을 제도적으로 포기한 타이밍은
이승만 시대예요. 그래서 제가 58년 체제라고 하는 겁니다.

이철희

협상 선거법의 핵심 내용은 뭐에요?

서복경

협상 선거법이 현행 선거법인 '공직선거법'의 모태입니다.

공직선거법의 핵심 조항은 58조, 59조, 254조이거든요.
58조에 따르면, 선거운동은 당선이 되게 하거나 되지
아니하게 하는 일체의 행위를 말해요. 그 선거운동을 정해진
기간에만 할 수 있도록 정해놓은 게 59조이고, 이 기간 제한을
위배하면 처벌하도록 하는 게 254조입니다. 일본 군국주의
시대에 만들어진 '보통선거법'에서 가져온 건데, 기간 제한,
인적 제한, 방식 제한 등 3가지가 엑기스죠. 그 이후로
선거법이 개정되면서 각종 제한이 더 강화됩니다.

이철희

이후에 더 강화됐다고 하면 결국 박정희 정권 때
그랬겠군요?

서복경

네, 그 프레임이 박정희 정권 때 더 강화됐죠. 58년 선거법
이전에는 다 허용되지만 뭐뭐는 안 된다는 식의 네거티브
방식이었고, 58년 선거법부터는 다 안 되지만 이거저거는
허용한다는 포지티브 방식으로 바뀐 거죠. 우리는 아직도
선거법과 관련해서는 58년 체제에서 살고 있습니다.

이철희

우리 선거법의 모태가 된 일본의 경우는 어때요?
바뀌고 있다고 들었습니다만.

서복경

일본이 아직까지 유지하고 있는 것은 기간 제한 조항이에요.
인적 제한이나 방식 제한은 많이 완화하고 있습니다.

이철희

다른 나라에서는 이런 제한 조항이 없나요?

서복경

적어도 OECD 국가를 기준으로 하면 없습니다.

이철희

선거법은 일본에서 수입한 반면 정당법은 그 모티브를
아르헨티나에서 찾았다면서요?

서복경

그렇죠. 현재까지 제가 확인한 건 아르헨티나에요.
기원(origin)으로 따지면, 아르헨티나 이전에 독일의 나치즘
모델이 있을 거라고 추정합니다만 아직 거기까진
못 찾았습니다. 어쨌든 우리나라에서 정당법이 만들어진
것이 1961년 박정희 군사 쿠데타 직후인 1962년입니다.

이철희

그럼 민정으로 넘어가기 전의 군정 때죠?

서복경

박정희가 1963년에 헌법을 바꾸는데, 그 헌법을 국민투표에
부친 다음에 민정이양을 했거든요. 헌법을 통과시킨 다음에
국가재건최고회의 주도로 정당법을 통과시킨 다음에
민정이양을 하고, 선거를 치렀다는 게 중요합니다. 정당법이
정당의 설립이나 활동을 막는 성격을 지녔다는 거죠.
당시 시점에 세계적으로 정당을 법으로 규제하는 나라는
아르헨티나뿐이었어요. 근데 아르헨티나 정당법에 비해
박정희 정당법의 규제 강도가 한 5배 정도 높습니다. 우리가

훨씬 강하다는 거죠. 아르헨티나의 1949년 정당법은
포퓰리스트(populist) 정권으로 불리는 후안 페론 집권 시절에,
1956년 정당법은 페론의 실각 후 프론디시 집권 시기에
만들어졌습니다. 그들도 어딘가에서 베꼈겠죠.

이철희

그러면 쿠데타 이후의 군정 때 도입한 정당법의 요체가
뭐에요?

서복경

정당의 정치 활동을 제한하는 방식은 세 가지가 있어요.
하나는 머니(money)죠. 돈으로 규제하는 방법이 있고, 다음은
정치 활동의 내용을 제한하는 방식이 있어요. 우리나라의
공직선거법은 이 두 번째 규제를 담은 것이고, 정치자금법은
첫 번째를 담은 거죠. 셋째는 정당의 설립이나 해산 등의
요건을 법으로 엄격하게 정해서 제한하는 겁니다.

이철희

다른 나라에서도 돈 제한은 하잖아요. 그걸 제한하지
않으면 돈 많은 사람들의 목소리가 지나치게 많이
반영되니까 이른바 금권정치가 이뤄지는 것이죠. 이걸
플루토크러시(plutocracy)라고 부르죠. 최근에 니콜스와
맥체스니가 『달러민주주의』(Dollarocracy)란 제목의 책을
냈는데 같은 문제의식을 담고 있더군요. 이들은 '미디어와
돈의 선거유착(election complex)'이 미국 민주주의를 해치고
있다고 통렬하게 지적합니다.

서복경

다른 나라의 경우 비록 편차는 있지만 대체로 정치활동에
대한 내용적 규제는 별로 없어요. 가급적 자유롭게 풀어주죠.
근데 대개의 민주주의 국가들에서는 정당 조직 자체를 통한
제한은 안합니다. 결성에 요건을 두거나, 해산할 수 있게
하지는 않거든요. 왜냐하면, 정당이란 게 기본적으로 민간
결사체이기 때문입니다. 민간의 정치 결사체로 시작해서
이 정당이 선거를 통해서 의석을 얻어서 의회로 진입하는
순간부터 공적 제도가 되는 거죠. 원내정당이 돼야 국가를
운영하는 한 주체로서 공적 기관이 된다는 얘깁니다.
그 이전에는 민간의 정치결사체일 뿐이에요. 동호인 모임을
규제하는 법이 없듯이 민간 결사체로서 정당을 규제하지는
않는 게 정상입니다. 그런데 조직의 결성 또는 해산을 통한
규제 방식이 박정희 정당법의 핵심이죠. 이것은 지금의
정당법에도 고스란히 남아 있어요. 서울에 중앙당이 있어야
하고, 다섯 개 시·도에 정당의 지부(Branch)가 있어야
설립이 되죠.

이철희

그전에는 더 조건이 엄했죠. 지구당이 있던 시절에는
지구당별로 30명씩 최소당원 수를 정해놓고 있었어요.
정당 만들기가 정말 쉽지 않았죠.

서복경

정당의 창당 과정 자체에 개입하는 나라는 없어요. 우리는
유사정당 명칭을 못 쓰게 하고, 선거에서 의석을 얻지
못하거나 2%를 득표하지 못하면 등록이 취소됩니다. 우리
헌법에 따르면 정당 해산은 헌법재판소의 심판을 통해

가능하게 돼있잖아요? 그런데, 현행 정당법은 헌재 심판을 통하지 않고서도 해산이 가능하도록 해놓았죠. 2% 득표를 못하거나, 정당 등록 요건의 하나인 시·도당별 1,000명 이상의 당원 요건을 채우지 못하면 해산하게 돼있습니다. 그래서 저는 정당법이 위헌적이라고 봅니다. 이 정당법을 세팅한 것이 박정희 정권이고, 이게 아직까지도 유지되고 있는 겁니다.

이철희

당시 연세대 변우창 교수가 정당법을 정당단속법이라고 할 정도로 규제가 심했던 것은 불공정 경쟁을 강제하기 위한 장치로 정당법이 만들어졌다는 거잖아요. 혁신 정당을 비롯해 다양한 형태의 신생 정당의 출현을 막기 위한 제도적 장치라는 거죠. 그런데 당시에는 그렇다고 치더라도 민주화된 후에도 왜 이 법의 골자가 바뀌지 않은 겁니까?

서복경

카르텔(cartel)이죠. 현역뿐만이 아니라 이미 의석을 확보하고 있는 기성 정당에게 유리한 제도이거든요. 그들의 입장에서는 규제 완화가 곧 언제든지 의회 밖의 도전자를 허용하는 것을 의미합니다.

이철희

카르텔이라는 말은 기득권 담합 구조를 일컫는 개념이죠. 기존 정당들이 손잡고 새로운 정당이 출현하지 못하도록 진입장벽을 만들어 놓고, 당원을 비롯한 풀뿌리 조직이나 시민사회와의 연계가 약화되고, 국가로부터 보조금을 받아 유지되는 카르텔 정당 시스템이 우리 정치를 병들게 만드는 핵심 원인 중 하나에요.

"역사적으로 볼 때 흔히 애기하는
정치개혁가 정신(political entrepreneurship)이
지금의 야당에게는 없어요."

서복경

대의제 민주주의를 정당민주주의라고 하는 이유는 언제든지
사회변동에 따라 새로운 정당이 생겨나고, 거기로부터의
압박이 기성 정당의 변화를 강제함으로써 대표성을 높이는
거거든요. 그렇기 때문에 대의제에서는 정치 결사의
자유가 아주 중요한 겁니다. 기성 정당이 썩으면 대안이
만들어진다는 것, 다시 말해 대안의 출연 가능성이 열려 있기
때문에 기성 정당들이 새로운 의제에 민감하게 반응하고,
선거에서 이기기 위해 열심히 노력할 수밖에 없죠.
변화하든가 도태되든가, 둘의 하나를 함으로써 정당 시스템이
변화에 적응하도록 만드는 게 이 체제의 핵심 원리입니다.
근데 우리는 그때부터 지금까지 아예
못 들어오게 하는 경쟁 제한으로 기성 정당들이 엄청난
기득권을 누리고 있는 거죠.

이철희

기득 질서를 유지하기 위해서 제시하는 논리는
어떤 거예요?

서복경

민주화 이후 선거법에 대해서도 많은 헌법학자들과
정치학자들이 부당하다고 지적했거든요. 그런데도 이게
유지되는 이유 중에 하나는 민주당 계열의 정당이 이를
선호하기 때문입니다. 민주당 계열 정당이 제시하는 논리는
이래요. 지금 새누리당은 독재체제의 유산을 가지고 있어서
어마어마한 조직과 돈을 갖고 있는데 우리는 아무것도 없다,
그러니 우리가 저들과 경쟁을 하려면 그들의 손발을 잘라야
한다, 정치활동의 내용을 규제하고, 돈을 못 받게 하고,
조직을 위축시켜야 한다. 한 마디로 변명이고, 기득권을
지키기 위한 알리바이일 뿐이에요. 정당법과 관련해서도 같은
맥락의 논리를 제시해요. 정치 결사의 자유를 열어야 한다고
얘기하면, 자민련이나 자유선진당의 예를 들면서 돈과 권력이
있는 저들이 정당을 2개든 3개든 만들 수 있으니 경쟁 제한
체제가 옳다고 합니다. 새정치민주연합을 비롯해 민주당
계열의 정당들이 이 시스템을 적극 방어하기 위한 싸움에서
전위역할을 담당해왔어요.

이철희

민주당 계열의 정당, 즉 열린우리당이 주도한 2004년의
정치개혁, 즉 지구당을 없애버리는 등의 조치는 1958년의
선거법과 1962년의 정당법 체제를 바꾼 게 아니라 더 나쁜
쪽으로 강화한 것이네요. 실제로 그 당에 매우 안 좋은
결과로 나타났죠?

서복경

그들이 제일 손해를 많이 봤죠. 근데 꼭 손해만 본 건
아니에요. 그들이 얻은 이익도 만만찮습니다. 새누리당 계열

정당에 비해서 그들이 훨씬 데미지를 많이 받았지만, 저렇게
지리멸렬함에도 불구하고 망하지 않고 버티는 것은
그 법으로 새로운 도전이 들어오지 못하게 막았기
때문이에요.

이철희

비록 선거에는 연전연패하지만 그럼에도 기득권을
보호하는 기제로서는 아주 좋으니까 바꿀 시도조차 안하는
거군요. 한심합니다. 그래서 집권 의지는 점차 옅어지고
재선을 향한 권력의지만 넘쳐요. 작게, 그러나 오래
먹자는 유혹에 빠진 야당은 사회경제적 약자에게 되레
짐이에요 짐!

서복경

정치관계법을 크게 바꾸었던 1994년이나 2004년에
이 시스템을 깼더라면 민주당 계열의 정당은 지금보다 훨씬
좋아졌을 거예요. 우선 영남에서 지역당이든 뭐든 신당이
생겨났겠죠. 이 정당이 지역에서 새누리당과 경쟁하는 건
불가피하니까 총선을 한두 번 겪고 난 뒤에 민주당 계열의
정당과 총선이나 대선에서 연합(coalition)할 수도 있어요.
공조의 경험이 쌓이고 양자 간의 관계가 원만하면 나중에
민주당 계열 정당의 하부조직으로 들어올 수도 있겠죠.
그렇게 되면 당의 조직력이나 영향력이 엄청 커졌을 겁니다.
그런데 역사적으로 볼 때 우리가 흔히 얘기하는 정치개혁가
정신(political entrepreneurship)이 지금의 야당에는 없어요.

이철희

그 결과 선거에서 적나라하게 드러나듯이 정당

역량(capability)에서 새정치민주연합이 새누리당에 한참
못 미치잖아요. 격차가 계속 벌어지는 추세인데, 이런
흐름을 반전시키지 않고 진보 진영 또는 야권이 승리할 수
있을까요?

서복경

개인적으로 저는 굉장히 쉽지 않다고 보는 입장입니다.
그래서 어떻게 하면 이 시스템을 바꿀 수 있을까를 고민하죠.
얼마 전까지만 해도 민주당 계열의 정당이 비록 기득 질서의
한 축이긴 하지만 그들이 집권의 목표를 가지고 있기 때문에
그걸 위해서라도 야권의 새로운 모멘텀(momentum)을 만들어낼
수도 있다고 생각했어요. 하지만 지금은 그럴 가능성이 별로
없다고 판단합니다. 오히려 시스템 밖에 있는 정치적 에너지,
그게 지역정당 운동이든, 아니면 제3당 운동이든 이들이 힘을
합치는 가능성에 더 주목하고 있습니다.

이철희

민주당 계열의 정당이 가만히 두고 보지는
않을 거 같은데요.

서복경

2015년 4월 29일에 있었던 호남의 보궐선거에서 보인 민심의
속살은 새정치민주연합에 대한 반감이 아니죠. 더 근본적인
차원에서 민주주의 제도와 선거가 작동하는 한 지역의
독점정당에 대한 압력은 끊임없이 생길 수밖에 없어요. 호남
유권자 입장에서 민주당 계열의 정당이 아닌 누군가를 찍고자
하는 욕구는 선거 기제가 작동하는 한 자연스러운 거죠.
그 대상이 무소속이든 새누리당이든, 아니면 정의당이든

상관없어요. 그런 욕구나 수요는 영남에서도 나올 거예요. 수도권은 지방과 달리 매우 이질적인 사회인데, 여기서 메인으로 경쟁하는 두 당이 욕구를 충족시켜주지 못한다고 할 때 이에 대한 압력은 계속 생겨날 겁니다. 그래서 전 그런 면에서 우리나라가 정치적으로 굉장히 역동적이라고 봐요. 인위적으로 보호되는 양당체제, 그들만의 리그가 공고해 보이기도 하지만 기반이 매우 약한 것도 사실입니다. 어디서 나오든 간에 위협하는 세력은 끊임없이 나올 거예요. 언제가 될지는 모르지만, 기존 시스템에 만족하지 못하는 힘들이 지금은 다 각개로 존재하지만 어떤 역사적인 계기를 만나 합쳐지는 순간이 오면 그것이 기성 질서에 균열을 낼 가능성이 훨씬 더 크지 않을까 싶어요. 수권(受權)을 목적으로 하는지도 잘 모르겠지만 어쨌든 집권을 위해 민주당 계열 정당이 솔선수범할 가능성은 거의 없어 보입니다.

이철희

새정치민주연합이 스스로 변화할 가능성보다는 외부의 충격을 통해서 깨지는 길이 더 현실적이라는 얘기군요.

서복경

방법은 두 가지예요. 충격이 가해져서 새정치민주연합이 그에 따라 변화할 수도 있고, 깨질 수도 있죠. 둘 중 어느 쪽으로 갈지는 모르겠습니다. 그러나 어쨌든 최초의 동인(動因)이 그들 내부로부터 나올 것 같지는 않아요.

이철희

양당체제에 대한 도전이 보수의 반대쪽, 진보 진영에 주로 나타나는 건 왜 그렇습니까?

서복경

우리나라만 그런 건 아니에요. 그렇게 나타나는 이유는 일종의 시스템 효과죠. 상대적으로 어느 나라나 보수는 시장질서의 기득권을 기반으로 하고 있는데, 이 시장질서의 기득권 자체가 합을 만들어 내는 힘이 있는 겁니다.

이철희

기득권이 있으니 그걸 지키기 위해 보수는 분열보다는 통합을 지향하게 되는 거죠. 그래서 전략도 보수가 강합니다. 반대로 진보는 바꿔야 하니 갑론을박이 있을 수밖에 없고, 그 때문에 통합보다는 분열의 가능성이 더 크죠. 옳고 그름을 따지다 보니 전략에 둔감해져요.

서복경

기득권을 갖지 못한 쪽은 어느 나라나 분절화돼있거나 파편화돼있어서 시스템 충격이 오면 기득 진영보다는 도전 진영에 많이 가해지는 것이 보다 일반적이죠. 헌데 보수나 우파에게 그 충격이 먼저 오는 경우도 있어요. 유럽에선 EU의 등장이 기존의 정치균열 구조에 상당한 충격을 줬어요. 통합에 따라 혜택을 보는 위너(winner)와 손해를 보는 루저(loser)가 있다면 극우가 이 루저를 정치적으로 동원하기 시작한 거죠. 충격이 우파에게 먼저 가해진 겁니다. 프랑스의 르펜이 좋은 예죠. 지금은 극좌도 이들을 동원하려 합니다만 처음엔 안 그랬어요.

이철희

크게 봐서, 2016년 총선과 2017년 대선을 어떻게 전망하세요.

서복경

총선은 잘 모르겠고, 대선의 경우 새누리당 정부가 2번 연속으로 하면서 유권자들이 스윙(swing)할 가능성이 커보이긴 하죠. 보수 정부 10년이니 피로감이 있을 테고, 때문에 유권자들이 바꿔보고 싶어 하는 마음이 6 대 4 정도로 더 많다고 봐요. 근데 문제는 어떻게 바꿀 것인지 하는 거죠. 그 바꾸는 수혜가 반드시 새정치민주연합이 아닐 수 있다는 겁니다.

이철희

그럼 어딜까요?

서복경

글쎄요. 가능성을 말하는 것이라 누구라고 특정하긴 어렵죠. (웃음) 저는 개인적으로 새정치민주연합이 끝까지 저 모양 저 꼴로 갈 거라는 생각은 안 해요. 대선 때가 되면 집권을 위해서 그들도 총력을 할 겁니다. 제가 요즘 좀 주목하는 부분이 있는데, 이명박 정부 5년과 박근혜 정부 5년 동안 치워야 할 게 너무 많이 쌓였다는 사실입니다.

이철희

적폐가 쌓였으면 정권교체의 가능성이 더 커진다는 점에서 주목하는 거라면 너무 당연한 얘기 같은데, 뭔가 다른 함의가 있겠죠?

서복경

적폐가 많이 쌓였다는 것은 권력이 바뀌었을 때 전직자들이 감당해야 할 리스크가 매우 높아졌다는 걸 의미해요. 이명박 정부가 박근혜 후보의 당선을 위해 국정원이나 기무사 등 모든 것을 동원해 고생, 고생했잖아요. 그것은 그만큼 정권이 바뀌면 위험했기 때문이죠. 근데 이제 5년이 더 쌓인 겁니다. 그들이 덮거나 엎어야 하는 역사가 두 배가 됐어요. 그들은 정권 재창출에 모든 것을 걸 거라고 봅니다.

이철희

그 얘기를 들으니 정권을 넘겨주는 것이 워낙 위험한 탓에 박근혜 대통령과 각을 세운 유승민 전 대표가 선택될 가능성이 희박하지만 아주 없지는 않다는 것으로 이해하고 싶네요, 왠지 모르게. (웃음)

서복경

저는 솔직히 유승민 전 대표가 대통령이 되고 안 되고 별 관심이 없어요. 제가 관심을 두는 포인트는 달라요. 유승민 전 대표가 총선과 대선 국면에서 앞선 두 권력을 어디까지 견제할 수 있을까 하는 거예요. 총선에선 사실상 어려운 것 같고, 대선은 아직 시간이 남았으니 두고 봐야죠. 보수 정부 10년을 운영해온 두 권력이 민주주의의 룰(rule)을 수용하는 것과 아닌 것의 경계에 있잖아요. 그들의 정향이나 정서는 민주주의 방식이 아닌 다른 방식을 동원해서라도 자신이 안전할 수 있다면 뭐든 할 가능성을 제가 여러 군데에서 봤습니다. 만약에 그중에 한 분인 박 대통령이 수단과 방법을 가리지 않고 권력을 지키려 한다면 그걸 견제할 수 있는 힘은 야당보다는 새누리당 내부에 있을 수밖에 없죠.

이철희

상당히 중요한 지적이네요. 민주주의가 동네에서 유일한

게임의 룰로 작동하지 않는다면 선거결과도 결과지만 나라 자체가 큰 혼란에 빠질 수 있죠. 최근 박근혜 대통령의 언행이나 행보를 보니 서 박사의 지적에 공감하지 않을 수 없군요.

서복경

저는 시금석이 2016년 새누리당 총선 공천일 거라고 봐요. 그때 새누리당 내부에서 민주적이고 평화적인 방식으로 헤게모니 이양이 이루어져서, 2017년 대선이 민주주의 룰대로 치러지도록 하는지가 중요하죠.

이철희

지금 새누리당에서 벌어지는 싸움의 본질이 그거군요. 그렇다면 불행한 시나리오로 가는 게 지금의 추세인 것 같아 가슴이 서늘해집니다. 새정치민주연합의 모습을 집단난투극에 비유한다면, 새누리당이나 여권의 그것은 부흥집회 비슷해요. 이제, 야권에 대한 얘기를 좀 해보죠. 새정치민주연합에 대한 평가는 어때요?

"누가 이기든 끝까지 싸워서 결판을 내야 해요, 저 당은. 그래야 주인이 생기죠."

서복경

막장인데, 그렇게 된 이유는 리더십의 부재가 본질이죠.
어느 조직이든 내부에서 큰 힘 두 개가 갈등하면 조직이
잘 굴러가요. 둘이 경쟁을 하면서 이기든 지든 하죠. 아니면
아예 각자도생(各自圖生)도 가능하니까요.

이철희

새정치민주연합은 큰 두 개의 정파가 아니라 너무 많이
쪼개져 있는 게 문제잖아요. 누구도 혼란을 정리한 힘이
없거나 리더십이 없는 거죠.

서복경

새정치민주연합이 살아나려면 빅뱅(big bang)을 한 번 거쳐야
한다고 봐요. 그래야 프렌차이즈 정당의 한계에서 벗어나죠.
그런데 그런 빅뱅을 만들어낼 인물이나 세력조차 없잖아요.
어쨌든 더 간절한 자가 빅뱅을 만들어내겠죠.

이철희

수없이 졌는데도 왜 그 절실함이란 게 안 생기는 걸까요?

서복경

지금 저 당의 모습은 남들 보기엔 그렇지 않더라도
내부 정서는 싸워서 얻어야 할 뭔가가 아직 남아 있다는
거예요. 빅뱅이라고 하는 것은 내 손에 아무것도 없을 때,
내가 지금 당장 '때꺼리'가 없을 때 생기는 거거든요.
저 양반들은 아직 그런 상태가 아니죠.

이철희

새정치민주연합이 혁신한답시고 위원회까지 띄워서
이런저런 안을 내놓았잖아요. 하지만 달라진 게 거의 없죠.

서복경

저는 혁신위가 실패할 거라고 봤어요. 아니 더 정확하게는
실패가 아니라 처음부터 그런 방법으로 혁신을 이뤄내는 건
불가능했다고 봅니다. 저 당은 외부인이 칼자루를 휘둘러서
바꿀 수 있는 상황이 아니에요.

이철희

그렇다고 해서 내부 혁신자가 있는 것도 아니잖아요?

서복경

그럼 망해야죠.

이철희

역시 서 박사답습니다. 단호하네요.

서복경

누가 이기든 끝까지 싸워서 결판을 내야 해요, 저 당은.
근데 끝을 보는 싸움을 하지 않아요. 어쭙잖게 멈추지 말고
피 터지게 싸우라는 게 제 주장이에요. 그래야 주인이 생기죠.

이철희

지금 싸움의 본질은 나눠 먹자는 것이지 누가 주인인지
정하는 사생결단이 아닌 거 맞아요. 지금까지 거의 모든
갈등이 대체로 담합으로 끝났죠.

서복경

새정치민주연합을 걱정하는 주변 분들에게 그 당을 도울 수
있는 유일한 방법은 '알아서 해라'고 수수방관하는 것이라고
얘기해요. 저 당은 지금까지 외부의 도움이나 힘을 빌려서
위기를 넘겼거든요. 이젠 이런 방식으로 안 돼요. 아이를
키워 보면 알게 되는 사실이 있죠. 어느 순간 애는 도약을
해야 해요. 그 도약의 시기에는 누구라도 해줄 수 있는
게 없습니다. 스스로 도약해야 하는 거죠. 그때 내가 애를
위해서 해줄 수 있는 유일한 방법이 인내를 가지고 지켜볼
수밖에 없는 때가 있어요. 아무리 안타깝고 마음이 아파도
그 타이밍에 나는 1%도 기여할 수 없는, 손을 대는 것이
마이너스가 되는 순간이 있습니다. 저는 새정치민주연합이
지금 그 순간에 처해 있다고 생각해요. 그러니까 지금 저 당에
도움이 되려면 식자층이나 진보 진영, 또는 시민단체 등이
철저히 저 당의 손을 뿌리치고 버려야 한다고 생각해요.

이철희

지금은 손을 내밀 때가 아니라 외면할 때다.

서복경

네. 죽든 살든 너희가 알아서 해라, 이런 자세를 견지해야 저
당 안에서 간절함이든 뭐든 나오겠죠. 여태까지 저 당이 '나
죽겠어요'라고 하면 구원투수들도 보내고, 수혈도 해주고,
완장도 대신 차주고 했잖아요. 근데 길게 보면 지난 30년
동안 저 당은 그런 방식으로 망가져 온 거예요. 그렇기
때문에 스스로 문제 해결 능력이나 자생력을 갖지 못하는
겁니다. 헬리콥터맘(Helicopter Mom)이 키운 애들이 결정 장애에
빠지잖아요. 서른 되고 마흔 되도 결정을 못 하는 거죠. 지금

저 당이 그렇습니다. 저 당은 뭘 해서가 아니라 결정을 못
해서 문제인 거거든요. 근데 저 결정 장애 상태에 있는 저
당의 문제를 누가 개입을 해서 해결을 해주겠어요. 결정하는
법을 스스로 터득하는 길밖에 없습니다. 아니면 망해야죠.

이철희

어쨌든 저 당이 총선은 치러야 하는데, 어떤 사람들을
내세워야 할까요?

서복경

새정치민주연합의 총선 공천은 아주 심플하게 가야 합니다.
지역에서 바닥에서부터 박박 긴 사람들을 공천해야죠. 조직에
대한 기여도를 기준으로 삼아야 합니다. 왜? 2017년 대선을
치러야 하니까요. 대선 때 누군가는 뛰어야 할 거 아닙니까.
지난번 대선처럼 후보만 천지사방 돌아다니고 로컬(local)은
죽어 있는 캠페인을 안 할 거면 2017년 대선에서 열심히
뛸 사람들을 공천하는 게 옳죠. 그래야 정당다운 정당이 될
거예요. 그런 공천을 위해서라도 피터지게 싸워야죠.

이철희

로컬도 하나의 필드지만 직능도 필드죠. 그러면
노동조합이라든지 직능조직들이 공천에 참여할 수 있도록
하면 좋겠네요?

서복경

네. 모바일 투표 같은 꼼수 쓰지 말고 정석대로 하라는
겁니다. 무조건 당원 많이 끌고 와서 가입시키고, 그다음에
당원 전체가 투표해라, 이렇게 해야죠. 누가 당원을 많이 끌고

오는지 경쟁해야지, 모바일 투표한다면서 '한 표 줍쇼' 하는
거는 그만하라는 거예요.

이철희

하지만 그렇게 선거를 위해 동원된 당원은 페이퍼(paper)
당원이나 일회용 당원일 뿐 실제 당을 위해 뛰는
액티브(active)하거나 안정적인 당원이 안 되잖아요?

서복경

저는 이렇게 생각해요. 그래도 입당원서라도 쓰는 사람하고
모바일로 한 표 주는 사람하고 다르다는 겁니다. 정당의
입장에서는 당원 수를 늘릴 수 있는 유일한 기회가 선거
캠페인 때에요. 그러니까 그때 확장을 해야죠. 그다음에
그 당원들을 체계적으로 관리하는 것인데, 이게 문제예요.
확장이 아니라 관리가 문제라는 겁니다. 선거 때 최대한
끌어 모아야죠. 그걸 안 하면 어떻게 합니까. 2016년 총선 때
최대한 당기고, 2017년 대선 때에 안정화시키고, 그다음에
그걸 자산으로 계속 가지고 가야 하는 겁니다. 이게 새로운 게
아니잖아요. 새누리당은 늘 합니다.

이철희

맞아요. 근데 당원들을 현장에서 관리할 지구당도 없어졌고,
당원들과 만나는 교육·연수 시스템도 부실하죠. 그런데다
당원이 된다고 해서 주어지는 혜택도 없으니 당원으로
활동할 인센티브가 없는 셈이에요. 그러니 잘 안 되는
겁니다.

서복경

어쩔 수 없이 모든 조직은 안과 밖의 경쟁 또는 투쟁이거든요.
근데 이너(inner)가 바깥에 있는 사람보다 하나라도 더
이득을 얻어야지 그 조직은 운영이 되는 거거든요. 근데 현대
정당이 줄 수 있는 이득이라는 게 별로 없습니다. 과거에는
지구당에서 일자리까지 알선했잖아요.

이철희

삶의 영역에서 직접적으로 줄 수 있는 게 없으면 당의 주요
결정에 참여할 수 있는 권한을 인정해주는 게 필요해요.
공직이든 당직이든 이들의 손에 의해 결정되도록 해야죠.
근데 일반 시민도 참여할 수 있게 열어버리면서 이것도
그들만의 권한이 아닌 게 됐어요. 이러니 당의 기반이
무너질 수밖에 없는 거죠.

서복경

일단 정당으로서 최소한 존속이 가능해야 그다음에
정체성이든 뭐든 따지죠. 저 당은 지속 가능한 메커니즘을
스스로 갖추고 있지 못해요. 이게 문제입니다.

이철희

자생력 없이 선거제도 등 정치제도의 힘에 의해서 연명될
따름이라는 거죠?

서복경

돈은 세금으로 충당해주고, 표는 구도에 의해서 얻고,
도전세력은 높은 장벽 때문에 배제되니 얼마나 좋아요. 돈도
그렇고, 조직도 그렇고, 표도 그렇고 저 당은 자력으로 구할

줄 모르는 정당입니다.

이철희

듣다 보니 이런 의문이 생기네요. 그렇게 못난
새정치민주연합이 지난 총선에서 어떻게 130석이란 거대
의석을 얻었을까요? 2004년 총선에서 노무현 대통령 탄핵에
대한 역풍 때문에 당시 열린우리당이 152석을 얻어 사상
처음으로 의회권력 교체에 성공한 것을 제외하면 민주당
계열 정당이 가장 많은 의석을 획득한 걸 겁니다.

서복경

유권자들의 불만이 그만큼 컸죠. 구도 효과도 있었어요.
존재함으로써 얻는 효과, 제1야당으로서 그 타이밍에 크게
사고치지 않으면 자동으로 먹는 표가 생기는 구도 때문이라는
겁니다. 근데 저는 그때가 피크(peak)라고 봐요.

이철희

소선거구제-단순다수제의 제도 효과가 여야 간에 사실상
1:1 구도로 치러진 탓에 극대화됐다는 말씀인데, 대선까지
포함해 2012년이 피크라면 이제 그렇게 안 된다는
얘긴가요?

"현재보다 과거가 더 좋았다는 식으로 가면, 박정희 때가 더 나았다고 하는 프레임이랑 같은 거거든요."

서복경

2012년이 '미워도 다시 한 번' 전략을 쓸 수 있는 마지막 타이밍이었어요. 총선과 대선이 한 해에 같이 치러졌다는 점, 유권자들이 최대치로 동원될 수 있는 상황적 조건이 다 갖춰졌다는 점 때문에 그렇습니다. 하지만 솔직히 지금은 잘 모르겠어요.

이철희

2012년이 피크라고 봤는데, 박근혜 정부가 워낙 엉망이고 시쳇말로 개판이라 그 반사이익 때문에 2016년이나 2017년이 피크가 될 수도 있다는 얘긴가요?

서복경

네. 박근혜 정부 들어설 때 설마 이명박 때보다 더하겠냐고 했잖아요. 근데 더하잖아요. 메르스 사태 때 그런 얘기가 있었죠. 노무현 정부 때는 이러지 않았다. 한편으로 생각하면 이런 게 사람들이 마음의 위안을 얻는 방식이기도 하지만 다른 한편으로는 안 좋은 시그널(signal)이에요. 미래에 대한 기대를 가지고 평가를 받아야 되는 거죠. 현재보다 과거가 더 좋았다는 식으로 가면, 박정희 때가 더 나았다고 하는 프레임이랑 같은 거거든요. 과거 논쟁으로 미래를 열 수는 없습니다.

이철희

저도 생각이 같습니다. 진보가 김대중·노무현 정부에
대해 인색하게 평가하는 것은 문제라고 봅니다. 기억이나
평가도 일종의 정신적 인프라라고 할 수 있으니 잘한 점을
적극적으로 부각시키는 것은 중요하죠. 하지만 지나치게
좋았던 시절, 과거에 대한 향수로 버티는 것은 미래를
개척할 실력이 부족하기 때문이라고 봅니다. 새로운 사회를
상상하고, 새로운 시대를 열어야죠.

서복경

그렇습니다. 지금은 민주정부 10년을 창조적으로 극복하는
노력이 필요할 때입니다.

이철희

야권의 대선주자들에 대한 평가를 듣고 싶은데요.

서복경

개인적으로 안철수 의원에 대한 기대는 별로 없습니다.
솔직히 처음부터 없었어요. 한 사람의 유권자로서 좀
불쾌했어요. 5천만 국민의 생계를 책임져야 하는 대통령의
자리가 그렇게 만만한가, 이런 생각이 들었어요. 준비가
안 됐다고 봤습니다. 인간적으로도 좀 교만하다고 느꼈어요.
감당할 수 없는 일을 자임하고 나섰기 때문이죠.

이철희

문재인은 어때요?

서복경

그분도 준비가 안 된 건 마찬가지죠. 정치 안했어야 한다고
봅니다. 국민이 부른다는 걸 나오는 명분으로 삼는데,
대한민국에서 국민이 안 불러준 정치인이 어디 있어요.
다 불러서 나왔죠. 당시에 새정치민주연합이 그럼 대안이
있었느냐 하는 반론은 가능해요. 하지만 선거에서 이기는
문제하고 국가를 운영할 능력이 있는가 하는 건 다른 문제죠.

이철희

정치에서 실력과 인기의 미스매치(mis-match)는 언제나
딜레마죠. 2012년에 손학규 전 대표가 후보로 나섰다면
어땠을까요?

서복경

가장 상식적이고 합리적인 선택이었겠죠. 실제 능력은
모르겠으나 어쨌든 정치에서 커리어를 쌓았고, 선거도 여러
번 치렀잖아요. 최소한 대한민국이라는 국가가 어떻게
돌아가고, 헌법과 제도가 어떻게 구성되어 있는지를 경험한
거죠. 안철수는 아예 그런 경험이 없고, 문재인은 선출된
대표를 안 해보고 참모로서 일한 경험밖에 없죠.

이철희

영국의 철학자이자 물리화학자인 마이클 폴라니(Michael
Polanyi)가 말한 암묵지(tacit knowledge)가 생각나는군요.
암묵지는 경험을 통해 얻어지기 때문에 경험지(experiential
knowledge)라고도 하는데, 학습과 경험을 통하여 몸에 배인
것으로 언어나 문자로 표현하기 어려운, 겉으로 표출되지
않는 지식을 일컫는 겁니다. 정치, 특히 리더십에서도 사실

이런 경험지가 대단히 중요하지요.

> **서복경**
>
> 사실 정치만큼 그게 중요한 데도 없죠.

이철희

정치적 훈련, 경험치 없이 한 나라를 잘 다스릴 수 있지만
그렇다고 해서 경험치만 있다고 해서 충분한 것도 아니지요.

> **서복경**
>
> 맞아요. 일종의 필요조건일 뿐이죠.

이철희

외국의 예를 보면 뉴페이스(new face)들이 가끔 등장해 돌풍을
일으키잖아요. 우리와는 다른 건지요?

> **서복경**
>
> 많이 달라요. 우린 정치 경험이 아예 없는 사람을 신선하다고
> 보지만, 외국에서 어느 순간 새롭게 뜨는 뉴페이스나 새로운
> 지도자들은 이런저런 선거와 지방단위나 중하위의 공직을
> 경험한 사람들이에요.

이철희

맞습니다. 미국의 카터나 클린턴이 혜성처럼 등장했다고
하지만 그래도 지사 경험을 한 사람들이니까요. 하다못해
오바마도 주 하원의원을 지냈고, 연방 상원의원을 하다가
출마해서 당선된 거죠.

서복경

우린 이러잖아요. 검사 하다가, 변호사 하다가, 교수 하다가, 의사 하다가 나도 이만큼 했으니 이제 국회의원 한 번 해보자. 아무런 장벽이 없잖아요. 지금 이런 정치 문화가 만들어져 있죠. 민주화 이후에 새로 들어온 국회의원들이 다 그 나물에 그 밥이니 자꾸 물갈이 요구가 나오는 거죠. 그러니 이런 문화가 생긴 겁니다. 근데 선거 정치에서 사회의 새로운 변화를 반영할 수 있는 신세대(new generation)를 키우는 문제하고, 이들이 곧바로 국가운영을 담당하도록 하는 것은 다른 문제죠. 초·재선 때엔 교육받고, 트레이닝 해야지 장관 가고, 대통령 선거 나가는 것은 아닙니다.

이철희

공감합니다. 열린우리당은 그야말로 초선들의 전성시대였죠. 열린우리당의 초선이 108명이었는데, 워낙 말이 많고 주장이 강해 108번뇌라고 부를 정도였으니까요. 새로움이 중요하나, 그 새로움만 대접받고 경험이나 경륜이 무시되는 큰 잘못이라고 봅니다. 사회적으로 엉터리 자산관리죠.

서복경

YS나 DJ가 집권했을 때까지만 해도 이 정도는 아니었습니다. 저는 열린우리당의 경험이 터닝 포인트라고 생각해요. 2004년 치러진 17대 총선 결과 전체 299명의 의원 중 188명이 초선으로 전체의 63%였습니다. 5선과 4선이 각각 8명, 3선이 40명, 재선이 55명이었습니다. 그러다 보니 재선들이 상임위원장을 맡고, 장관으로 들어가기도 했죠. 유시민 장관이 그런 경우예요. 그런데 10명의 장관이 있으면

7~8명은 경험을 갖추거나 능력이 검증된 사람으로 하고, 나머지를 신진인사로 하는 게 적절해요. 유시민 장관이 재임 때 한 것이 기초노령연금과 장기요양보험입니다. 이게 우리나라 사회보장의 중추에 해당되는데, 이런 코어(core)를 유 장관이 세팅해냈으니 학습효과를 낳을 수밖에 없죠. 경험이 그렇게 중요한 게 아니구나, 이런 생각을 하게 된 거예요.

이철희

우리 정치의 폐해 중에 하나가 경험 천시와 새로움(新) 중시의 풍조, 이른바 '신주의'(new-ism)이죠. 이게 반정치(anti-politics)의 흐름과 연결돼 진보 정치의 성장을 심하게 위축시키고 있습니다. 정치에 대한 보통사람들의 생각이 이제 달라질 것으로 기대하면서 마치겠습니다. 오늘, 장시간 고맙습니다.

"호남과 친노에 묶이는 건 김대중, 노무현 대통령이 지향했던 정치와도 배치된다고 봅니다."

이상돈 교수

이상훈 교수

이상돈 명예교수는 중앙대에서 학생들을 가르쳤고, 지금은 합리적 보수를 대표하는 냉철한 지성인으로 활동하고 있다. 이 교수를 말할 때는 그가 낸 책의 제목처럼 '비판적 환경주의자', '공부하는 보수'라는 별칭이 따라붙는다. 2012년 대선에서 박근혜 당시 후보를 개혁적 보수로 견인하는데 상당한 기여를 했다. 요즘에는 새정치민주연합의 비상 대책 위원장에 영입 제의를 받았으나, 진통 끝에 무산된 바 있다.

이상돈은 서울대학교 법과대학을 졸업하고 동 대학에서 법학 석사 학위를, 미국 튤레인 대학과 마이애미 대학에서 법학 석사 학위와 비교법학 석사 학위를 받았고 1983년 튤레인 대학교에서 법학 박사 학위를 받았다. 중앙대학교 법과대학 교수로 재직했다. 1995년부터 2003년까지 〈조선일보〉 비상임논설위원으로, 또 여러 정부 부처의 각종 위원회 위원을 역임하기도 했다. 특히 2004년부터 6년간 중앙하천관리위원회의 위원을 지냈으며, 2009년부터 2011년까지는 4대강 사업을 저지하기 위한 국민소송단의 공동집행위원장을 맡아 활동했다. 2012년 대선에서 새누리당 정치쇄신특별위원회 위원을 지내면서 진영 논리가 아닌 사안에 따른 합리적인 발언으로 주목을 받았다. 2013년 중앙대학교를 명예퇴직했다. 현재는 MBN, JTBC 등의 방송 시사 프로그램에 출연하고 있으며, 〈시사저널〉과 〈경향신문〉에 칼럼을 기고하고 있다.

이철희

편안해 보이시는데, 요즘 어떻게 지내십니까?

이상돈

몇 개 신문에 칼럼 쓰고, 방송에도 간간이 출연하고 있습니다.
우리 정치 꼴이 정말 말이 아니어서 좀 답답한 마음으로
지냅니다.

이철희

저도 답답합니다. (웃음) 이상돈 교수님은 학자이면서도
사실 정치가 어떻게 돌아가는지 가까이서 오랫동안 지켜봐
오셨잖아요. 실제 대선 캠프에 참여한 적도 있었고요.
한국 정치에서 제일 아쉬운 대목이 뭡니까?

이상돈

여당이나 야당 모두 과거에 너무 묶여 있는 거 같아요.
돌이켜보면, 2012년 총선이나 뒤이은 새누리당 대선후보
경선에서 박근혜 후보는 광폭행보, 통합행보를 했어요.
색깔론의 시옷으로 안 나왔잖아요. 기껏해야 막판에 박근혜
당시 비대위원장이 제주 해군기지나 한미 FTA를 거론하면서
야당을 말을 바꾸는 세력이라고 표현한 게 전부예요.
그래서 전 박근혜 대통령이 아버지 박정희 시대의 공과 중,
인권침해와 같은 과의 부분을 풀어줄 거라고 기대했습니다.
근데 그게 안 됐죠. 제가 할 말이 없습니다. (웃음) 이처럼
여권도 박정희란 과거에서 못 벗어나고, 야권도 노무현
대통령에게서 한 발자국도 못 벗어나고 있어요. 이러니
답답할 수밖에요.

이철희

시대 흐름을 일별해 보면, 1987년 민주화가 이뤄지고 난
다음 1998년 최초의 정권교체가 달성됐죠. 그렇게 민주정부
10년이 지난 뒤 다시 정권교체가 이뤄져 이명박 정부를
거쳐 박근혜정부까지 왔습니다. 박정희 시대가 1979년에
막을 내렸고, 민주화가 된지도 어언 30년이 다 되어
가는데 또다시 박정희 대통령의 딸이 후보로 등장했으니
야권으로서야 과거사 프레임을 제기할 만해요. 저는
개인적으로 이 프레임의 유용성에 동의하지 않지만 어쨌든
이해할 대목은 있다고 봅니다. 그런데 왜 여권은 앞으로
안 나가고 자꾸 노무현 프레임을 쓰면서 과거사로 승부를
보려고 하는 거죠?

이상돈

박근혜 대통령의 태도 때문이죠. 아버지와 딸의 관점에서
헤어나지 못하고 있는 것 같아요. 또 하나는, 보수 여권이
아직까지 민주주의나 법치주의에 취약하다는 겁니다.
과거의 잘못을 솔직히 인정하고 개선하려고 하기보다는
취약한 부분을 색깔론으로 덮으려는 경향이 있죠. 이거 큰
문제입니다.

이철희

제가 잘못했습니다, 이렇게 말하는 게 아니라 너는 그걸
잘못하지 않았느냐는 식으로 대응한다는 말씀이군요.
공감합니다. 자기가 잘난 점을 보여주는 경쟁이 아니라
상대가 못난 점을 헤집는 다툼을 벌이는 꼴이죠. 이런 부정의
정치(politics of negation) 때문에 보통 사람의 삶은 뒷전이
되잖아요.

이상돈

네. 저는 잘잘못과 이념성향을 구분해야 한다고 봅니다.
같은 편이라고 해서 잘못을 덮어주면 안 되지 않습니까.
국정원의 대선 개입 같은 문제도 잘못된 부분을 확실하게
짚고 넘어가야지 질질 끌면서 어떻게 해서든 부담이 안 되게
만들려고 노력했잖아요.

이철희

저는 박근혜 대통령이 이명박 정부 시절의 국정원이 대선
개입한 부분에 대해 왜 그렇게 예민하게 알레르기 반응을
보이면서 숨기고 덮으려고 하는지 이해하기 어려웠어요.
너무 과하게 반응하니 뭔가 뒷거래가 있었던 거 아닌가
하는 의혹을 갖게 됩니다. 또, 야권도 이 문제에 지나치게
과잉 대응했어요. 대선 패배 후의 정치구도를 이 이슈로
세팅하는 것보다는 복지나 경제민주화로 갔어야 했는데,
참 아쉽습니다. 복지와 경제민주화를 시대적 대세로
만들었어야죠.

이상돈

정치공학이 지나치게 득세해요. 여권이 남북 정상회담
대화록 같은 것을 들춰내고, 거기에 또 야권은 얽매이게 되죠.
그러니까 과거의 일로 서로 얽히고 얽혀서 꼼짝 못 하는
상황이 만들어지는 겁니다.

이철희

그래서 친박과 친노는 적대적 공존관계라는 말이 나오는
거겠죠. 그건 그렇고, 제가 평상시에 갖고 있는 의문이 하나
있습니다. 보수진영이 김대중 대통령보다는 유독 노무현

대통령 때리기를 열심히 하는 이유가 뭘까요?

이상돈

김대중 대통령의 집권은 보수의 실패, 즉 김영삼 대통령이
경제 위기를 촉발한 탓이 크기 때문에 수용할 수 있는 거죠.

이철희

실패했으니 한 번 정도 정권을 내놓은 것은 불가피하다,
이렇게 생각했다는 거네요. 저는 여기에 더해, 과거 보수가
김대중 전 대통령을 죽이려는 시도까지 할 정도로
오랫동안 괴롭혀왔기 때문에 미안한 마음을 갖고 있는
점도 작용했다고 봅니다. 또 다른 요인도 있어요. 김대중과
달리 노무현은 보수 우위의 기축인 '하나의 영남', 즉 TK와
PK의 결합을 위태롭게 만들었기 때문에, 젊은 세대의 표를
결집시키는 힘을 가졌기 때문에 앞으로 '제2의 노무현'이
등장하지 못하도록 막는 차원에서 노무현 때리기를 한다고
봅니다.

이상돈

보수 중에는 아직도 2002년 대선의 결과를 받아들이지
못하는 사람들이 있죠. 그들이 그렇게 보는 이유가
노 대통령이 집권 5년 동안 비판세력을 탄압했기 때문은
아니에요. 노 대통령은 그러지 않았습니다. 다만 언어를 통해
누군가를 폄하하고, 비웃는 경우가 많았죠. 이게 정서적으로
보수를 자극한 측면이 있습니다.

이철희

노 대통령이 말씀을 거침없이 하긴 했지만 솔직한 어투의

문제이지 누굴 적대시하거나 악마화하지는 않았던 걸로
저는 기억합니다.

이상돈

노 대통령 때문에 보수라는 집단이 커밍아웃(coming out)
했다고 봐요. 이대로 가다가는 큰일 나는 것이 아니냐는
위기감이 있었죠. 그때까지만 해도 보수라는 기치도
없었는데, 그런 자각이 생겨나기 시작했습니다. 동아, 조선
등 보수 신문에서 뉴라이트 담론을 그때 만들었고, 이승만과
박정희에 대한 재평가가 이뤄지기 시작했습니다. 그런
점에서 제가 보기에 우리나라에서 보수운동은 노무현
대통령이 촉발 시켰다고 볼 수 있어요.

이철희

노 대통령이 정치지형이나 전략적 구도 차원에서 보수를
자극하긴 했지만, 정책적으로는 보수의 기본 이익을
건드리지 않았어요. 오죽하면 노 대통령 본인이 좌파
신자유주의라고 했겠습니까. 그런데도 보수가 요란하게
움직인 건 10년 야당에서 비롯되는 애끓는 권력욕, 대북
평화정책(햇볕정책)에 대한 반발이 크게 작용했다고 봅니다.

"노 대통령 때문에 보수라는 집단이
커밍아웃(coming out) 했다고 봐요."

이상돈

2002년 당시 한나라당의 이회창 후보가 당선됐더라면 오히려
보수라는 집단이 응집하는 현상은 나타나지 않았을 거예요.
일종의 역설이죠.

이철희

권력에 민감하고, 변화의 가능성에 예민한 것이 보수의
보편적 특성이라는 생각을 새삼 하게 되는군요. 보수가
자기 정체성을 좀 더 분명히 갖는 계기를 노무현 정부가
줬다고 했는데, 그런 점에서 열린우리당이 2004년
총선에서 승리한 후 시도한 4대 개혁입법(국가보안법, 사립학교법,
과거사진상규명법, 언론관계법)도 상당한 영향을 미쳤겠네요?

이상돈

그럼요. 그게 잠자는 세력들을 일깨운 거죠. 국가보안법은
개폐하려다 괜히 긁어 부스럼만 만들었고, 사립학교법도 너무
쉽게 생각했어요. 나중에 도입한 종합부동산세도 한쪽만
보고 전체를 보지 못한 것이라고 봐요. 그 결과 오히려 정권이
쇠락하게 된 거죠.

이철희

말이 좋아 4대 개혁입법이지 하나하나가 거대한 기득
세력과 맞서야 하는 건데 너무 준비 없이 대들었어요.

국가보안법은 반세기 가까이 유지돼온 분단체제의 힘을,
사립학교법은 학교를 가진 기독교의 보수 성향과 거대한
동원력을, 과거사법은 권력기관의 저항을, 언론관계법은
보수 언론의 여론 장악력을 고려했었어야죠. 그런 점에서
전략 없는 개혁은 되레 반동을 초래할 뿐이란 사실을
기억해야 합니다.

이상돈

2007년 대선은 친노 스스로 폐족이라고 할 정도로 분위기가
새누리당에게 좋았죠. 선거는 해보나 마나였어요. 그런 탓에
이명박 정부가 들어설 수 있었던 거죠.

이철희

2007년 당시 한나라당 내부 경선 때도 관여하셨습니까?

이상돈

아니요. 다만 심정적으로 박근혜 후보를 지지했죠.
저는 당연히 박 후보가 되는 줄 알았어요.

이철희

사실 대선 레이스가 시작된 초반에는 당 대표를 지내면서
선거의 여왕에 등극한 박근혜 후보가 앞서 나갔잖아요.
그런데 왜 졌죠?

이상돈

2006년 북한 핵 실험을 전후해서 갑자기 판세가 바뀌어서
박빙의 초접전이 펼쳐졌어요. 왜 그런 분위기가 됐는지에
대해 저는 의구심을 갖고 있습니다. 보이지 않는 손에 의한

은밀한 작용이 있었다고 봐요. 게다가 당내 경선은 선거 비용 제한이 없기 때문에 박 후보가 거기서 졌다고 봅니다.

이철희

박근혜 정부까지 보수 정권 10년인데,
어떻게 평가하십니까?

이상돈

많은 사람들이 이승만·박정희 대통령을 보수 정권이라 그러는데, 저는 거기에 동의하지 않습니다. 그들은 냉전 시대에 우익에 섰던 반공 정권이었어요. 특히 박정희 대통령은 국가 주도의 경제발전을 이룩했기 때문에 시장경제의 자율성, 개인의 자유와 책임을 강조하는 서구적 또는 미국적 보수주의와는 거리가 멀다고 봅니다. 김대중 정부는 경제를 살리기 위해서 국가 개입이 불가피하게 필요한 상황이었고, 일정 부분 성공했죠. 노무현 정부는 사실 경제에 크게 개입하지 않았어요. 하지만 부의 격차를 완화시킨다는 미명하에 사유재산권과 경제적 자유를 제한하려고 하다가 역풍을 맞아 몰락했어요. 개인적으로, 개인과 민간 부문의 자유·창의를 존중하고, 정부나 국가는 국민의 생명과 자유를 지키는 기본에 충실하면서 민주주의와 법치주의를 확고히 해서 공정한 룰(rule)을 만드는 것, 나는 이것이 보수주의라고 봅니다. 이런 관점에서 보면 이명박 정부는 실패했고, 박근혜 정부는 실패하고 있죠.

이철희

제대로 된 보수주의가 구현되지 않고 있다면, 그게 보수 전체의 문제입니까 아니면 보수 내에서 헤게모니

(hegemony)를 잡고 있는 특정 분파의 문제입니까?

이상돈

보수가 그런 쪽으로 움직이도록 지금이 야당이 집권했을
때 강제한 측면이 있죠. 노무현 대통령이 국가보안법을
폐지한다고 하니까 그동안 별로 모이지도 않았던
6.25나 베트남전쟁 참전했던 사람들이 하나의 세력을
만들었잖아요.

이철희

진보가 반공보수의 분기를 촉발했다는 얘기군요.
사실 노무현정부 시절에 대기업과 갈등을 크게 빚은 건
없었잖아요. FTA 등으로 대기업을 오히려 도와줬죠. 때문에
보수도 그런 걸로 반대하기보다는 반공이나 반북 같은
이슈로 결집을 도모한 것이 사실이에요.

이상돈

그렇죠. 덧붙이면 친노 세력이 보수 언론에 대한 강한
반감을 표출한 것도 하나의 원인이죠. 보수 언론이 앞장서서
사사건건 노무현 정부를 비판했으니까요. 사실 〈동아일보〉는
호남에 기반을 둔 탓에 1997년 대선 때 은근히 김대중 후보를
지지했던 언론 아닙니까. 하지만 나중에 돌아섰죠.

이철희

그런데, 교수님이나 새누리당의 유승민 전 대표, 대선 때의
경제민주화실천모임처럼 개혁적 보수도 상당한데, 왜
이들의 목소리보다는 반공 보수나 안보 보수의 목소리가
득세하는 이유가 무엇일까요?

이상돈

대통령이 그런 선택을 했기 때문이죠. 이명박 대통령은
후보 시절 보수를 들고나온 사람이 아니에요. 하지만 4대강
사업 등 실정을 거듭하다 보니 민심을 잃게 되고, 그럴 때
겸허하게 인정하지 않고 역으로 상대방의 잘못을 지적하거나
흠집을 내서 방어하려고 했던 거죠. 그런데 이런 전략이
실제 먹혔거든요. 그러다 보니 낡은 보수의 틀에서 벗어나질
못한 겁니다.

이철희

어느 정부든 키를 잡고 있는 리더, 즉 대통령이
어느 방향으로 끌고 가는지가 중요하다는 말씀으로
이해하겠습니다. 그런 점에서 이명박 대통령은 우클릭과
함께 천박화의 길로 나아갔고, 박근혜 대통령도 지나치게
우경화한 것 같아요.

이상돈

그렇죠. 유권자들이 두 번 속았다고 봐요. 이명박 대통령도
후보 시절과 다른 통치를 했고, 박근혜 대통령도 약속한 바와
다른 길을 걷고 있죠. 이명박 정부때는 2007년 새누리당
경선에서 박근혜 후보를 지지했던 사람들이 오히려 MB의
골수 지지자가 돼버릴 정도였어요. 박 대통령도 당선 후에
복지나 경제민주화를 버렸죠.

이철희

야당 얘기 좀 해보죠. 야권이 배출한 두 명의 대통령 중,
김대중 대통령을 따르는 현실정치의 세력은 거의 없습니다.
박지원 의원이 있기는 하나 단기필마에 불과하죠.

김 전 대통령은 세력이 아니라 지역으로는 계승되고
있습니다. 반면에, 노무현 대통령은 친노라는 정치세력으로
이어지고 있습니다. 이 호남과 친노가 야권의 대강을 이루고
있는데, 그렇다면 이 때문에 야권이 과거에 묶여 있는
걸까요?

이상돈

그런 부분이 많죠. DJ가 호남에 고립되지 않기 위해 얼마나
노력했습니까? 노무현 대통령은 기성질서를 깨기 위해
얼마나 노력했습니까? 호남과 친노에 묶이는 건 그분들이
지향했던 정치와도 배치된다고 봅니다.

이철희

저는 진보의 부진을 겪어야 할 성장통(成長痛, growing
pains)이라고 봅니다. 세계의 진보가 사실 복지국가 이후에
새로운 비전을 제시하지 못하고 있거든요. 자신들이 어떤
사회를 지향하고, 그걸 어떻게 구현할지에 대한 얘기를 저는
시대 담론이라고 표현합니다만, 진보에게는 지금 새로운
시대 담론이 없습니다. 뿐만 아니라 국내적으로도 지난
시대의 민주화에 버금가는 시대 담론이 없는데, 복지를
지향하고자 하나 세계적으로 반(反)복지의 신자유주의
흐름이 여전히 강세라 이래저래 힘들 수밖에 없다고 봅니다.
시대담론이 있어야 승리전략이 나오고, 강한 리더십이
구축되는 것인데, 그런 게 잘 보이지 않으니 성공한 과거에
매달리는 거죠. 그나저나, 2016년 총선과 2017년 대선을
어떻게 전망하십니까?

"현재 야당이 풀어야 할 제일 큰 과제는, 도대체 그 정당의 비전과 정책을 어느 방향으로 끌고 가야 하느냐, 이겁니다."

이상돈

새누리당이 이런저런 문제로 갈등과 소란을 겪었고, 지금도 겪고 있지만 그래도 새누리당이 깨질 가능성은 없어요. 죽이 되던 밥이 되던 안에서 싸우는 걸로 그칠 겁니다. 하지만 야당은 지금의 모습 그대로 총선에 임할 것인지 미지수잖아요. 당이 쪼개질 수도 있고, 밖에 있는 세력이 합류할 수도 있죠. 어쨌든 야당의 경우 지금 이대로 선거를 치르지는 않을 거로 봅니다.

이철희

야당의 혁신에 대해서는 어떤 생각을 갖고 계십니까?

이상돈

공천을 둘러싼 갈등이나 물갈이는 필요하겠죠. 그러나 제가 보기에 현재 야당이 풀어야 할 제일 큰 과제는, 도대체 그 정당의 비전과 정책을 어느 방향으로 끌고 가야 하느냐, 이겁니다. 이게 제일 중요합니다. 조직화된 노동의 수가 갈수록 줄고 있음에도 이들에게 너무 신경 쓰는 것 같습니다. 반대로, 호남이나 수도권 또는 20~30대를 배려하는 비전과 정책은 부족해요. 이렇게 해서는 다음 총선과 대선에 좋은

성적을 내기가 어려울 거예요.

이철희

사회경제적 약자들이 이룬 결사체, 즉 노동조합이
정치적으로 더 큰 목소리를 내야 하는 거 아닌가요?
보통사람이 살기 좋은 나라일수록 노조의 힘이
세지 않습니까.

이상돈

우리도 이제는 탈산업화 시대에 접어들었기 때문에 노조에
대해서도 옛날과 다르게 봐야 해요. 게다가 정치적으로 볼
때, 노조로부터 자유롭지 못한 야당이 과연 국민 다수의 표를
얻을 수 있을까요? 저는 회의를 갖고 있어요.

이철희

저는 정당이 사회적 기반을 제대로 갖지 못하는, 다시 말해
누구를 대표할지 불분명해서 문제라고 보는 편입니다.
노동을 포용하지 못하는 게 야당의 큰 약점이라는 거죠.

이상돈

노조에 불편한 말을 한마디도 못 하는 건 문제예요. 또 하나,
요새는 인터넷에 댓글을 달거나 SNS에서 활발하게 활동하는
열성적 집단의 눈치를 많이 보는 것도 큰 문제입니다. 결국
외연을 확장시키지 못하면 선거가 또 어렵다는 겁니다.

이철희

비전과 노선을 바꾸어야 한다고 하셨는데, 그럼에도
인적 쇄신이 필요하다는 데에는 공감하십니까?

이상돈

그렇죠. 선거는 인물경쟁이기도 하니까요. 다만 국회의원을
시험 봐서 공천할 수 없듯이 어떤 제도든 그것을 통해
기계적으로 할 수는 없어요. 공천과정이 곧 정치고,
리더십이잖아요. 공천은 일찌감치 서두를 게 아니라 임박해서
해야죠. 안 그러면 갈등만 야기할 따름이에요. 우선 집중할
것은 비전과 노선을 정립하는 거죠.

이철희

새정치민주연합이 노선과 비전을 놓고 토론하고 갈등하는
건 나쁜 게 아니라 오히려 권장할 일이라고 저는 봅니다.
그런데 문제는 이런 노선투쟁이 아니라 노선투쟁을 하는
방식에 대한 합의가 없는 거예요. 싸움의 룰이 없으니
문자 그대로 깽판이 되는 거죠. 그래서 경향신문의 이대근
논설주간은 새정치민주연합 내의 갈등을 '집단난투극'에
비유했더라고요.

이상돈

난상토론이 벌어지면 대개 강경한 입장이나 논리적 일관성이
있거나, 또는 조직화된 쪽이 이기잖아요. 새정치민주연합도
그렇지만, 근래 새누리당을 보세요. 친박이 소수지만
조직화되어 있고, 대통령을 정점으로 똘똘 뭉치고 있는데다
권력까지 갖고 있으니 멀쩡한 질서도 흔들어서 깨버리잖아요.
유승민 사태나 공천제도 갈등에서 친박이 결국 이겼죠.

이철희

제가 깽판이란 표현을 썼는데, 아사리는 '모범이 되어
제자의 행위를 바로 잡는 고승'이에요. 이 고승들이 여럿

모여서 갑론을박하니 얼마나 대단하겠어요. 근데, 고승도
아니면서 고승인 것처럼 생각하면서 파계승처럼 행세하니
문제인 거죠. (웃음) 언제가 끝인지 모를 정도로 한없이
싸우는 새정치민주연합의 비상대책위원장을 맡으려고
하셨는데, 뭐부터 손댈 생각이셨습니까?

이상돈

크게 보면 3가지라 할 수 있습니다. 첫째 정치개혁의 차원에서
선거제도를 개혁하는 것, 둘째 진보정당이란 고정관념에서
벗어나 당의 정체성을 새롭게 정립하는 것, 새로운 사람의
영입 등 당의 외연을 확장하는 것,
이 세 가지입니다.

이철희

평소 오픈 프라이머리, 그중에서도 정당별로 하는 오픈
프라이머리가 아니라 정당 관계없이 한꺼번에 모아서 하고,
상위 1~2등이 본선에서 겨루는 이른바 탑 투(top 2) 방식을
주장하셨는데, 그렇다면 전략공천은 나쁘다고 보시는
건가요?

이상돈

지금은 전략공천이 별다른 효과를 거두기 어려워요. 과거에는
김영삼, 김대중, 이회창 등 카리스마를 가진 지도자들이
눌러서 전략공천을 했고, 그때 들어온 사람들이 지금은
화려한 스타가 됐잖아요. 하지만 그 후에는 그런 사람들을 볼
수 없어요. 안 됩니다. 그러나 전략공천이 의미 없다고 보진
않습니다. 2012년 총선 때 새누리당 입장에서 볼 때 야당이
했던 탁월한 공천은 영등포에 신경민, 광명에 이언주예요.

그들이 여당의 권영세 사무총장과 보건복지부 장관을 지낸 전재희 의원을 눌러버렸죠. 저는 탁월한 전략공천이었다고 봅니다.

이철희

전재희 전 의원은 지역구 관리를 무척 잘한다는 평가가 있었거든요. 그래서 그분의 패배를 의외로 받아들인 분들이 적지 않았죠.

이상돈

저는 당시에 전재희 의원이 위험하다고 느꼈어요. 제가 새누리당의 비상대책위원으로 있을 때 의원총회를 한번 한 적이 있어요. 거기서 전재희 의원과 김영선 의원이 위기를 잘 극복해나가자는 것이 아니라 완전히 망했다는 식으로 얘기합디다. 좀 의아했죠. 그러면 의원총회에 왜 나옵니까, 정계은퇴 해야지요. 두 의원이 다 떨어졌습니다.

이철희

탁월한 선견지명(foresight)이시군요. 그렇다면, 내년 총선에 대한 전망은 어떻게 하고 계십니까?

이상돈

야권이 이대로 가면 어렵죠. 당시 민주당이 81석을 얻은 2008년 총선이랑 비슷하지 않을까 싶어요. 수도권에서 20~30대, 심지어 40대까지 투표율이 저조할 것 같습니다.

이철희

2008년 총선에서 당시 한나라당, 선진당, 친박연대를 합치면 185석이죠. 여기에 무소속으로 당선된 여권

성향까지 합치면 거의 200석 가까이 됩니다. 만약 그처럼
되면 야권은 그야말로 몰락하는 게 되죠. 낮은 투표율,
특히 인구비중에서 이젠 상대적 소수가 된 20~30대인지라
안 그래도 불리한 터에 투표율까지 낮으면 이들을
지지기반으로 삼고 있는 야권으로선 치명적 타격을
입겠네요. 게다가 박근혜 대통령이 군복무 중인 청년들에게
특별휴가 등을 선물로 주고, 노동개혁이나 청년희망펀드
따위로 청년층을 공략하고 있으니 야권으로선
설상가상이죠. 그럼 어떻게 해야 합니까. 지금은 야권이랑
친하게 지내시니 조언 좀 해주시죠.

문재인 대표가 삼성의 이건희 회장이 삼성을 개혁할 때 했던
방식, 즉 '이건희 스타일'로 해야 된다고 봐요.

이철희

이건희 스타일이라는 건 마누라와 처자식 빼곤 다 바꾸라는
얘긴데, 좀 더 구체적으로 어떤 의미인지요?

이상돈

아날로그 철학을 버리고 디지털 철학으로 가서 일본의 소니를
이겼고, 이른바 삼성의 기적이 이뤄졌잖아요. 문재인 대표가
자기만 빼고 다 바꿔야 된다는 얘깁니다.

이철희

인적 구도로 보면 이건희 회장이 아버지인 이병철 회장이
구축한 체제를 과감하게 혁파했다는 뜻도 되잖아요?

이상돈

네. 소니는 아날로그의 영광에 취해 있었어요. 비유해서
말하자면 친노 세력은 과거의 환상에 취해 있는 겁니다.
이젠 노무현 프레임에서 벗어나야죠.

이철희

이건희 회장을 벤치마킹하라는 것은 표현도 재밌고
메시지가 될 거 같습니다. 그런데 재벌 오너(owner)인
이건희 회장이 가졌던 힘이나 권한을 지금의 문재인 대표가
가지고 있을까요?

이상돈

저는 그게 권한의 문제가 아니라 리더십의 문제라고 봅니다.
따라가는 게 아니라 이끌어 가는 리더십을 발휘해야죠.
그런데 지금까지 하는 걸 보면 너무 구태의연한 생각에
머물러있는 거 같아요. 지난 4월 29일에 있었던 재·보궐 선거
때 동작을 선거구에 출마했던 노회찬 후보처럼 사고하는
거죠.

이철희

그게 어떤 겁니까?

이상돈

야권의 후보들 중에서 내게 제일 크고 세다, 그러니 나로
단일화하지 않으면 안 될 것이다, 내가 단일후보로 나서면
이긴다, 뭐 이런 생각이죠. 그런데 결과가 어땠어요?
졌잖아요. 한 달 전에 들어온 나경원 후보에게 졌습니다.

이철희

제1야당으로서 군소정당을 억눌러 새정치연합 중심의
후보 단일화를 이뤄내는 패권적 행태를 말씀하시는
것으로 이해합니다. 설사 산술적 덧셈을 뜻하는 단일화를
이루더라도 승리하기 어렵다는 거죠?

이상돈

2012년 총선과 대선도 단일화로 치렀지만 졌잖아요.
단일화 필승론은 이제 철 지난 신화일 뿐입니다.

이철희

선거연대나 후보 단일화는 우리나라의 선거제도에 따르면
불가피한 선택이라고 봅니다. 소선거구-단순다수제는
1등과 2등 간 싸움, 양당 경쟁을 추동하기 때문에
제2당으로선 단일화 필요성이 일종의 제도효과이니까요.

이상돈

그런 불가피성을 인정하더라도 '이길 수 있는' 연대가 돼야
하는 거잖아요. 이기기 위해선 충성심 있는 유권자만으로
안 됩니다. 지금 여론은 수도권의 경우 박근혜 대통령에게
그렇게 우호적이지 않아요. 그런데도 총선에선 여당이
이길 거라는 전망이 더 많죠.

이철희

유권자들은 바꿀 의향을 갖고 있는데, 새정치민주연합이
그것을 받아들일 준비가 안 돼 있다는 얘기군요. 옳은
말씀입니다. A와 B 중에 A가 싫다고 해서 B가 자동적으로
좋아지는 건 아니죠. A가 싫으면 B를 쳐다볼 기회는 더

늘어나지만 좋아할지 여부는 별개의 문제죠. 그런 점에서
B, 즉 새정치연합은 유권자들이 좋아할 만한 긍정적인
이유를 제시해야 합니다. 그건 그렇고, 충성심 있는
유권자만 잡아서는 못 이긴다는 말씀은 정당론의 관점에서
포괄정당(catch all party)으로 가야 하는데, 새정치연합이 너무
진보 정체성을 강하게 표출한다는 건가요?

이상돈

진보정책이 만병통치약이 아니잖습니까. 진보정책이라는
게 이미 허점이 많이 드러났잖아요. 그것을 솔직히 인정하고
바꿔야 합니다.

이철희

남재희 전 장관이 칼럼에서 이런 지적을 했더군요. "한국의
정당정치가 중도화되어야 한다는, 그 가운데 특히 지금의
야당이 중도화되어야 한다는 주장이 얼핏 그럴듯하게
느껴질지도 모르지만 실은 숨은 목적을 갖고 있다고
여긴다. 중도화론은 알게 모르게 우리 정치를 중성화시키고
무력화시킨다. 중도화란 많은 경우 진보적·개혁적 입장에서
보수화로 가는 중간기착지이기가 십중팔구이기 때문이다."
저는 충분히 공감합니다.

이상돈

저는 야당이 우클릭 해서 당의 중도적 성향을 강화하는 것이
필요하고, 좌클릭에 몰입하면 국민의 외면을 받을 거라고
봐요. 모름지기 보편적인 국민 정서를 파악하고 거기에
효율적으로 대응하는 것이 정치죠.

이철희

저는 진보냐 중도냐 하는 문제를 하나를 버리고 다른 하나를 선택하는 차원으로 이해하는 건 잘못이라고 봅니다. 유권자들의 성향을 말할 때, 레이코프 교수가 말하는 다중개념(bi-conceptual)이나 요즘 정치학자들의 양가성(ambivalence)이란 용어는 한 사람이 사안에 따라 보수 성향을 보이기도 하고 진보 성향을 보이기도 하는 점을 지적하기 위한 것이거든요. 진보정책이나 보수정책, 또는 중도정책이란 표현은 그나마 가능할지 몰라도 진보냐 중도냐 하는 이분법적 선택 프레임은 옳지 않죠. 그런데 어쨌든 진보를 강조하는 분들은 제대로 된 진보 정치를 제대로 펼쳐보지 못했다고 볼멘소리를 해요.

"복지를 계속 강조하는데,
그 복지 혜택을 누가 보느냐,
혜택을 보는 사람들이 야당을
지지하느냐, 하는 거죠."

이상돈

제대로 된 진보 정치가 뭔지에 대해선 설명이 없잖아요.
그래서 전 그들이 뭘 말하는지 잘 모르겠습니다.

이철희

아마 추론컨대, 유럽의 사민주의나 복지노선을 말하는 것

같아요. 민족적 진보에서 사회경제적 진보로 바뀐 거라 할
수 있죠. 사민주의든 복지노선이든 이를 풀어내는 정치와
전략이 핵심인데, 이에 대한 이해는 너무 얕아요. 그러니
지난 대선에서 복지나 경제민주화를 먼저 외쳐놓고서도
어느 순간 박근혜 당시 후보에게 이른바 이슈 오너십(issue
ownership)을 빼앗겨버린 거죠. 이처럼 무능한 진보로는
세상을 바꿀 수 없다는 게 제 생각입니다.

이상돈

이런 질문이 가능하지 않을까요? 복지를 계속 강조하는데,
그 복지 혜택을 누가 보느냐, 혜택을 보는 사람들이 야당을
지지하느냐, 하는 거죠. 젊은 층은 복지보다는 일자리 늘리고
경제성장을 더 필요로 하는 거 아닌가요. 이게 더 중요하죠.

이철희

저소득층일수록 상대적으로 보수정당을 더 지지하는
현상을 지적하는 거군요. 복지에 대한 교수님의 생각은
어떻습니까?

이상돈

복지에 너무 긴박되어 있는 건 잘못이라고 봅니다. 복지도
여러 가지 정책 중에 하나가 돼야지 복지만이 살길이라고
하는 것은 동의하기 어렵습니다.

이철희

박상훈 박사가 이렇게 말한 적이 있습니다. "한국 정치가
점점 더 중산층 편향적이고 하층 배제적인 방향으로
가고 있다. (중략) 노동자의 시민권이 사회적으로 어떻게

받아들여지느냐에 따라 그 나라 민주주의의 내용과 질은
크게 달라진다." 저도 같은 생각입니다. 저는 하나의
노선으로서 진보는 옳고, 필요하다고 봅니다. 내용적으로는
복지노선에 대해 동의하는지 여부를 떠나서, 선거 전략의
관점에서 보더라도 좋지 않다고 보시는지요?

이상돈

복지가 내년 총선의 메인 이슈가 되긴 어렵죠. 복지는 이미
2012년의 담론이잖아요. 아마 내년에는 일자리, 경제 등이 더
크게 작용할 겁니다. 예컨대 청년 실업이 정말 심하잖아요.
젊은 층이나 젊은 유권자들을 끌어들이려면 그들에게 와 닿는
뭔가가 있어야죠.

이철희

새정치민주연합의 주력 지지기반이라 할 수 있는 젊은 층을
투표장으로 끌어내는데 복지담론은 안 먹힌다는 거죠?

이상돈

복지담론은 한계가 있다는 얘깁니다. 일자리를 어떻게
만들 거냐, 우리나라의 성장 동력을 무엇으로 할 것이냐,
이런 것들이 중요할 겁니다.

이철희

야당도 성장에 대한 얘기를 많이 하고 있습니다. 문재인
대표의 소득주도 성장이나 안철수 의원의 공정성장, 또는
박원순 서울시장의 복지성장 등이 대표적이죠. 야당도
성장에 포커스를 맞추고 있는 건데요, 이런 시도에 대해
어떻게 평가하십니까?

이상돈

그런 시도는 좋아요. 그러나 먼저 정리할 게 있습니다.
자기들이 집권했을 때 본격적으로 추진했던 것이 FTA잖아요.
야당이 되고 나서는 FTA에 대해 굉장히 부정적인 태도를
보이는 건 자가당착입니다. 여당으로서는 이런 말 바꾸기(flip
flap)가 활용하기 좋은 호재죠.

이철희

총선은 이대로 가면 진다고 보시고, 대선은 어떻게 보세요?

이상돈

대선은 시간이 아직 많이 남아 있죠. 그러나 총선에서 야당이
제1당은 못 돼도 그에 근접할 정도로 선전해야 대선 전망이
가능합니다. 턱없이 패배해버리면 대선도 어렵다고 봐야죠.

이철희

사실 야권 입장에서 보면 총선보다는 대선이 상대적으로
좀 쉽죠. 총선에서 이겨본 적은 한 번밖에 없고, 대선은
그래도 두 번이나 이겼으니까요. 총선과 관련해, 보수 정부
10년에 대한 피로증도 상당하기 때문에 야권에도 기회가
있지 않을까요?

이상돈

그런 분위기가 형성될 가능성이 아주 크지만
새정치민주연합으로 대안으로 인식되지 않잖아요.

이철희

새누리당에 대한 반감은 넘치지만 그렇다고 해서

새정치민주연합에 대한 신뢰가 낮기 때문에 어렵다는
뜻인가요?

이상돈

새누리당을 싫어하더라도 그 대안이 마땅치 않으면, 다시
말해 야당을 선뜻 지지하기 어려우면 그냥 기권해버리죠.
2008년 총선에서 당시 한나라당이 승리할 때 투표율이
낮았던 것도 이런 이유 때문입니다.

이철희

야권의 지지층을 투표장으로 불러낼 만큼 대안으로써
인정받고, 그 자체로 야당을 믿고 좋아할 만한 매력이
있어야 한다는 얘기에 동의합니다. 인물이나 정책, 행태
등을 모두 포괄해서 지금의 야당은 후지고 찌질한 게
사실이죠.

이상돈

저 정당을 지지해 표를 주면 우리 문제가 나아지고, 삶이 좀
달라지겠다는 생각이 들게 해야 해요. 그렇게 되려면 헤세의
표현처럼 알을 깨는 아픔이 있어야 합니다. 아직 그런 게
잘 안 보입니다.

이철희

알을 깨는 데 비유하셔서, 과거엔 안에서 쪼는 힘이 약하면
밖에서 던지는 충격으로 알을 깨기도 했거든요. 하지만
지금은 시민사회라고 부르는 정치권 밖의 진보 진영도 너무
약해서 그런 역할을 감당하기 어렵죠.

이상돈

시민사회 또는 NGO는 이미 동력을 상실했어요. 노무현
정부에 너무 밀착해서 노 정부의 몰락과 함께 무기력해졌고,
스스로 한계도 있다고 봐요. 너무 관료화한 거 같습니다.
여기에 SNS의 영향도 있어요. 개인이 목소리를 낼 수 있는
디지털 사회이다 보니 스스로 의견을 표출하려 들지 어떤
단체에 의존하지 않으려 하는 거죠.

이철희

결사체(associations)를 통한 대중적 접근보다는 미디어를
통한 개인적 접근이 더 효용성을 갖는 것처럼 보이는
시대니까요. 크렌슨과 긴스버그란 정치학자가 쓴 책
〈다운사이징 데모크라시〉를 보면 대중민주주의(popular
democracy)가 개인민주주의(personal democracy)로 전락한 게
미국 민주주의의 질이 나빠진 이유라고 설명돼있습니다.
말씀하신 것과 같은 맥락이죠.

이상돈

보수 진영도 그리 좋지는 않아요. 보수의 지식인 집단은
이명박 정부 때 거의 몰락해버렸습니다. 이명박 정부의
들러리를 서면서 잘못한 것에 대해서도 침묵했습니다. 그래서
신뢰를 잃어버린 거죠.

이철희

그러고 보니, 보수 지식인 중에 대중적 신망을 갖는 분이
거의 없네요. 사실 보수나 진보를 떠나 잘잘못을 가차 없이
따져주는 것이 지식인의 기본 역할인데 말이죠. 진영 논리
때문에 시비가 뒤틀리는 현실이 안타까워요. 그렇다면,

진보의 지식인 집단은 어떻습니까?

이상돈

편협한 틀에서 벗어나지 못하고 있다고 봅니다. 국민 대중을 움직이는 힘을 잃어버린 거 아닌가 싶어요.

이철희

지식인 집단으로 보면 진보나 보수 모두 대중적 호소력을 잃어버렸네요.

이상돈

그렇죠. 그 원인은 진영 대결에 있어요. 진영 논리에 빠져서 한쪽은 무조건 비판하고 한쪽은 무조건 지지하기 때문이에요. 그건 지식인의 자세가 아닙니다.

이철희

사실 요즘엔 대중적 권위를 인정받는 집단이 거의 없어요. 교수, 변호사, 의사 등등 거의 모든 집단이 권위를 잃고 있죠. 그러다 보니 셀럽(celebrity)이라고 불리는 유명인들이 득세하는 분위기가 만들어졌습니다. 이젠 인지도가 실력이고 권위인 세상입니다. 문제죠.

이상돈

요즘엔 개나 소나 다 논객이라고 합디다만 과거엔 그렇지 않았어요. 60~70년대에 논객이란 호칭은 거룩한 것이었어요. 〈조선일보〉의 선우휘, 〈동아일보〉의 천관우쯤 되어야 논객이라 불렸죠. 그분들은 어디에 구애받지 않았습니다. 자유로운 영혼이었죠. 진영을 막론하고 틀린 건 틀렸다고 했어요.

이철희

사실 그래야 논객이고, 지식인 거죠. 진영 대결의 구도에서
다수파라면 몰라도 소수파는 무조건 거기에서 벗어나야
한다고 봅니다. 자신들이 소수파인 진영 구도를 깨고
자신들이 다수파인 진영 구도로 바꾸지 못하면 계속
소수파에 머물러 있어야 하니까요.

이상돈

노무현 정부 때 정책실장을 지낸 김병준 교수가 어느
칼럼에서 두 전직 대통령의 영정을 이제 그만 내려놓으라고
했잖아요. 저는 그게 필요하다고 봅니다. 과거에서
탈피해야죠.

이철희

과거로부터 좀 벗어나라는 조언은 야당이 새겨들어야
합니다. 하나 덧붙이자면, 근거 없는 도덕적 우월의식을
버렸으면 좋겠어요. 야권에는 그게 아주 강하거든요

이상돈

민주화 운동을 했다는 자부심에서 비롯된 것인데
이젠 의미 없죠. 이미 민주화된 지 오랜 시간이 지났고, 지금의
20~30대에겐 꼰대의 잔소리로 들려요. 지금 시대의 과제에
집중하고, 그에 대한 해법에서 더 낫다는 평가를 받아야죠.

이철희

전략적으로든 누굴 경시하면 항상 지게 돼 있는 것 같아요.

병법에 지피지기면 백전불태라고 하잖아요. 근데 사실
상대를 아는 '지피'보단 자신을 아는 '지기'가 더 어렵거든요.
상대를 폄하하고, 자신을 과장하면 질 수밖에 없는 거죠.
새정치민주연합이 그런 것 같아요.

이상돈

우리 선거를 보세요. 내용이 넘쳐흐르는 사람이 대통령이
됐나요? 오히려 반대죠. 선거는 이성적 프로세스라고 보기
어려워요.

이철희

옳으신 지적입니다. 시간이 많이 흘렀네요.
앞으로도 왕성한 활동과 편 가르기 없는 지성적 비판을
기대하겠습니다. 고맙습니다.

"공천권을 국민에게?
누가 주장하든
그건 안 돼요. 국민은
그렇게 한가한 사람들이
아니에요."

박상훈 박사

박상훈 박사는 열심히 공부하고, 열심히 가르치고, 열심히 실천하는 이론가다. 지역주의에 대한 날카로운 통찰과 치밀한 분석을 보여준 박사 논문을 시작으로 그는 정치적 허상을 조곤조곤 논파하고 있는데, 그럼으로써 정치의 힘을 통해 한국사회를 바꿀 수 있다고 믿는다. 〈후마니타스〉란 출판사를 통해, 〈정치발전소〉란 정치실험공동체를 통해 보통의 많은 사람들이 정치를 '발견'할 수 있도록 열심히 애쓰고 있다.

박상훈은 충남 청양 출생으로 서울대학교 경영학과를 졸업했고, 〈한국 지역 정당 체제의 합리적 기초에 관한 연구〉라는 논문으로 2000년에 고려대학교에서 정치학 박사 학위를 받았다. 현재 정치발전소 학교장으로 있다. 주요 저서로는 〈만들어진 현실 : 한국의 지역주의, 무엇이 문제이고 무엇이 문제가 아닌가〉(2009), 〈정치의 발견〉(2011), 〈막스 베버, 소명으로서의 정치〉(번역, 2011), 〈미국 헌법과 민주주의〉(공역, 2004), 〈민주주의의 재발견〉(2013), 〈정당의 발견〉(2015) 등이 있다.

이철희

반갑습니다. 박상훈 박사 하면 한국 정치에 대한 잘못된
이해나 정치하는 사람들이 가진 무지나 착각에 대해
차분하지만 치밀하게 비판하는 이론가로 유명합니다.
정치연구자로서 요즘 한국 정치, 뭐가 문제예요?
제일 눈에 띄는 문제가 뭐라고 생각하십니까?

박상훈

글쎄요. 워낙 문제가 많기도 하고, 딱 부러지게
이게 핵심이라고 단정하기는 쉽지 않죠.

이철희

그럼 이렇게 묻죠. 민주화된 지도 제법 오래됐는데,
한국 정치가 좀처럼 나아지지 않는 이유는 무엇이라고
진단하십니까?

박상훈

역시 야당이 한국 정치의 가장 큰 문제죠. 달리 말하면,
야당이 잘하면 한국 민주주의가 한 단계 진전이 될 수 있는데
그게 잘 이뤄지지 않는다는 말이에요. 여당인 새누리당이
아무리 잘한다고 해도 지금 한국 정치에 필요한 큰 변화를
가져오기는 쉽지 않을 거라고 생각하거든요. 한국 사회는
어떻게 보면 국가에 의해, 지금의 집권세력에 의해
만들어졌잖아요. 여기에 비춰볼 때 다른 정치세력, 즉
야당이 정부를 운영하는 기회가 많아져야 한다고 보죠.

이철희

한국 사회는 보수에 의해 만들어지고, 그들이 다수를 점하는

세력이고, 거기에 도전하는 세력으로서 새정치민주연합이
실력을 좀 발휘해줘야 한국 정치가 좋아진다, 이런
얘기군요. 동의합니다. 사실 어느 나라나 좋은 사회로 가기
위해서는 기득권을 지키는 쪽보다는 새로운 세상을 꿈꾸는
쪽의 도전이 유효할 때 가능해지죠.

박상훈

결절점이라고 해야 하나요? 문제의 원인이기도 하지만
그 문제가 좀 해결될 수 있는 지점은 역시 야권의
실력이라고 보죠.

이철희

어쨌든 우리나라의 야당, 또는 진보 세력이 정치적으로
무능하다는 거잖아요. 그렇다면 민주화를 거친 다른 나라의
경험과 비교하면 우리는 지금 겪어야 할 과도기를 겪는
거예요, 아니면 유독 우리나라의 진보가 무능한 거예요?

박상훈

당연히 겪어야 하는 걸 겪는 거지요. 민주주의라고 하는 게
좋은 생각만 갖고는 안 된다는 걸 앞선 나라들의 경험에서
알 수 있죠. 특히나 야권이나 민주화 이전의 반대진영이
정치에 참여할 기회도 얻고, 선거를 통해 정부에 다가가게
되지만 대개 이런 첫 번째 단계에선 실패해요. 정부라고 하는
건 복잡한 체계와 기능으로 이루어져 있는데 반대세력은
그걸 다룰 준비나 능력을 갖추지 않은 채 집권의 기회를
갖죠. 그래서 대부분 그리 좋은 성과를 못 내요. 우리의
경우에도 민주정부의 10년 집권이 썩 성공적이지 못했던
것이 어떤 면에서는 자연스러운 거라고 봅니다. 문제는 그런

경험으로부터 어떤 교훈을 얻는다, 어떻게 달라져야 하는지를 깨닫는 것이에요. 지금의 야권은 이걸 못하고 있어요. 집권의 경험으로부터 좋아지는 게 아니라 오히려 망가지고 있잖아요. 10년 집권 후에 되레 야권이 결정적으로 무너지기 시작했죠. 야당이 됐을 때 과거 집권의 경험으로부터 뭘 배우고 뭘 준비해야 하는지 집단적으로 고민하고, 문제의식을 공유해야 합니다. 그런데 야권은 되레 과거의 유산을 누가 더 책임져야 되는지 하는 부정적인 갈등으로 7년 넘는 세월을 허비하고 있어요.

이철희

맞습니다. 10년 동안 집권도 해봤으니 앞으로 어떻게 해야 다시 집권도 하고, 권력을 통해 세상을 어떻게 바꿀지 구체적인 플랜을 짤 수 있는 거죠. 근데 왜 그렇게 못한 걸까요?

박상훈

솔직하게 말씀드리면 저는 이렇게 생각합니다. 당명이 자주 바뀌어서 새정치민주연합이라고 하든 민주당이라고 하든 이른바 민주당 계열의 정치는 자신들이 가진 잠재력을 다 소진한 거 아닌가 싶어요. 첫째, 새정치민주연합을 비롯해 민주당 계열의 정당들이 공통의 비전이나 전통, 이념이나 가치 같은 것을 갖고 있었다면 그게 늘 새롭고 변화된 환경 속에서 창조적으로 풍부하게 해석되는 거잖아요. 그런데 왜 그들은 한 정당에 모여 있는 것일까, 과연 무엇을 논하는 집단으로 정의될 수 있을까, 이런 질문을 던지면 잘 모르겠습니다. 그냥 정권 잡겠다는 거 말고는 제 눈에 띄는 게 없어요.

이철희

정당이 정권을 잡고자 하는 하나의 팀이지만 왜 잡는 지가
없으면 그건 심각한 결함인데요. 그건 정당이 아니라
파당, 도당이죠.

박상훈

둘째, 조직은 한 번 깨지면 다시 복원해내기가 매우 어려워요.
정당 이론에서 시사 받을 수 있는 점은 이럴 경우 차라리
당을 새로 만드는 게 낫다는 겁니다. 지금 이 상태에서 다시
얼기설기 묶어서 뭘 할 수 있을까에 대해 회의적입니다.
이런 상태의 조직, 이런 상태의 마음가짐을 가진 정당이 또
다시 집권한다고 한들 한국 사회를 위해 무슨 기여를 할
수 있을까요? 정권을 바꾸는 그 자체만으로 긍정적 기여가
끝나버리면 어떻게 하나, 아무래도 이런 생각을 하게 됩니다.
그렇다 보니 마음 한구석에는 새정치민주연합이 아닌 길을
어떻게 만들 수 있을지에 대한 고민이 있습니다. 아직 답을
찾지는 못했어요. 시간이 필요한 것 같아요. 답답하니까
술이나 먹게 되죠 (웃음)

이철희

새정치민주연합엔 집권 의지가 안 보인다는 건
여러 사람이 지적하더군요. 저도 그렇다고 봅니다. 집권을
위한 혁신이 아니라 재선을 위한 담합이 이 당을 움직이는
기본 동력이죠. 지역주의나 개인적 인연 때문이든, 그도
아니면 다른 당에서 공천의 기회를 못 잡아서든 이 당의
간판 때문에 사람들이 서로 다른 생각을 함에도 불구하고
어쩔 수 없이 모여 있으니 세상을 바꿀 에너지가 생겨나기
어려운 건 당연해요. 이 당이 분화하면 좋겠는데, 분화도

잘 안 되잖아요. 단순다수제의 제도효과를 누리고 있고,
선거 앞에 분열하면 안 된다는 강박도 있어서 그렇겠죠.
깰 수도 없고, 단결도 할 수 없는 새정치민주연합, 야권이나
진보 진영 전체의 딜레마인 것 같습니다.

박상훈

만약에 호남을 기반을 두는 신당이 만들어진다면 이 소장이
말한 게 분명하게 확인되는 것이죠. 그 사람들은 정권을
교체하는 것에 관심을 두는 것이 아니라 안정된 재선의
기반을 가지려고 하는 거니까요. 그걸 보며 저는 19세기 말의
미국 민주당 모습을 떠올렸습니다. "정권은 공화당 너네
가져라, 다만 남부의 정치 기반은 손대지 마라." 이게 당시
남부에 고착된 미국 민주당의 자세였거든요. 이렇게 형성된
것이 미국 공화당의 전성시대인 1894년 체제인 겁니다. 만약
우리나라에서 지금 호남에 기반을 둔 신당이 만들어진다면
그게 한국 정치 발전에 기여할까요? 아닐 거예요. 자신의
정치기반을 공고히 하고자 큰 정치경쟁이 아니라 야권
내부의 마이너스 경쟁에 매달리게 되겠죠. 정당을 할 때는 왜
하는지를 말해줘야 합니다. 아무리 시대가 달라졌어도 무엇을
본인들이 정치하는 신념으로 삼고 있는지 정의를 해줘야
커뮤니케이션(communications)이 되고, 예측도 하고, 비판도
하죠. 솔직히 말하면 비판할 기준이나 건덕지가
별로 없어요.

이철희

맞습니다. 여러 사람이 모여 조직을 만들 때는 지향하는
바가 있어야죠. 하물며 국고 보조를 받고, 헌법의 보호를
받는 정당이라면 당연히 정체성을 분명하게 제시해야 해요.

정당의 모호한 정체성, 이것이 한국 정치의
슬픈 자화상이군요.

박상훈

그럼요. 정체성을 통해 나와 나 아닌 사람들을 일치시켜야
하는데 이 정당과 지지자들, 이 정당과 같이할 자들 사이에
서로 눈 맞추기(eye contact)조차 안 되는 거죠. 무슨 정당인지
솔직하게 본인들이 정해주지 않으니까요.

이철희

그냥 한 텐트 밑에 사람들이 모호하게 모여 있는 거네요?

박상훈

그렇죠. 정당은 권력을 지향하는 집단이잖아요. 근대
민주주의는 권력을 가진 사람들이 분명하게 지향하는 바를
드러내야 시민들이 그들에게 기대와 열망도 심고 책임도
물을 수 있는 것이에요. 때문에 다른 분야에서의 막연함은
어떤 면에서는 필요하기도 하지만 권력을 위임받겠다고
하는 사람들에게 막연함이나 애매모호함, 또는 아예 그런
것 자체를 중시하지 않는 행태는 위험합니다. 그렇게 되면
유권자도 자꾸 다음 선거에서 일종의 투기행위를 해야 하는
거예요. 확신을 하고 정치적 투자나 실리적 투자를 하는 게
아니라 그래도 맡겨놓으면 잘하겠지, 그래도 정권은 무조건
바뀌는 게 좋겠지, 이런 막연한 생각 때문에 투표하게 되는
거죠.

이철희

거기서 조금만 더 발전시켜보면, 2016년 총선이나 2017년

대선에서 이기고 지는데 1차 포커스를 두지 말고 조금 더
길게 봐야 한다는 얘긴가요?

박상훈

그렇지요. 왜 이겨야 하는지 이유를 스스로 다진 후에
이겨야죠. 지금 조직 상태와 구성원들의 마음 상태로는, 또는
지금 가진 정책적 실력으로는 사실 집권해서 우리한테 어떤
유익한 결과를 가져다줄지는 전혀 기대하기 어려워요. 앞으로
2년 동안 선거를 준비할 게 아니라 한마디로 말하면 좋은
야당 만드는 것이 한국 정치 최고의 블루오션(blue ocean), 가장
큰 변화의 원동력이라는 걸 깊이 생각했으면 좋겠습니다.
정당을 제대로 만드는 것만큼 선거에서 확실히 어필할 수
있는 게 없거든요.

이철희

우선순위를 선거승리 그 자체에만 두지 말고 좋은
정당, 좋은 야당을 만드는 것에 두고, 그것에 성공하면
결과적으로도 승리할 수 있다는 얘기잖아요. 정당을
정당답게 만드는 것이 이기는 전략이네요. 여기서 다시
소급해서, 야당이 이렇게 무능해진 것에 대한 해명을 조금
더 해보죠. 왜 이렇게 된 거예요?

박상훈

크게 보면 두 가지로 나눠볼 수 있지 않을까요. 야당도
권위주의 시절에 만들어졌기 때문에 권위주의 체제의 한계를
동시에 안고 있는 거잖아요. 보수의 틀 안에서만 경쟁해야
하는 체제인 탓에 오로지 민주주의라고 하는, 사회적인
내용은 빈약한 채 정치적인 내용만 과도하게 부각시키는

과제를 떠안았던 게 야당의 기원이에요. 권위주의적 정치체제를 민주화하는데 모든 걸 건 거죠. 거기에 평등이니 공동체니 사회주의니 하는 이념을 담을 수 있던 시절은 아니었다, 그래서 애초부터 이 정당은 체제를 민주화하는 것으로 존재 이유가 끝나는 정당인가, 그러면 민주화 이후는 권위주의 체제의 유산으로부터 자유로운 새로운 정치적 변화가 새로 조직돼야 하는 거 아닌가, 이런 질문들을 던지게 되요. 이와 달리, 그런 건 없다, 그들이 잘 준비하고 더 잘했더라면 이렇게 되지 않았을 것이다, 이런 생각도 하게 되죠. 이 두 가지 중에 어느 것이 맞는지 아직 잘 모르겠어요

이철희

시대적 소명을 다 했다고 해서 정당의 존재 이유가 끝나는 것도 아닐 테고, 큰 정당이라고 해서 역할이 없이 무한정 그 지속성이 보장되는 것도 아니겠죠. 결국, 지금 우리가 어떤 선택을 하느냐의 문제라고 할 수 있겠네요.

박상훈

전에 야당에 대해 좀 더 잘하라고 비판할 때는 잘할 수 있다는 가정을 전제로 하는 거었어요. 하지만 지금은 그런 마음이 들지 않아요. 민주화 이후 시간이 많이 흐르면서 이제는 처음부터 잘할 수 없었던 거 아닐까 하는 생각이 강해진 거죠. 지금의 정당구도, 즉 새정치민주연합, 약한 진보 정당, 새누리당이 선거를 치른다면 재미도 의미도 없을 것 같아요. 정당체제의 변화를 기대하기 어려워요.

이철희

새정치민주연합을 안락사시킬 수 있으면 좋겠지만 그게

잘 안되잖아요. 몇 번이나 시도했는데 안 죽는단 말이에요.
진짜 다이하드(die hard) 정당이에요. 그러니 고사든 안락사든
일단 제쳐두고, 다음 총선에서 의회권력 교체를 목표로
하지 말고 정의당을 키우는 게 더 의미 있는 선택이 될 수
있을까요?.

얼마 전까지만 해도 이론적으로는 거의 확실하다고
생각했어요. 정치학 이론에서 민주주의 발전에 확실한 이론이
있다면 그것은 새로운 종류의 정당이 가하는 충격이 민주화
이후 체제를 건강하게 만드는 겁니다. 사실 정치학 이론은
그 하나밖에 없다고 전 생각해요. 민주화 이후의 정치발전
이론을 말하라면 결국은 과거와는 달리 새로운 충격을 줘서
정치구조에 물리적으로 엮여있는 정당들 간의 역관계가
달라지게 만드는 것밖에 없다고 생각하는 편이에요. 그런데
지금은 그렇게 확실하게 말을 못하겠어요. 진보의 실패도
지난 한국 정치를 설명하는 아주 중요한 현상이니까요. 물론
앞으로 달라질 가능성이야 늘 안고 있는 것이지만 현재의
조직적 실력으로 볼 때 진보는 아직도 정치의 체계나 원리에
제대로 적응하지 못하고 있다고 봅니다. 여전히 정치 밖의
열정이 더 크죠. (웃음)

그런데 관점을 좀 바꿔서 보면, 한 정당의 발전에 선거
승리가 갖는 의미가 있잖아요. 선거 승리 때문에 망가지는
경우도 있지만, 그것 때문에 좋아질 수도 있다는 얘기죠.
미국의 루스벨트가 1932년 대통령이 됐을 때
그 당시 민주당은 찌질한 정당이었잖아요. 그럼에도

불구하고 루스벨트 당선 이후 민주당은 좋은 정당으로
바뀌어가는 과정을 겪었습니다. 그렇게 보면 야권이
좀 재편되는데 2016년이나 2017년 선거에서의 승리가 주는
효과가 있지 않을까요?

박상훈

루스벨트 이전에는 민주당보다 공화당이 정당다웠죠.
민주당이 루스벨트 이후 달라진 것도 결국은 그가 새로운
균열을 안고 들어왔기 때문이에요. 그 새로운 균열을
대표하는 사회집단들을 지지 동맹(New Deal coalitions)으로
만들었기 때문이었죠. 북부의 백인 노동자들을 불러들인
거고, 여기에 흑인 유권자까지 결합시킬 수 있었던 것은
상황적 조건이 좋았어요. 대공황이라는 조건으로 인해
그전에는 대표되지 않았던 집단을 정치적으로 동원할 수
있었던 겁니다. 근데 우리는 지금 그렇게 불러들일 만한
사회적인 타이밍이 애매해요.

이철희

사회적 타이밍이요?

박상훈

예. DJ(김대중 대통령)한테 서운한 부분은 왜 재임할 때
신자유주의적인 IMF를 받으면서 동시에 사회적으로는
지지 동맹을 구축하는 노력을 하지 않았을까 하는 거예요.
당시엔 신자유주의라고 해서 반드시 반(反)노동적이어야 할
이유는 없었거든요. 경제적으로는 신자유주의를 받아들일
수밖에 없겠지만, 그로 인해 피해 보는 집단들을 정치적으로
보호하는 조치를 취했더라면 그때 우리도 뉴딜 같은 그런

기회가 생겼을 수도 있었겠죠.

이철희

일부 노력하기는 했죠. 기초생활보장법을 만들었으니까요.
신자유주의 정책을 펼치면서 사회경제적 약자들을 정치적
지지 기반으로 삼는 것이 불가능하진 않겠지만 사실상 저는
어렵다고 봅니다. 사회경제적 약자들에게 피해를 주는 게
신자유주의이니까요. 저는 신자유주의의 포기할 수 없는
2가지 지축이 반노동(anti-labour)과 반정치(anti-politics)라고
생각합니다.

박상훈

하여튼 지금이 그런 사회적 타이밍인지에 대해 의문이
있어요. 노동조합도 왜소화됐고, 학생운동도 없는 것이나
다름없으니, 뭐 불러들일 게 없죠. 지금 사회적으로 정치가
불러들일 세력이 없어요. 그래서 어쩔 수 없이 지금은
탑다운(top down) 밖에 안 되는 겁니다. 정당이나 정치가들이
잘해서 새로운 비전과 아이디어를 가지고 사회를 다시
불러일으켜 세울 수밖에 없어요.

이철희

좋은 정당이 있어야 좋은 정치가 가능하다는 주장에는
전적으로 동의합니다. 그런데 좋은 정당이 만들어지거나
기존 정당이 좋아지는 과정을 보면 집권이 갖는 효과가
분명히 존재하거든요. 진보가 성장하는 데에 집권경험이
중요한 계기라는 겁니다. 역설적이게도 집권해서 뭔가 판을
바꿔보고, 그 새로운 프레임 하에서 자신들이 운신하는 폭을
넓히고, 또 야당이 됐을 때 부족했던 바를 다시 채우면서

기력을 회복하고, 이러면서 정당이 좋아지잖아요.
그런 의미에서 집권의 계기를 어떻게 해서든 확보하는 것,
다시 말해 진보가 성장하기 위해서는 선거 승리가
중요하다는 얘기죠.

박상훈

그런 생각에 대해서 우리가 진짜 진지하게 한번 생각해볼
필요가 있어요. 민주주의가 됐다는 얘기는 주기적으로
선거라고 하는 에너지원을 만난다는 것과 같은 뜻입니다.
권위주의 시대에는 선거가 있기는 했지만, 결과는 이미
결정돼있을 정도로 그 의미가 제한적이었기 때문에 사회적인
에너지가 정치나 정책 결정 과정에 충분히 들어오는 것은
아니었죠. 근데 민주주의에서 선거는 결과의 불확실성을
기본 속성으로 하는 것이고, 우리는 늘 이런 상황을 만나게
돼요. 그런데 지금까지 야당이나 진보의 일반 경향으로 보면
이 당연하게 만나게 되는 선거에 너무 과도하게 의존한
게 사실이죠. 그러니까 선거의 결과에 과도하게 집착하는
것이 내용 준비의 빈약함을 숨기는 알리바이가 됐다고
생각합니다..

이철희

그것도 아주 흔쾌히 동의합니다. 선거만 이긴다고 해서
다 해결되는 것도 아니고, 선거만 외친다고 해서 선거에서
이기는 것도 아니니까요. 이걸 저는 선거주의라고 부릅니다.

박상훈

이 문제는 정말 제대로 짚어봐야 할 문제예요. 이미 선거는
주기적으로 주어지는 상황인데, 정당이 이 선거에 의존하면

할수록 조직적인 에너지를 동원하거나 만들어내는 데
공허해지게 됩니다. 이게 한국 정치의 큰 문제라고 보는 거죠.

이철희

집권이나 승리 그 자체보다는 집권하거나 승리했을 때
뭐라도 제대로 하려면 정당이 정당답게 구축되어야 한다는
얘기로 이해하겠습니다.

박상훈

저는 정당을 달리 만드는 것이 갖는 그 어마어마한 에너지를
생각해보라는 겁니다. 만약 야당이 조직적인 모양을 제대로
만들고, 이미 가지고 있는 에너지를 잘 재조직해서 최적화해
쓸 수 있다면 지금도 새로운 가능성이나 기대를 충분히
만들어낼 수 있어요. 정의당도 마찬가지입니다. 심상정
체제가 등장했지만, 만약 선거만 준비하겠다고 하고, 당 안의
조직 또는 지역 기반을 공허하게 버려두면 선거에서 절대로
좋은 결과를 얻을 수 없다고 봅니다.

이철희

정당을 하나의 강한 팀으로 변모시키고, 당의 기반을
튼실하게 만드는 것이 곧 이기는 선거전략이라는 거네요.

박상훈

현재 주어진 상태에서 정의당이 선거를 치른다면 나는 심상정
대표나 노회찬 전 대표조차도 당선 안 될 가능성이 더 많다고
봐요. 이대로 가면 또 다시 새정치민주연합에게 의석을
구걸해야 하죠.

이철희

제가 드린 말씀은 이런 겁니다. 반(反) 정치의 분위기나
정치불신 때문에 워낙 정치와 정당이 왜소화돼있다 보니
정당이 스스로의 힘으로 바로 서는 게 쉽지 않을 듯해요.
정당이 바로 서서 사회경제적 약자들을 동원하는 방식을
기대하기보다는 권력을 잡아서 그걸 통해 그들을 동원하고
정치기반화하는 방식이 더 현실적이지 않느냐 하는 겁니다.
권력을 통해 인위적으로 정치영역을 확장한 다음에 정당
차원으로 넘어가면 안 되느냐 하는 거죠. 루스벨트가
뉴딜체제를 구축한 과정이 이랬잖아요.

박상훈

저는 그런 가정을 이제는 우리가 잊어야 한다고 봐요. 전에는
우리가 늘 그 얘기를 해왔죠. 김대중, 노무현 대통령의 과제가
뭐였냐 하면 정권을 잡아서 정치의 매트릭스를 바꿔주는 게
중요하다, 지금의 야당도 주류적 세력이 돼서 어디 가서
꿀리지 않을 정도의 변화된 조건을 만들어주겠다는
일이었잖아요.

이철희

그렇죠. 사실 김대중, 노무현이란 개인이 권력을 잡는
것보다 그게 훨씬 중요한 문제였어요.

박상훈

하지만 그분들이 망친 것도 많아요. 그분들은 좋은 정당을
만들고 좋은 정치를 부양하는 대신에 정당이 그들에게 불만을
제기하면 당적을 버리는 형태로 대응했죠. 지금의 야당이 그
분들이 집권했던 시절에 좋아지지 못한 데에

두 분의 책임이 있다고 저는 봅니다. 그때에는 이 소장이 말한 가정이 성립했지만, 지금은 그걸 잊어버려야 해요. 안 그러면 또 누가 대통령 후보가 돼서 집권 가능성을 높이느냐 하는 데에만 집중하게 됩니다.

이철희

저도 사실 좋은 정치인이 되고, 그런 다음 좋은 지도자로 성장하고, 마지막에 좋은 후보로 대통령 선거에 나서는 게 옳다고 봅니다. 그런데 야당의 대표들은 후보 정체성과 대표 정체성을 헷갈려 하거나 그 차이를 모르는 듯해요.

박상훈

문재인 대표가 당 대표로 선출된 다음에 잘못한 것이 그거라고 봅니다. 본인에 대한 개인 지지도와 당 지지도를 올려보겠다는 게 그분이 당 대표가 됐을 때의 마음가짐이었을 거예요. 그래서 박정희 전 대통령 묘소를 참배하는 등 언론용 이벤트를 만들어냈죠. 그런데 그사이에 당은 공허해져 버렸습니다. 전당대회에서 패배한 사람과 그를 지지한 동료 당원들을 감싸고, 선거 과정에서 만들어진 갈등과 상처를 통합하고, 당내 기반을 다지는 데 일순위를 두었어야 했어요. 그게 아니고 지지율을 끌어올리고, 그걸 통해 차기 대권주자로서의 입지를 공고히 하자는 생각이 문 대표 주변 참모들의 무의식 속에 자리 잡고 있었던 것 같습니다. 제가 늘 안타깝게 생각하는 것은 제발 내용 없이 선거준비하지 말라는 거예요. 제가 볼 때 한국 정치는 대선게임에서 근소한 차이의 접전을 벌이도록 하기 때문에 어떻게 해서든 대통령이 될 가능성은 있어요. 근데 이건 요행을 바라는 거잖아요. 요행을 바라보고 하는 정치를 반복하는 거는 야당을 또, 그리고 더 망치게 만듭니다.

이철희

준비 없이 요행에 기대는 정치, 그걸 선거주의라고 부를
수도 있겠네요. 그런 점에서 노무현 전 대통령이 언론
인터뷰를 통해 자신과 김대중 전 대통령이 선거에서 이긴
것은 특수한 조건들이 결합해서 만들어낸 이례적인 사건,
의외의 승리, 우연의 승리라고 술회했던 게 생각납니다.

"시민들은 정치를 이해하고
 설명할 언어의 무기가 약하기 때문에
 반정치적으로 표현하는 거예요."

박상훈

선거는 무조건 주기적으로 오게 되어 있고, 선거는 무조건
기회를 준다고 가정하기보다는 그때 흐트러지지 않게,
사람들이 더 냉소하지 않도록 정책을 다듬고, 어떤 세상을
만들고자 하는지를 구체화하는 데 시간을 많이 쓰면
좋겠어요. 우리 사회에 반정치주의적 세력이 강하긴 하지만
시민은 반정치적이지 않기 때문에 그렇게 하면 대중이 정치와
정당을 '발견'할 수 있다고 봅니다.

이철희

여론조사나 주변의 얘기를 들어보면 시민들이 갖는

반정치적 정서가 아주 강하고, 뿌리 깊은 것 같은데,
실제로는 그렇지 않다고 보는 거네요.

박상훈

시민들이 정치를 이해하고 설명할 언어의 무기가 약하기
때문에 반정치적으로 표현하는 거예요. 한국 사회는 세계
어딜 내놔도 정치에 대한 관심이 낮지 않습니다. 정치를
욕하지만, 그 속에는 정치가 좋아졌으면 하는, 그리고 정당이
좀 제대로 됐으면 하는 '보이지 않는 열망'이 전제돼있다고
생각해요

이철희

정치에 대한 높은 불만이 역설적이게도 정치가 제대로
작동되기를 바라는 깊은 열망이라는 말씀인데, 어쨌든
누군가에 의해 반정치 정서가 끊임없이 조장되고
재생산되고 있는 건 사실이죠.

박상훈

반정치주의적인 세력이라면 언론이나 지식인들, 기업인
등이죠. 하지만 시민들이 반정치적인 건 아니에요.
정치의 중요성을 표현할 언어를 못 갖고 있기 때문에
그렇게 발현되는 것이죠. 정치인들이 조금만 용기를 내도
달라집니다. 한국 사회는 대단히 정치적인 사회예요.

이철희

정치인이나 정당이 정치의 효용을 시민들이 느낄 수 있게
해주는 것이 중요하잖아요. 그런 의미에서 박상훈 박사도
다른 책에서 강조했듯이, 유권자 앞에 제대로 된 정당이

존재해야 하는 것의 중요성을 다시 생각하게 됩니다.

박상훈

그러니까요. 여야 정당이 유권자들로 하여금 지지해줄
준비를 못하고 있으니까 그 틈을 반정치 세력들이 파고들어
영향력을 발휘하는 게 가능한 구조입니다. 일상적인
세계에서도 한국 사회 전체를 바꿀 만큼의 정치 에너지가
충분히 응축돼있어요. 평소에도 어떤 이슈가 한 번 터지면
우리 사회는 그거 하나에 몰입하잖습니까. 때문에 선거가
아니더라도 정치적 에너지를 통해 사회를 변화시킬
기회는 얼마든지 있어요. 지금도 정치가 잘하면 얼마든지
가능합니다. 일상정치에서 답을 찾고, 거기서 승부를 보려고
해야죠.

이철희

문재인 대표나 안철수 전 대표, 박원순 시장은 정당이
약화돼 극심한 부진을 겪을 때 등장한 사람들이잖아요.
정당이 강했다면 등장하지 않았겠죠. 그러니 이 분들은
기존의 정당과 태생적으로 불편할 수밖에 없는데, 문 대표나
안 의원에게 당을 이끌어가는 역할이 주어져 있거든요.
아이러니죠. 반정당의 흐름에서 등장한 분들이 정당을 바로
세우는 역할을 잘 할 수 있을지 의문입니다. 실제로 하는 걸
보니 잘 못해요. 대표로서 당을 추스르기 위해 필요한 것이
통합이라고들 합니다만 기존의 당내 인사들끼리 적당히
나눠 먹으면서 평화롭게 잘 지내는 건 통합이라기보다
담합 아닌가요?

박상훈

보기에는 별거 아니지만 통합도 사실 굉장한 실력이 필요한
거예요. 통합과 담합은 동전의 양면인 것 같아요. 담합은
나쁘고 통합은 좋고, 참여는 좋으나 동원은 나쁘다는 식의
이해는 실제 정치를 우리가 오해하게 만드는 겁니다.
사실 담합 없이 통합 없고, 동원 없는 참여도 없어요. 이걸
인정해야 합니다.

이철희

좋은 지적이시네요. 정치를 현실주의 관점에서 이해하는
것이 중요하죠. 단어나 표현에 지나친 기대를 담거나 그걸
가치화하는 것은 잘못이니까요.

박상훈

문 대표나 안 의원처럼 정당 밖에서 기대를 모았던 개인들이
정당으로 들어오면, 그들 사이에 경쟁하면서도 공존할
수 있는 틀을 만들어내고, 그 공존적 경쟁이 당 전체에도
긍정적인 효과를 만들어내도록 하는 것이 중요한 일이죠.
근데 새정치민주연합은 그런 일에 별 관심이 없어 보여요.
누가 후보가 될 것이냐 하는 문제에 너무 많은 생각들이
몰려 있는 거죠. 당이 감당해야 할 일상정치에는 큰 관심이
없고 '후보 좇기'만 하면 효과도 없고, 당과 정책을 망칠
수도 있습니다. 선거에서 대안이 된다는 건 결국 정부를
상상할 수 있어야 하는 것이고, 내가 지지하는 후보를 통해서
대안정부를 구상해낼 정도의 비전을 가져야 하는 것이죠.
따라(삭제) 그런 걸 못하는 참모는 그냥 마케터(marketer)에
불과한 거거든요. 지금 후보들 주변의 참모들의 사고방법은
후보 좇기가 전부이니 폴리티컬 마케터(political marketer)

같습니다. 스스로 거기에서 벗어나서 시야가 넓어야 선거
때도 파괴력을 가질 수 있다는 점을 이해하면 좋겠어요.

이철희

맞습니다. 하지만 정치권에 등장할 때부터 대권주자였던
사람들인데 그 대권주자로서의 정체성보다 당대표나
리더로서의 정체성을 좀 더 갖기를 바라고, 그런 리더십을
발휘했으면 좋겠다고 기대하는 것 자체가 연목구어(緣木求魚)
아닐까요? 준비가 안 된 사람이잖아요.

박상훈

두 가지 점을 눈여겨봐야 합니다. 대중적으로 인기 있는
사람들이 개인 차원에서 대선주자로 나설 수 있고, 앞으로
그럴 수 있어요. 하지만 시간이 지나면서 결국 그들 모두
정당으로 들어갈 수밖에 없습니다. 이건 민주정치의 구조적
압박이에요. 이전에 사회운동을 했든 혁명을 지향했든,
또는 시민운동이나 NGO 활동을 했든 정치를 하게 되면
결국 시간이 지난 뒤에 정당으로 가게 되는 걸 우리가 보게
되잖아요. 여기서 정치의 중심, 정치 에너지의 중심이 어디에
있는지 알 수 있죠. 개인적으로는 모르겠지만 구조적으로는
정당 밖에서 정치를 이어가기는 어렵다는 게 첫 번째입니다.
일단 정당으로 들어오고 나면 그 사람들이 승부를 봐야 하는
것이죠. 정당의 리더가 되고 정당을 제대로 만드는 데서
자신의 역할을 잘해야 그 결과로 대선후보가 되는 구조적
압박도 불가피합니다. 이게 두 번째예요. 인간의 정치역사
전체에서 정치를 통해 소명감을 받는 사람은 옛날 아테네의
페리클레스 같은 데마고그(demagogue)가 아닙니다. 정당리더가
아니고 대통령이 됐을 경우 어떻게 되는지는 이탈리아의

베를루스코니가 잘 보여주잖아요. 어떤 민주정치에서도 그런 결과로 정치가 좋아지는 건 없습니다.

이철희

네, 그렇죠. 그런데, 이분들이 정당에 대해 뭘 알아야 리더로서 역할을 할 수 있는 아닙니까?

박상훈

정당을 만들어가는 것이 정치를 알아가는 과정이고, 정부를 만들어가는 방법이고 배워가는 과정이라는 거죠. 정당을 왜 하겠어요? 그 안에서 필요한 리더십을 기르라는 겁니다.

이철희

당연히 그래야죠. 하지만 본인들은 대선주자라는 정체성을 갖고, 어떻게 보면 이게 유일한 목표이기 때문에 이걸 이루기 위해 당대표도 하는 것이고, 당도 필요하다고 본다는 겁니다.

박상훈

그 두 가지는 변증법적으로 연결되어 있다고 생각해요. 대통령이 되기 위해서도 좋은 정책적 준비 또는 공익적 준비를 하지 않을 수 없다는 거죠. 그런 준비가 없으면 대통령이 되고자 하는 개인적 목표도 달성 못하는 게 민주정치의 매력이거든요. 민주정치는 공익에 어필하지 않으면 개인적인 목표도 못 이룹니다. 그러니 당에 기여하고 역할하는 것 외에 다른 길은 없어요. 기업을 잘 운영했다고, 지자체를 잘 운영했다고 해서 어느 날 갑자기 대통령이 되도록 허용하지 않는 게 우리 정치예요.

이철희

대통령이 되겠다는 목표를 가지고 있을 경우 당대표가 되면
이 두 가지 역할이 충돌할 수 있는 거잖아요?

박상훈

그렇죠. 대통령이 되겠다는 사람은 당의 리더가 되는
걸 피해갈 수 없습니다. 미국의 공화당을 공화당답게
만든 건 링컨이잖아요. 링컨은 자신이 속해 있던 이전의
휘그당을 깨고 노예해방 등 새로운 가치를 들고 공화당을
만들었어요. 전후 독일의 기초를 세운 아데나워는 기민당을
만들기로 결심하고 그것에 성과를 내서 총리로 14년인가
재임했던 겁니다. 지금 야당의 정당 모양새와 그 안에 있는
사람들의 마음상태로는 집권이 어렵다는 건 누구나 다 아는
현실이잖아요. 여기가 승부처죠. 괴롭고 힘들지만, 이걸 넘지
않고는 어떤 거창한 플랜이나 프로그램을 갖고 있더라도
나는 그게 그 사람의 정치인생에서 별로 의미가 없다고 봐요.
정당에서 승부를 보는 사람에게만 정부를 운영할 기회를 주는
인과관계가 만들어져야 그 다음 정치인들도
정당 안에서 노력하고 리더십 훈련하고 서로 공존하면서
싸우는 법을 배우죠. 언제까지 한 칼을 가진 사람이 대선에
홀연히 나타나기를 기다릴 거예요.

이철희

다 맞는 말씀이에요. 그러면 이제 이런 질문 가능할 것
같아요. 좋은 정당이란 어떤 정당이에요?
우리가 민주주의라고 하면 자유롭고 공정한 선거와 같은
개념적인 지표가 있잖아요.

박상훈

정당이란 민주주의의 본질에 가깝죠. 인간의 삶에서
끼니라고 하는 밥에 비유할 수 있어요. 밥만 먹고 살 수는
없죠. 운동도 해야 하고, 햇볕도 쪼여야 하고, 건강보조제도
먹어야 하고, 명상이 필요할 때도 있고, 우리가 건강한
삶을 살기 위해서 여러 가지가 필요하죠. 하지만 끼니가
없으면 다른 것들은 어려워요. 민주주의도 마찬가지예요.
시민운동도 필요하고, 노동운동도 필요하고, 좋은 학자도
필요하고, 좋은 변호사도 필요하고, 다 필요하지만 그래도
정당이 좋지 못하면 나머지는 사실 큰 힘을 발휘하지 못하는
게 현대 민주주의입니다. 집을 생각하면 기둥이 집의 모든
것은 아니지만, 기둥 없이는 집이 설 수 없듯이 정당 없이는
민주주의가 제대로 작동하지 않는다는 거죠.

이철희

"정당 없이는 현대 민주주의를 생각할 수 없다"는
샤츠슈나이더(Schattschneider)의 명언이 생각나는 군요

박상훈

현대 사회는 복잡하고 다원화돼 있잖아요. 시장경제도 있고,
정치가 아무리 뭘 해도 입헌주의이니까 헌법재판소의 결정에
의해 제약 받고, 문제가 있다고 하면 민주정책이 번복되기도
하고, 시민 개개인은 "아, 나는 정치에 관심 없다!" 이러면서
살 수도 있잖아요. 이 다원화되고 복잡화된 사회에서 그래도
일정하게 질서를 잡게 만드는 것은 모든 곳에서 기능하는
정당이에요. 헌법재판관도 아침에 일어나면 〈조선일보〉를
보든 〈한겨레신문〉을 보든지 하고, 선거 때에 투표하는 등
이런 활동은 결국 정당으로 귀결되게 돼있죠.

이철희

시민의 다양한 삶과 사회적 결정을 채널링(channelling)하는
것, 그러면서 질서를 부여하는 것이 정당의 역할이네요.

박상훈

괴롭고 답답하지만 지금 있는 정당을 좋게 만들지 못하거나
또는 지금 있는 정당보다 더 좋은 정당을 만들지 못하면
지금보다 나아지긴 어려워요. 아무리 우리가 민주주의를
하고 있다 하더라도 지금 구조로는 조금 더 평등하고, 조금
더 건강하고, 조금 더 자유롭고 안전한 사회를 만드는 게
어려워요. 그건 개개인이 할 수 있는 게 아니라서 한 사회의
공적 자원을 분배하고 할당하는 정당들이 잘 작동하지
않는다면 어렵습니다. 이럴 때 민주주의는 허망하죠. 이때의
민주주의는 자본주의가 만들어내는 불평등을 더 크게
만드는 데 기여할 뿐입니다. 민주주의는 절대로 그 자체가
좋은 체제가 아니라 잘 작동할 때만 좋은 체제입니다. 이게
잘못 작동하면 사실 군주정이나 귀족정보다 못해요. 그럼
잘 작동하게 하는 것이 뭐냐? 시민 개개인이 잘하기 위해서
어디 가서 연수를 받고 와야 하는 게 아니고 모두가 다 자기
이익을 추구하더라도 공적 자원을 관리하는 정당들이 좋은
것, 이거밖에 없는 것 같아요.

이철희

좋은 정당의 지표라 그럴까, 뭐 그런 기준이 있다면
어떤 거예요?

"민주주의는 절대로 그 자체가
좋은 체제가 아니라 잘 작동할 때만
좋은 체제입니다."

박상훈

정당을 사람과 같은 하나의 유기체에 비유한다면, 좋은
생각과 비전을 만들어내는 머리와 같은 기능을 하는 게 당의
정체성, 당이 지향하는 신념과 가치죠. 가난한 보통사람들의
삶을 보호하는 진보적인 정당이 되겠다고 하는 따위의,
어떤 정당을 보이지 않게 관할하는 정신이랄까 뭐 그런 게
있을 겁니다. 다음으로, 그걸 운영하는, 주기적으로 교체되는
리더십이 있죠. 당의 가치나 정신을 끊임없이 재확인하고
상징하는 리더를 뽑는 과정도 좋아야 해요. 그런데 그 리더가
외부에서 자꾸 들어오면 안 되고, 당 안에서 오랫동안
훈련받고 본인도 헌신하면서 길러져야 합니다. 당에는
손발이라고 하는 지역조직들, 관련된 대중조직들, 그것을
움직이는 당 관료들과 정책 엘리트들도 있어야죠. 이런
것들이 좋은 정당의 모양새라고 할 수 있습니다.

이철희

정체성이나 정신이 머리, 조직이 손발이라면 리더십은
심장에 해당할 수 있겠네요.

박상훈

이런 정당의 역할이나 기능이 사회적으로 흘러넘쳐야 합니다.

당이 좋은 노동시장 정책을 잘 준비해서 그 결과 노사관계가
안정되거나, 대학에서 열심히 공부하는 학생들이 노동시장에
들어왔을 때 자신이 노력한 만큼 일하면서 소득을 얻고 삶을
영위할 수 있도록 하는, 이런 인과관계를 잘 만들어 주는
것을 통해서 정당의 역할이 사회적으로 흘러넘치는 거예요.
그런데 우리는 지금 오히려 정당의 효과가 사회적으로
흘러넘치기는커녕 사회적인 에너지가 당에 들어가면 되레
흐지부지되고 허비되고 있으니 우리 같은 사람에게는 답답해
보이는 거죠. 정당의 기능이 사회의 공익에 헌신하도록 그
비용을 시민들이 제공하는 건데 그 역할을 잘 못하면서
시민의 마음을 얻겠다는 건 앞뒤가 안 맞아요.

이철희

정당이 누구를 대표할 것인지가 중요하고, 대표하려면
대표되는 사람이나 그룹과 민주적 연계 또는 조직적 연계가
필요하겠죠. 결국, 어떤 사람이 정당에 몸담고 정치를
주도하느냐 하는 문제가 중요할 텐데, 그동안 선거 때마다
스펙 좋은 사람들로 무수히 많이 바꿨으나 정치의 질은
좋아지지 않았잖아요. 그렇다고 해서 지금 못하고 있으니
안 바꿀 수는 없는 것이고, 어떤 사람이 어떤 프로세스로
정당과 정치에 들어가야 달라질까요?

박상훈

장기적으로는 리더와 엘리트들이 당 안에서 길러져야 한다는
게 제 생각이에요. 그러나 가끔 조직도 정체하기 때문에
새로운 변화를 위해 외부에서 수혈될 필요는 있죠. 그럼에도
기본은 어쨌든 내부에서 성장의 일관성이 주어져야 참여하는
사람들도 맨바닥부터 당 안에서 헌신도 하면서 본인의 기회를

얻으려고 하는 열정이 만들어져요. 지금은 정치하려는 사람의 합리적인 전략이 정당 안에 들어가서 뭘 하려는 게 아니라 미디어 자산 경험을 더 많이 쌓으려고 하는 거죠. 정당도 조직적 현상인데 안에서가 아니라 밖에서, 그것도 미디어를 통해 개별 엘리트들이 인지도나 인기를 끄는 것이 더 효과적인 방법이라는 정치규범이 자리 잡게 되면 민주정치는 끝장나는 거거든요. 엄밀히 말하면 변형된 시장엘리트주의랑 다를 게 없어요. 정치 밖에 있는 마켓에서 자기네들 상품성을 높이고 그걸로 정치를 지배하려는 형식은 안 됩니다.

이철희

그러니까 당 안에서 길러져야 한다는 말씀에 동의합니다. 하지만 당 안이라고 할 때 그 당의 안이 지금 너무 좁잖아요?

박상훈

어렵지만 지금 있는 자산을 최적화해 활용하면서 그것을 확장해가는 노력이 필요한 거예요. 지금 당이 힘드니 밖을 보는 게 아니라 지금 있는 것을 어떻게 해서든 잘 정리하고 잘 활용하는 게 우선이라는 얘깁니다. 안과 밖의 관계가 인과적으로 확고해야 합니다.

이철희

제 말씀은 당 안이라고 하는 이 안의 크기를 키워야 하는 거 아니냐는 말이에요. 지구당도 없고, 다른 풀뿌리 조직이 없잖아요.

박상훈

이런 문제를 비유적으로 말한다면, 난 당이 오케스트라 같은 거라고 생각해요. 일단은 자기 단원들을 믿고 그들의 집합적 에너지를 잘 만들려고 노력해야 하는데, 지금까지는 어떻게 해왔느냐 하면 그 오케스트라의 지휘자가 자기 단원들을 보지 않고 돌아서서 관중을 보고 있다는 겁니다. 관객을 보면서 '나, 잘하죠'를 계속 연발 하는 거예요. 그게 제 눈에는 '다음번 콘테스트에 제가 나가야 되겠죠' 하면서 동의를 구하는 것처럼 보여요. 그런데 원래 오케스트라 지휘자는 관객들에게서 돌아서야 합니다. 단원들 중에 바이올린이면 바이올린, 브라스면 브라스, 이들이 효과적인 음을 내도록 지휘했을 때 관객들이 감동을 받죠. 단원들 또는 악기들은 지금 계속 불협화음을 쏟아내고 있는데도 지휘자는 돌아서지 않아요. 대표를 비롯해 당의 리더들이 당 안에 있는 에너지를 모으는 게 아니라 자꾸 언론이나 바깥에 신경을 많이 쓰고 있다는 겁니다. 내가 만약 당대표를 한다면 당 안의 사람들이 본인의 발전뿐만 아니라 당의 발전에도 기여할 수 있는 내부 체계나 구조를 만들어줄 겁니다. 그런 리더가 나와야죠.

이철희

죽이 되든 밥이 되든 자신들끼리 힘을 합쳐서 뭔가를 해봐야 하는 게 해법의 전부는 아니겠죠?

박상훈

연주를 해보니 바이올린 파트가 더 강화될 필요가 있겠다 싶으면 그때 외부로부터 영입해서 전체의 소리를 한 단계 높이도록 해야죠. 지금 같은 불협화음 속에서는 어디 잘 나간다고 하는 사람이나 외국 콩쿠르에서 상 탄 사람을 데려다 앉혀놓아 봐야 그 안에서 또 다른 불협화음만 만들어질 겁니다. 이건 우리가 경험을 통해 이미 아는 사실이잖아요. 제발 멈추면 좋겠습니다. 당 리더는 돌아서서 여론을 바라보지 말고 당 안을 보라는 거죠. 시골 아이들도 좋은 음악 선생님이 오면 감동을 주는 연주를 하듯이 당의 대표도 그 당 안에서 좋은 소리를 내려고 하는 노력을 해야 합니다. 지금 야당의 정치 자산이 결코 작은 게 아니잖아요. 거기 있는 사람들의 면면을 보세요. 어디 내놔도 누구한테 꿇리지 않을 만큼의 능력도 있고 책임감도 있는 사람들이죠. 그런데 모아 놓으면 온갖 사단이 나요. 스타들이 즐비하니 문제는 더 특별한 인재가 필요한 게 아니라 팀플레이를 할 수 있게 하는 겁니다.

이철희

물갈이가 능사가 아닌 건 맞아요. 그럼에도 저는 물갈이는 해야 한다고 봅니다. 문제는 어떤 사람으로 대체할 것이냐 하는 것인데, 명망성이나 좋은 스펙을 기준으로 선발하는 것은 답이 아니죠. 대안이 뭐냐? 당을 지지하거나 기반으로 존재하는 수 많은 결사체나 집단, 혹은 단체로부터 대표성을 가진 사람들로 바꾸자는 겁니다. 저는 이 사람들이 더 정치를 잘 할 수 있다고 봅니다. 정치인은 막스 베버가 말하는 소명의식이나 거리를 두는 균형감각도 있어야 하지만 조직적으로 이해와 요구를 강제할 수 있는 세력이 그와 연계될 때 누구를 대표할 지가 분명해 지니까요. 영국에서 블레어의 신노동당 노선이 등장한 이후 현장 출신의 하원 의원이 줄었다는 통계가 시사하는 바도 이런 것이죠.

박상훈

저는 그렇게 보지 않습니다. 지금까지 비례대표를 뽑거나 할 때 그런 대표성이나 또는 의사(疑似) 대표성을 가진 사람들을 선택했죠. 하지만 예컨대 노총에서 뭘 했다고 해서 그 노총과 결합한 것도 아니고, 장애인단체 활동을 했더라도 결국 개인의 상징적 대표성밖에 실현되지 않았습니다. 왜 그랬을까요? 옛날처럼 노동조합에 있는 사람들이 당원도 되고 당비도 내는 구조라면 가능할지 몰라도 이제는 그런 것이 어렵잖아요. 현재 할 수 있는 대표성의 방법은 당에 들어와서 그 대표성에 맞는 역할을 하는 겁니다. 예를 들어 노동 대표성을 가지고 한다면 노동시장 개혁안을 만들고, 노동시장에 관련된 주요 의제들에 대해서 대안을 제시할 정도의 실력을 쌓을 기회가 주어지고, 그 속에서 집권당의 정책에 대해 유능하게 견제할 수 있게 해야 한다는 거죠. 지금은 사람을 데려다가 대표성이나 전문성에 맞게 역할하거나 실력을 쌓게 하는 구조도 없고, 설령 관련 상임위에 배치하더라도 그걸 잘한다고 해서 정치적인 사다리로 올라가는 것도 아니에요. 공천을 주는 사람 주변에서 다시 공천 받기 위해 노심초사하게 만들어 놓죠.

이철희

적으로 동의하는 지적입니다. 하지만 그럼에도 대표성은 중요하다고 봅니다. 그래서 저는 예컨대 노동 대표성을 가진 사람을 선발할 때 아예 그 선택권을 그 결사체에 맡겨버리면 좋겠습니다. 민주노총이나 한국노총에 누가 돼도 좋으니 당신들이 누군가를 추천하면 그대로 받겠다, 이런 식으로 사람 선택권을 아예 넘겨주는 거죠. 이렇게 조직적으로 연계를 하면 이 사람은 당의 내부 논리에 매몰되지 않고 본래의 대표성을 구현하기 위해 노력할 것이고, 당의 기반도 넓어질 거예요.

박상훈

그런데 그게 현실적으로는 작동이 잘 안 될 거로 생각해요.
예를 들어서 민주노총에서 사람을 보내는 데도, 노동 전체의
대표성을 갖기보다 그 안의 정파 대표성을 가질 수도 있죠.

이철희

그럴 수 있죠. 그러나 그런 과정을 거치면서 결사체들도
정치에 대한 고민을 더 많이 하게 되고, 그래야 이른바
결사체 민주주의가 강화되는 것이지 않을까요.

박상훈

정당이론이 그 문제에 대해 가지고 있는 대답은 예비내각
(shadow cabinet)이에요. 정당이 존재하는 이유는 정부를 잘
운영할 준비를 하는 거잖아요. 대통령을 하는 사람은 정해져
있는 게 아니라 선거를 통해 다수의 지지를 받는 정당의
리더를 뽑게 되어 있는 게 현대의 민주주의이잖아요. 때문에
정부를 준비하는 팀이 어떻게 보면 정당의 존재이유 중에
큰 거라고 봐야 합니다. 예비내각을 갖는다는 건 분야마다
새로운 사람이 들어온다는 것인데, 이 사람이 의원일
수도 있고, 정책 담당자일 수도 있고, 공직자일 수 있죠.
이런 사람들이 순환하면서 교육되는 과정이 필요한 거죠.
지금 우리에게 없는 게 이겁니다. 야당에 새로운 사람이
들어왔으면 파트별로 조직되어야 한다고 봅니다. 돌아가면서
리더십 훈련들을 할 수 있는 구조들을 만들어야 한다는 거죠.
지금 야당에는 그런 체질과 문화를 가지고 있지 않잖아요.
만약에 당에서 그가 자신의 대표성과 관련된 공공정책적
실력을 기를 수 있는 당내 훈련과정이 존재하면 양자는
튼튼하게 결합될 수밖에 없겠죠. 근데 이것이 없으면 제

아무리 대표성을 강조해도 당에서 실현되지 못해요.
근데 이것이 없으면 제아무리 대표성을 강조해도 당에서
실현되지 못해요.

이철희

그것도 맞는 말씀입니다. 줄탁동기(啐啄同機)라고나 할까요,
안에서 그런 구조를 만드는 한편 밖에서 들어올 때도 그
대표성을 가진 사람과 그 조직이 함께 오는 것도 필요하다고
보는 거죠, 저는.

박상훈

그런데 그렇게 할 수 있는 조직이 거의 없어요. 지금은 노조도
어렵다는 거죠. 과거 민주노동당 시절에 민주노총이 블록
대표성을 가졌던 적이 있지만, 지금은 불가능해요. 어떤 한
조직의 대표가 정당으로 가는 순간, 그 조직도 파당으로
나뉘어서 누가 대표권을 갖느냐 하는 문제로 다투게 돼요.
이런 것보다는 이들이 보내줘서 당 안에서 견뎌낼 만한
실력을 갖추면서 대표성을 구현하는 게 현대 정당에 어울리는
거예요. 지금 야당 리더들이 할 일은 정당의 조직화인데요,
이게 오밀조밀하게 있으라는 뜻이 아니라 향후 정부가 될
준비를 위해서 기능을 훈련받고 서로 협력하는 문화나 체제,
교육과정 등을 전체적으로 만들어 가라는 얘기에요.

이철희

당의 내부 구조를 제대로 만드는 건 중요하죠. 그렇게 해서
훈련되고 검증받는 것은 중요하지만, 조직적으로 외부의
힘들이 끊임없이 흘러들어오지 않으면, 또는 당의 에너지가
외부로 환류되지 않으면 정치조직의 건강성은 유지되지

않는다고 봅니다. 이 연결 고리가 끊긴 정당은 아무리 멋진 사람이 들어와도 파당으로 나뉠 수밖에 없는 거예요. 외부의 시선들이, 계속 외부의 에너지들이 들어와서 그걸 못하게 강제해야 없어져요.

박상훈

그런데 잘 보면, 외부에서 너무 많이 들어오고, 무질서하게 들어와서 문제라는 거죠.

이철희

사람은 외부에서 많이 충원되지만 정작 외부의 힘은 들어오지 않아요. 국회의원에 출마할 사람들을 끊임없이 외부에서 데려오지만, 그 발탁의 조건이 스펙이나 명망성, 또는 인지도예요. 이처럼 시민사회의 결사체와 무관하니까 이들이 맥없이 기존질서에 함몰되어 버린다는 거죠.

박상훈

문재인, 안철수, 박원순 이분들은 당 생활을 하지 않은, 그야말로 새로운 사람들이에요. 게다가 정당의 초재선 비율이 60% 넘을 것 같은데, 이처럼 거의 다 새로운 사람들이잖아요. 심지어 실무 당료들도 외부에서 금방 들어온 사람들이 많아요. 잦은 분열과 숱한 통합 때문에 이렇게 된 거죠. 사실 당료는 정치하지 않는 집단이에요. 정치하는 선출직들을 보좌하기 위해서 존재하는 당료 조직이 이렇게 불안정하면 당 운영이 잘 안 되죠. 지금 어디를 봐도 오래 돼서 고착된 탓보다 무질서한 게 문제입니다. 새로운 사람들이 계속 들어오는 게 오히려 더 나쁜 방향으로 작용하고 있는 게 문제입니다. 새로움이 더해지면 기존 조직의 안정된 구조를 활성화해줘야 되는데, 이런 인과관계가 형성되지 않고 새로움이 혼란을 부추기는 꼴이잖아요. 지금으로선 교체가 문제를 해결하기 위한 방법이 아니에요. 어느 유기체든 교체는 환경에 적응하기 위해 당연히 해야 할 일이지만 그게 문제의 대안으로 설정하는 것은 옳지 않아요. 기존의 구조를 안정화시켜야, 새로 들어오는 것이 이 안정화에 보탬이 되면 되죠. 고착된 구조가 아니라 불안정한 구조가 문제입니다.

이철희

정당이 정당다워져야 한다는 지적에는 추호의 이견도 없습니다. 다만, 서로 다른 면을 지적하는 것 같은데, 정당이 정당답게 바뀌는 것과 별개로 정치도 사람이 하는 일이기 때문에 당에 유해한 영향을 미치는 사람은 바꿔야 한다는 거죠. 또 당이 시민사회의 결사체와 정책적 연계성뿐만 아니라 조직적 연계성도 필요하다는 것이 제 생각입니다.

박상훈

좋아요. 이 소장의 생각도 이해하고 존중합니다. 제가 하고 싶은 말은, 고착된 구조가 있고 그게 문제라면 그걸 깨기 위해 외부에서 뭔가 충격이 있어야 하지만 다 새로 들어온 사람들이라 불안정한데 더 새로운 사람으로 바꾸면 그 불안정이 심해질 뿐이라는 겁니다.

이철희

정당이 그 내부에 좋은 정치가 가능하도록 하는 시스템을 갖추어야죠. 그런데 이미 그걸 불가능하게 하는 잘못된 구조가 정착돼있고, 그 기성질서를 떠받치는 세력이나 인물이 있잖아요. 그렇다면 그들을 솎아내는 노력을 해야죠.

이런 일도 정당 내부의 경쟁과 대립에 의해 이뤄지는 게
옳으나 그렇지 못하니 외부의 충격을 동원하자는 게 제
문제의식입니다. 물갈이는 필요해요.

박상훈

필요하죠. 그런데 그것이 문제를 푸는 해결책이 될 수는
없다는 겁니다. 지금까지 그런 방법으로 문제를 해결하고자
했으나 결과가 안 좋았잖아요. 제가 정치를 전공하게 되면서
오래 관찰한 끝에 얻은 결론이 있어요. 정치를 잘하는
능력이나 소양은 정치 밖에서 훈련되기 어렵다는 겁니다.
아무리 정치 밖의 자기 분야에서 뛰어난 무엇을 했고, 큰
조직을 운영해 본 경험에 있다 하더라도 정치는 정치의 영역
안에서 배워야 할 것이 너무 많아요. 과거 정주영이나 김우중
등 대기업을 이끈 사람들이 정치를 하게 되면 금방 잘할 수
있을 것으로 생각했겠지만 그게 잘 됐잖아요. 정치 안에서
정치를 배워야 성과를 낼 수 있는 것이 정치의 특이성이라고
생각해요. 저는, 교체가 긍정적인 기여를 하려면 그런 사람이
들어와서 훈련되고, 성장할 수 있는 조직 체계가 먼저 있어야
한다는 얘기를 하고 싶은 거죠. 지금 해야 할 일은 외부에서
불러들인 또 다른 혁신자에게 위탁하기보다는 지금 있는
거기에서 질서를 만드는 게 먼저예요.

이철희

외부에서 혁신자나 해결사를 불러들이자는 얘기가 아니고,
안의 질서를 바꾸려면 현 질서를 완강하게 고수하려고 하는
사람들을 솎아내야 한다는 거죠. 또 실력이 부족하거나
원성을 사고 있는 사람들은 당연히 퇴출시켜야 하잖아요.
그 빈자리에 새로운 사람들로 채우되, 대표성 있는 인물로

채우자는 겁니다. 저도 외부의 누군가가 압도적인 힘을 갖고
들어와서, 예를 들면 지지율 30~40%의 안철수가 들어와서
벼락같이 당을 바꿀 수 있다고 보지 않습니다. 정치에서
백마 타고 오는 초인은 없으니까요.

박상훈

우리 둘의 생각을 이렇게 정리할 수 있지 않을까요.
일단 당내에서 어떤 목적을 가지고 변화를 추구하는 게
먼저 있고, 그 과정에서 어떤 자리나 세력의 역할이 재조정될
필요가 설정되고, 그런 다음 여기에 맞게 새로운 사람이
충원되어야 한다, 이런 정도겠지요. 당을 어떻게 바꾸고
어떻게 움직여야 되겠다는 판단이 먼저 있고 나서 거기에
맞지 않는 사람들이 어떻게 정리되고 그 자리에 누가
들어와야 되는 지가 인과성 있게 진행되어야 합니다.
우리 정치는 늘 앞부분이 빠져 있었어요.

이철희

네, 충분히 공감합니다. 그나저나 정당의 힘이 너무
약하잖아요? 한 사회의 권력을 양 또는 질로 따져 볼 때
정당보다는 언론이 훨씬 센 것 같아요?

"정치를 잘하는 능력이나 소양은
 정치 밖에서 훈련되기 어렵다는
 겁니다. 정치는 정치의 영역 안에서
 배워야 할 것이 너무 많아요."

그렇죠. 우리나라 정당은 지금 두 차원으로 나뉘어
있다고 봐요. 사회 속의 정당과 정치 속의 정당. 권위주의
시절에는 사회 속에 있는 정당 중에 야당은 대학 캠퍼스의
학생운동이었죠. 시대가 바뀌고 나니 이제는 언론이 사회
속의 정당이에요. 정치속의 여야 정당들과 사회 속의 여야
언론들을 비교하면, 누가 더 강한 의제능력을 갖추고 있느냐
하면 언론이죠. 그런데 언론이 스스로 강해져서 이렇게 된 건
아니에요. 정치 속의 정당이 약해서 언론이 의제 주도력이나
장악력 등을 갖게 된 것으로 이해해야 합니다. 언론의 강함을
줄이려 할 것이 아니라 정당이 더 강해져서 정당이 본래 갖는
의제형성 능력, 자원분배 능력, 사회적인 의견의 조직 능력
등이 살아나면 언론은 그에 따라 자연스럽게 자기 위치를
차지하게 될 겁니다.

이철희

그런데 언론이 사회 속의 정당으로서 기능하면서 엄청난
권력을 누리고 있으니 그 권력을 순순히 내놓지 않을
거잖아요. 정당을 비롯해 누군가의 권력이 커지면 언론의
권력 몫이 줄어드는 거니까 그걸 견제하고 못 크게 막는

점도 분명히 있겠죠. 그럼에도 어쨌든 이 문제를 해결하기
위해서는 좋은 정당으로 가는 길밖에 없다는 건가요?

박상훈

시민들이 모든 것에 대해 판단할 수 없죠. 그래서 사회적인
의제 형성(agenda setting)이 정당의 가장 중요한 기능이에요.
정당이 의제를 형성하고 의견을 제시하면 시민이 그걸
받아들여주는 겁니다. 내가 지지하는 정당이 그렇게 말하니까
받아들이는 식이죠. 이게 현대 사회에서의 의견 형성의
합리성이에요. 그러니 정당의 의제 능력이 커지면 사람들이
언론만이 아니라 정당에게도 의존하겠죠. 또 언론을 볼 때도
"아, 이건 새누리당의 의견을 잘 반영하는 신문이지" 하면서
그 뒷면에 있는 정당을 염두에 두고 보게 되는 거거든요.
근데, 우리는 지금 의제 형성이든 엘리트 편성이든 정당이
하는 게 아니라 언론이 하죠. 나도 신문에 칼럼 쓰고
이 소장도 칼럼 쓰고 있지만, 우리나라처럼 지식인들이나
교수, 전문가들이 칼럼 많이 쓰는 나라가 어디 있어요? 다른
나라에서 칼럼은 거의 다 저널리스트들의 영역이죠. 우리
언론은 학자, 전문가, 법률가, 의사 등등 거의 모든 영역의
사람들을 칼럼을 통해 빨아들이고 있어요. 이건 엄밀하게
말해 정당입니다. 그래서 정당이 언론에 의제 능력과 엘리트
편성능력을 빼앗기고 있는 거예요.

이철희

그렇다면 뭔가 제도를 바꿔야 할 측면은 없나요?

박상훈

제도의 문제는 아닌 것 같아요.

이철희

예를 들면, 지구당이란 풀뿌리 조직을 없앤 정당개혁 때문에
정당이 너무 왜소화됐잖아요. 사회적 기반도 약한데, 조직적
기반까지 거의 잃어버린 셈이니까요.

박상훈

없앤 건 잘못이죠. 하지만 그렇다고 해서 그걸 바로 복원하는
게 해답인지에 대해서는 의문을 갖고 있습니다. 당원협의회든
지역위원회든 현재의 제도에서 문제를 해결해보려고 하다가
도저히 안 되는 어느 순간이 왔을 때 해야 사회적 동의도 얻을
수 있고, 실제 효과가 나죠. 자꾸 제도 탓을 하면 실제의 능력
부족을 숨기는 알리바이로 작동할 수 있어요.

이철희

저는 그 시점이 왔다고 봅니다. 당원협의회나 지역위원회
형태의 지역구 단위 조직은 국회의원이거나 위원장의
사조직으로 움직일 뿐이에요. 공조직의 기능은 못하죠.
풀뿌리 조직이 없는 정당은 밑으로부터의 압박을 느끼지
못하는 한편 돛 없는 배처럼 언론의 판단에 따라 이리
저리 왔다 갔다 하는 부초 같은 신세거든요. 정당이 풀뿌리
조직을 갖지 못할 때, 특히 피해를 입는 것은 비(非)보수 또는
진보 정당입니다. 보수는 정당 외에 다른 채널이나 사회적
기반을 풍부하게 갖고 있으니까요.

박상훈

정치에 관련된 법이나 제도들을 전체적으로 조망하고,
리뉴얼(renewal)의 우선순위도 정한 다음에 지구당을
부활시키더라도 해야죠. 지구당 부활만 한다고 해서 달라질

건 별로 없을 거예요. 정당법, 선거법, 정치자금법 등
전체적으로 다 리뷰하고, 재편해야 합니다. 또 그걸 추진할
타임 스케일(time scale)도 따져봐야 해요. 왜냐하면, 손봐야 할
법과 제도가 어마어마하니까요. 우리나라 정치 관련법은 온통
규제 위주여서 솔직히 다 없애버리면 좋겠다 싶어요.

이철희

저는 사실 정치개혁의 핵심은 정치관계법과 노동관계법을
대폭 손질하는 것이라고 봅니다. 선거운동 방법과 기간의
제한 등 정치활동의 규제를 거의 없애고, 노동의 범위를
넓히는 한편 노조의 힘을 더 키워줘야 한다고 보죠.

박상훈

법을 전공하는 사람들의 얘기에 따르면, 우리나라의 경우
공직선거법의 글자 수가 헌법보다 더 많다고 해요. 헌법의 틀
안에서 다뤄지는 규제는 당연하지만, 기본적으로 선거법은
규제가 아니라 참여를 뒷받침하는 법이야 합니다. 따라서
헌법보다도 많은 규제조항을 갖고 있는 선거법은 문제죠.
정치관계법을 한번은 전체적으로 바꿀 필요가 있어요.

이철희

정당이 튼실한 뿌리를 가질 수 있게끔 하는 것은 굉장히
중요한 문제라고 봅니다. 지구당을 부활하면 다 좋아진다고
생각하거나, 일조일석(一朝一夕)에 확 바뀌는 게 아니니
꾸준히 정당의 기반을 더 넓히는 노력을 해야죠.

박상훈

그렇죠. 지구당이나 풀뿌리 기반을 넓히고, 직능집단을

비롯한 여러 결사체와의 연계를 활성화하는 리더십이
필요합니다. 어린아이들이 장차 사회의 리더가 되고 싶다면
정당에 들어가서 훈련·교육을 받고, 역할도 하게끔 해야죠.
이런 전체적인 그림을 정당의 리더들이 잘 그려나가야
합니다.

이철희

마지막으로, 당내 민주주의에 대한 생각을 듣고 싶습니다.

박상훈

이론적인 걸 먼저 강조하고 싶어요. 민주주의는 '정당
간'(between parties)의 관계에 대한 개념인데, 그 정당 간
관계의 민주성은 너무 부족하죠. 우리 사회의 욕구, 관심과
열정, 갈등은 지금 폭이 어마어마하게 넓은데 이것이 정당
간 관계를 통해 수렴되고 통합되는 범위는 너무 좁아요.
더 민주화되고, 더 다원화도 되고, 더 개방적으로 바뀌어야
합니다. 그런데 우리는 그런 노력은커녕 오히려 정당 간
경쟁이나 선거를 규제하는 요소만 잔뜩 있고, 또 정당들이
자유롭게 조직되고 활동하지 못하도록 잔뜩 규제해놓고
있잖아요. 그러면서 정당 내부만 자꾸 개방하고 민주화하라고
요구하는 것이 주류 언론의 정당개혁론이에요. 정당은 조직적
현상이고, 조직은 유기체이기 때문에 과도하게 개방하면
죽습니다. 머리와 손발을 따로 떼어서 놓으면 살 수 있는
사람이 없듯이, 정당의 핵심은 유기성이에요. 각각의 기능에
맞도록 서로 손발이 잘 맞는 팀이 되는 게 정당의 핵심이죠.
이걸 위해서 당내 민주화가 필요하다면 해야죠. 다시 말해,
유기적으로 작동하기 위해서 민주주의를 해야 하는데, 우리는
거꾸로 당내 민주주의를 위해 당의 유기성을 해치고 있다는

겁니다. 당이 잘 작동하기 위해서 얼마만큼의 민주성이
필요한가? 이렇게 질문해야 맞다고 저는 생각해요.

이철희

민주주의는 정당 내(in parties)가 아니라 정당 간에
존재한다는 명제에 입각해 보면 우리는 정반대로 가고
있는 거죠. 정당은 사회경제적 약자들의 정치적 무기이기
때문에 과도하게 민주성을 추구하는 것은 일종의 자발적
무장해제나 자해행위에 다름없어서 걱정입니다.

박상훈

그다음으로, 먼저 당이 어떤 목표를 갖고 작동할 것인가에
대해 당 안의 합의가 튼튼하게 이뤄지는 과정에서 당내
민주주의가 여기에 기여할 방법을 찾아낼 필요가 있습니다.
이 문제는 아주 중요한 핵심적 사안이에요. 우리는 당내
민주화를 말하면서 당 안의 주권자들을 없애고 당 밖으로
외주화하는 걸 당내 민주주의로 착각하고 있습니다.
길거리를 지나가다 새누리당 플래카드를 봤는데, '공천권을
국민에게'라고 쓰여 있더군요. 과거 야당들이 늘 주장했던
거잖아요. 지금 새누리당이 그걸 따라하고 있는 겁니다. 누가
주장하든 그건 안 돼요. 국민은 그렇게 한가한 사람들이
아니에요. 정당들이 잘 공천한 사람을 놓고 심판하는 게
국민의 역할인데, 그 심판자의 기능을 못 하게 만드는 거 하고
똑같습니다.

이철희

공천을 국민이 직접 하면 정당이 존재할 이유가 무엇이며,
그렇게 되면 본선에서 투표할 이유가 없어지죠. 공천을

국민에게 돌려준다는 말은 좋게 보면 사기고, 나쁘게 보면
해악이죠.

박상훈

당내 민주화를 이론적으로 정리하면 이렇습니다. 첫째, 당내
민주화는 당이 유기적으로 기능하는 것의 하위가치로서
인정되는 겁니다. 당내 민주화가 당의 최고 가치가 되는 건
잘못이에요. 둘째, 당도 주권자가 있으니 이 주권자의 권한이
강해지는 걸 동반하면서 당 밖의 에너지가 들어올 수 있도록
하는 선후 관계가 있어야 합니다. 당을 공허하게 만들면서
당 밖을 불러들이려고 하는 것은 안 된다는 거예요. 셋째,
당내 민주주의와 관련해 그간에 있었던 제도나 담론들을
재검토하고, 튜닝(tuning)할 필요가 있습니다. 당 운영과
관련해 과거 3김 식의 1인 보스정치를 안 하겠다는 정도의
합의만 있었어요. 최고위원회 형태의 집단지도체제는 매우
즉자적으로 고안된 겁니다. 1인 지배체제가 없애야 한다는
걸 전제로, 더 대중화되고 더 다양한 의견이 수렴되면 당이
안정된 리더십과 질서를 가질 수 있을지에 대한 고민 없이
덥석 받아들인 거예요. 보스 1인만 제거하면 되니 그냥
집단으로 이를 대체한 것이죠.

이철희

한국의 정치인들이 보여준 정치적 이성이랄까 실천적
이성이 참 한심하네요. 한 치 앞을 내다보지 못하는 지독한
근시(myopia), 아쉬운 대목입니다. 그런데 이들이 이렇게
한 것은 결국 자신들의 기득권을 유지하는 데 유리하기
때문이죠. 저는 그렇게 봅니다.

박상훈

어떻게 지금과 같은 최고위원제도가 있을 수가 있습니까?
우스운 차원을 넘어 비참하다는 생각마저 들어요. 우리가
축구경기를 보러 갔는데, 선수나 감독·코치들이 서로
관객들을 향해서 자기 자랑만 하고 있는 거와 비슷합니다.
열심히 볼(ball)을 찰 생각은 안 하고, 하나의 팀으로서 멋진
경기를 보여줄 생각은 안 하고 있는 거잖아요. 최고위원회를
이렇게 운영하면서 또 당내 민주화를 이야기하는 건
곤란하죠. 민주주의도 질서를 만드는 방법에 대한 것입니다.
더 강한 의견형성의 과정, 더 다양하면서도 더 일관된
의견형성의 방법으로서 당내 민주주의가 논의되면 좋겠어요.

이철희

네. 핵심을 찌르는 통찰이네요.
끝으로 마무리 말씀 부탁드립니다.

박상훈

아무리 뛰어난 정치학자라고 해도 정치의 1/10도 설명을
못하고, 1/10의 처방도 못 내린다고 생각해요. 그래서
제가 이런저런 이야기를 하고, 이래야 한다, 저래야 한다고
주장했지만 이건 하나의 참조할만한 의견일 뿐이지 답이
될 수 없다는 말씀을 꼭 드리고 싶습니다. 정치는 정치
안에서 사람들이 만들어가는 예술(art)이기 때문에 저의 오늘
얘기를 참조할 뿐 여론시장에서 정답처럼 논의되지 않으면
좋겠습니다.

이철희

알겠습니다. 수고하셨습니다.

아닌 걸 아니라고 말할 수 있는 이철희는
진보 성향의 시사평론가다. 그런데 기존
논객들과는 화법이 다르다. 그의 말은 진보는
물론이고 보수진영도 고개를 끄덕이게
만든다. 혹은 양편 모두에게 불편함을 준다.
그건 이철희가 어른의 화법으로 말하기
때문이다.

끝.

이 글은 이철희 소장에 대한 인터뷰이다. 인터뷰이(Interviewee)로서
자신의 생각과 이야기를 담담하게 풀어낸 '재미있는 부록'이 됐으면
좋겠다. 2013년 8월에 진행됐던 이 인터뷰는 매거진 〈잰틀맨〉에 실렸고
2013년 8월 24일자 중앙일보에 편집, 발췌되어 게재되기도 했다.
인터뷰를 진행했던 이기원은 현재 매거진 〈노블레스〉에서 일하고 있다.

〈썰전〉이 키운 최고의 스타는 김구라나 강용석이 아니라 당신인 것 같다.

인지도로 따지면 나보다야 김구라나 강용석이 더 높을 거다. 다만 강용석이 알든 모르는 일단 얘기를 시작하는 편인데 반해, 나는 그의 얘기를 가만히 듣고 있다가 내가 할 얘기만 하다 보니 프로그램에 묘한 균형이 생긴 것 같기는 하다. 나도 그렇고 강용석도 그렇고, 일단 상대의 얘기를 존중하는 게 기본자세다. 다르다는 게 틀리다는 건 아니니까. 그런 점이 좀 관심을 끌지 않았나 싶다.

상대 패널로 강용석이 나온다는 얘기를 들었을 때는 어땠나.

처음에는 솔직히 좋아하지 않았다. 사적으로 만난 적 없었고, 소위 참여연대 같은 진보진영에 있던 사람이 공천은 새누리당에서 받아 나갔으니까 썩 유쾌한 사람은 아니었지. 처음에는 같이 방송 못한다고 했었다. 말 섞기 싫다고(웃음). 하지만 함께 방송해보니 인간적인 매력이 있더라. 강용석이 실언을 한 건 사실이지만 실수에 비해 과잉처벌 받은 것도 사실이고. 그리고 난 특정 진영의 논리를 대변하기 위해 나온 사람이 아니었기 때문에 너무 엄격하게 굴 필요는 없었다. 옳은 얘기, 내 얘기를 할 수 있으면 됐다. 박근혜 대통령이 잘했으면 잘했다고 하고, 야당이 잘못했으면 잘못했다고 하고. 그래야 한다고 생각했다.

종편 출연이 진보 성향인 당신에게 고민을 안겨주지는 않았나.

종편이 생기면서 정치평론이라는 시장이 생겼고, 나를 찾는 요청도 늘어났다. 사실 고민이 없었다면 거짓말이다. 하지만 생각을 고쳐먹었다. 내가 정치 세력이라면 종편에 출연하지 않는 것 자체가 정치 행위가 될 수 있지만, 나는 그럴 필요가 없는 사람이었다. 게다가 이왕 만들어진 종편은 어떻게든 굴러갈 텐데, 그걸 없는 것처럼 부정하는 건 맞지 않다고 생각했다. 종편을 보는 사람들도 똑같이 한 표를 가진 사람들인데 '그들은 우리 편이 아니다'라고 분리하는 건 좀 아니지 않나. 게다가 공중파도 의외로 검열 아닌 검열 같은 분위기가 있는데, 종편은 의외로 그런 게 없더라. 굳이 거부할 이유가 없었다.

당신은 진보적인 스탠스를 취하고 있지만, 보수도 설득할 수 있는 몇 안 되는 사람이다. 당신에게는 어른 같은 느낌이 있다.

어른이라는 게 무슨 말이지?

균형감 얘기다. 진보 인사들이 말하는 방식 때문에 거부감을 불러일으키기도 하는데, 당신은 그렇지 않다.

소위 '같은 편'을 흥분시키는 토론은 하기 싫다. 그건 나뿐 아니라 다른 사람들도 할 수 있는 거니까. 좌우 어느 편도 아닌, 중간에 서 있는 다수 사람들의 의견을 중요하게 생각한다. 그리고 그들을 설득시키는 게 훨씬 중요하다. 같은 진영 안에 있는 사람들을 열광시키는 게 무슨 의미가 있나. 난 그들만의 리그 안에서 스타가 되고 싶지는 않다.

사람들이 진보 세력에 가지던 피로감을 상쇄시킨 게 당신이 아닌가 싶다.

진보 논객이라면 대부분 진중권, 유시민을 떠올린다. 그런데

다수 사람들의 반응은 '당신 말이 옳긴 한데, 그래서 뭐?' 정도다. 그런 이들과는 달라야 한다고 생각했다. 전략적인 움직임이라기보다는 내 개인적인 성향이 좀 그렇다. 사적으로 친한 친구가 새누리당에 있을 수도 있지 않겠나. 서로의 얘기를 들어주려고 하는 건 중요한 일이다. 듣지도 않겠다며 귀를 막는 건 문제다. 물론 나도 아주 싫어하는 사람이 있다. 전두환 전 대통령은 정말 나쁜 인간이라고 생각하며 살았고, 지금도 그렇다. 이명박 전 대통령도 싫어한다. 나와 인물 유형이 잘 안 맞더라고. 물론 한 나라의 대통령이었던 사람을 너무 폄하하지 말자는 생각은 하지만 싫은 건 싫은 거니까.

당신을 진보 혹은 좌파라고 부르는 게 옳은가?

정치적으로는 분명 진보다. 우리 사회에는 지킬 것보다 바꿔야 할 게 훨씬 많다고 생각하니까. 사회적 약자들의 기본권, 삶을 지켜줘야 한다는 생각을 많이 한다. 하지만 사회적, 도덕적으로는 보수에 더 가깝다. 동성결혼을 박해하는 건 반대하지만, 솔직히 좋아하지 않는다. 북한 지도부는 아주 나쁜 놈들이라고 생각하지만, 북한을 변화시키는 방법으로는 햇볕 정책이 맞다고 생각한다. 문화적으로는 더 보수적이고, 실제 살아가는 모습은 전형적인 가부장에서 전혀 헤어 나오지 못하고 있다(웃음). 그런 것들이 막 섞여있다. 그건 나뿐만 아니라 다수의 사람들이 다 마찬가지일 거라고 생각한다.

그래서 당신은 보수에서도, 진보에서도 모난 돌이다.
애매한 스탠스로 보이기 쉽다.

내가 얄미운 캐릭터로 보일 수 있다. 나는 특정 진영을 편들지 않으니까. 비판은 당연한 대가라고 생각한다. 방송 끝나고 집에 가면서 스스로에게 질문할 때도 있다. '네가 하면 잘하냐?' 그래서 평론할 때는 단순히 '이게 아니다'라고 말하는 데서 끝나지 않고 '이렇게 했어야 한다'고 해결책을 제시하려 노력한다. 비록 내 말이 틀렸다 해도 한다. 그렇지 않으면 너무 무책임한 거라고 생각하기 때문에. 정치평론은 영화평론과 다르다. 평론의 내용에 따라 현실 정치가 바뀔 수도 있다. 내가 힘들지만, 정치평론은 그래야 한다고 본다.

김한길 의원 보좌관, 김대중 대통령과 노무현 대통령의 측근.
당신은 권력의 핵심부에 있었다. 그대로 있었다면 정치를 할 사람이었다.

청와대에 들어갔던 게 마흔 살 정도였다. 4급 행정관을 달았을 때는 나름 어깨에 힘도 들어가고, 자랑스러운 것도 있었다. 그런데 지나보니까 다 부질없는 거더라. 애초에 현실정치의 주역이 되고 싶은 마음은 없었다. 방송으로 치자면 출연자가 아니라 프로듀서의 역할이 맞다고 생각했다. 국회의원 한 번 해봐야겠다고 생각했던 건 4~5년 전이었나? 국회의원이 돼야 말을 들어주고 힘이 생기니까. 하지만 지금도 국회의원이라는 타이틀 자체가 매력적인 건 아니다.

지금 방송을 하는 것도 나중에 국회의원이 되기 위한 발판인가?

전혀 아니다. 그럴 거라면 특정 진영을 편드는 발언을 하고 있겠지. 지금 방송은 내 생업이 됐기 때문에 나름대로 충실하게 할 뿐이다. 그리고 이런 관찰자의 위치가 내게 더 어울리는 지도 모른다는 생각도 있다.

왜 스스로 정치판에서 발을 뺐나.

잘 됐으면 뺐겠나? 잘 안 되니까 뺐겠지(웃음). 판에서 뭔가 해
보려고 했는데 잘 안됐다. 그래서 2008년부로 자발적 백수
가 됐다. 가진 게 없는 사람은 커리어 빌딩과 돈벌이가 같이
가기 힘들더라. 먹고 살기 위해 일을 하고 돈을 벌었는데, 대
중적으로 알려지는 건 쉽지 않더라. 아내에게 4년만 시간을
주면 국회의원 한 번 해보겠다고 했다. 나름 열심히 뛰어다
녔는데 2012년 총선에서 떨어졌다. 지난 4년이 기회비용이
아니라 매몰비용이 된 거지. 마음이 상해있었는데 누가 방송
좀 해보라고 했던 게 계기였다. 라디오에 나갔고, TV에 나갔
다. 지난 대선 이후에 종편이 정치뉴스를 늘리면서 내게 필
요한 시장이 열렸다. 〈썰전〉을 맡은 게 결정적이었지. 순리
대로 다 풀렸으면 굳이 방송을 하지는 않았을 거다.

만약 그때 일이 잘 풀려서 국회의원이 됐다면 어땠을까.

누가 그랬다. '역사 발전에 1mm라도 기여할 수 있으면 좋겠
다.' 비슷한 생각이었다. 적어도 내가 태어난 지역 때문에, 내
가 어느 집안에 태어났느냐 하는 문제로 피해보지 않는 사
회. 모두가 최소한의 기본적인 삶은 얻을 수 있는 사회. 거기
까지가 내가 원하는 사회였고 거기에 기여하려고 애썼겠지.
지금도 그렇다. 그 이상의 큰 꿈이나 이상은 내 몫이 아니라
고 생각했다.

지금 당신은 일종의 참모 혹은 어드바이저(adviser)다.
플레이어(player)로 다시 돌아가고 싶지는 않나.

일부 있다. 하지만 정치하려고 방송하는 건 아니니까. 2년쯤 후에 결론을 내보려고 한다. 다만 방송을 내가 정치하기 위해서 이용하지 않겠다는 생각은 한다. 너무 속보이는 목표를 갖고 사는 건 좀 염치없는 짓인 것 같다.

권력의 역사를 보면 참모들의 충고가 상당히 큰 역할을 한 경우가 종종 있다. 어떤 참모가 좋은 참모인가.

똑똑한 참모들은 수없이 많다. 하지만 정말 최고의 참모는 '아닌 걸 아니다'라고 말할 수 있는 참모다. 그런 참모가 있는 리더와 없는 리더는 큰 차이가 있다. 잠깐 홍보 한 번 하자면 10년 전쯤에 〈1인자를 만든 참모들〉이라는 책을 썼다. 그 해의 베스트셀러였지. 책의 결론도 그거다. 리더건 사회건 '노'라고 말할 수 있는 사람들이 꼭 있어야 한다는 거다.

국회와 청와대에 있을 때의 당신도 그런 참모였나?

백퍼센트는 아니지만 '노'라고 말할 수 있는 참모가 되기 위해 애썼다. 그런 내용의 책도 쓴 놈이 자기는 그렇게 안 살면 비겁하잖아…(웃음). 부담스러웠지만 나는 해야 한다고 생각했다.

아닌 걸 아닌 거라고 얘기하면 당장은 빛나 보일 수 있다. 하지만 권력자들은 자기가 듣고 싶은 답을 찾는다.

그러니까 반대하는 데도 기술이 필요하다. '노'라고 말하는 게 중요한 게 아니라 '노'를 받아들이게 하는 게 중요한 거다. 반대 의견을 던졌는데 그 말을 받아주지 않는다고 툴툴거리면 그건 좀 하수다. 거기서 한 발 더 고민해야 한다. 자신의 '노'를 기술적으로 어떻게 받아들일 수 있게 할 건지. 가만 보니까 성공한 사람들은 이걸 잘한 사람들이더라고.

당신에게 개인적으로 정치 컨설팅 의뢰가 들어오나?

하자는 사람은 있지만 안한다. 컨설팅은 일종의 계약이다. 그 상황에서 내가 방송을 하면 일종의 모럴 해저드가 발생한다. 방송에서 내가 편을 들어줄 수도 있지 않겠나. 스스로 떳떳하기 위해 절대 하지 않는다. 간간이 누가 밥 먹자고 하며 자연스럽게 물어보면 부담 없이 해준다. 하지만 그게 돈으로 관계 형성이 되면 못한다. 적어도 내가 방송을 하는 동안에는 그런 의뢰는 받아들이지 않을 거다. 그게 내 도덕이다.

당신의 발언에는 여러 정치인에 대한 호감과 비호감이 자연스럽게 드러날 때가 있다. 안철수 의원에 대한 호감은 확실히 있는 것 같다.

개인적으로 아는 사이라 인간적인 애정이 있는 건 사실이다. 그게 대통령이 되는 건지는 모르겠지만 정치적으로 안철수의 역할이 분명 있다고 본다. 그가 좋은 정치인으로 컸으면 좋겠다, 그에 대한 민심이 구체적으로 드러나서 성과를 얻었으면 좋겠다는 생각은 있다. 물론 안철수라는 정치인이 시대적인 요구를 잘 감당하고 있냐고 묻는다면 높은 점수를 줄 수는 없다. 부족한 점이 많다고 본다. 하지만 그의 역할이 있다고 생각하기 때문에 그에 대해 좋게 얘기해주려는 건 분명히 있다. 하지만 안철수뿐 아니라 박원순 시장에게도 그렇고, 문재인 의원도 인간적으로는 훌륭하다고 생각한다. 다만 나는 특정 인물에 속해 있는 사람이 아니다. 그러니 앞으로

도 잘못하면 잘못했다고 얘기할 거다. 하다못해 새누리당의
원이 내게 조언을 구해도 난 얼마든지 충고해줄 수 있다.

수많은 정치 거물을 봐 왔을 거다. 당신이 봐도 멋진 남자가 있었나?

한국에서는 아직 모르겠다. 다만 오바마 대통령을 만든 참모
중에 데이비드 액슬로드라는 사람이 있다. 근래 본 사람 중
에 그 사람이 멋있다고 생각했다. 액슬로드는 기자를 하다
유명 정치 컨설턴트가 된 사람이다. 수많은 거물이 같이 일
을 하자고 했었는데 다 거절하다가, 무명의 오바마가 같이
일을 하자고 했더니 흔쾌히 손잡고 일해서 그 유명한 'Yes,
We Can'을 만들어냈다. 얼마나 멋진 일인가. 모든 걸 확률적
으로 계산하는 사람들도 분명히 있겠지만, 그런 건 좀 재미
없는 인생 아닐까.

한국에서도 오바마 같은 잠재력이 있는 사람이 보이나?

분명 있을 거다. 하지만 아직 내 인생을 걸고 싶은 사람은 못
만났다. 그건 내 상황의 문제도 있다. 아이들이 아직 고등학
생이니까 대학 가기 전까지는 아이들을 위해 살아야겠다는
생각이 있다. 그 녀석들이 대학에 진학하면 어떤 삶이건 자
유롭게 결정해 보려고.

사람들은 좋은 지도자에 목말라 있다. 어떤 사람이 좋은 지도자인가.

마음을 주는 지도자다. 국민과 주변인들에게 마음을 줄 수
있는 지도자. 지도자가 먼저 마음을 줘야 상대가 충성하고
따라온다. 간 보고 타산적으로 따지기 시작하면 그건 이미

계약관계다. 오래 갈 수 없다.

노무현 전 대통령이 그런 스타일이었나?

그렇다. 좋은 정치인이었다고 생각한다. 정치적 기량은 아쉬
운 대목이 있었지만, 마음이라는 측면에서 가장 뛰어난 정치
인이 아니었나 싶다. 그런 면에서 공과를 떠나 그를 좋아할
수밖에 없다. 지도자는 그래야 한다. 돈 주고 자리 준다고 해
서 충성하는 거 아니거든. 마음을 주고 마음을 얻는 사람이
최고의 지도자다. 조직 생활에서도 마찬가지다.

마지막 질문이다. 좋아한다던 이효리가 시집가는 걸 보는 당신의 기분은?

하하. 이런저런 계산하면서 결혼하는 게 아니라 자기 마음
을 따라가는 모습을 보면서 내가 좋아할 만한 친구였구나 싶
었다. 내가 애들처럼 이효리에게 열광한 건 아니지만 괜찮게
봤던 친구가 좋은 선택을 한 것 같아 고맙고 다행스럽다. 결
혼하고 나서도 여전히 섹시했으면 좋겠고.

7인의 충고 – 이철희가 따져 본 진보 집권 전략

발행일 : 초판 1쇄 발행 2016년 1월 1일

지은이 : 이철희 / 펴낸이 : 손정욱
마케팅 : 이혜인 / 홍보 : 이은혜·라혜정 / 관리 : 김윤미
디자인 : PL13 / 사진 : LF Studio 임도형, Bookloud 김신

펴낸곳 : 도서출판 답
　　　　출판등록 – 2015년 2월 25일 제 312-2015-000063호
　　　　주소 – 서울시 마포구 합정동 433 - 28 2층
　　　　전화 – 02-324-8220 / 팩스 – 02-3141-4934

　　　　이 도서는 도서출판 답이 저작권자와의 계약에 따라 발행한
　　　　것이므로 도서의 내용을 이용하시려면 반드시 저자와 본사의
　　　　서면동의를 받아야 합니다.

　　　　이 도서의 국립중앙도서관 출판예정도서목록(CIP)은
　　　　서지정보유통지원시스템 홈페이지(http://seoji.nl.go.kr)와
　　　　국가자료공동목록시스템(http://www.nl.go.kr/kolisnet)에서
　　　　이용하실 수 있습니다. (CIP제어번호 : CIP2015033381)

　　　　ISBN 979 - 11 - 954949 - 6 - 5

값 : 15,000원